THE IDEA OF NORTH

北方的观念

地形、历史和文学想象

〔英〕彼得·戴维森（PETER DAVIDSON） 著

陈薇薇 译

生活·讀書·新知 三联书店

Simplified Chinese Copyright © 2019 by SDX Joint Publishing Company.
All Rights Reserved.
本作品中文简体版权由生活·读书·新知三联书店所有。
未经许可，不得翻印。

图书在版编目（CIP）数据

北方的观念：地形、历史和文学想象／（英）彼得·戴维森（Peter Davidson）著；陈薇薇译. —北京：生活·读书·新知三联书店，2019.4

（文化生活译丛）

ISBN 978-7-108-06354-0

Ⅰ.①北…　Ⅱ.①彼…②陈…　Ⅲ.①文化史-研究-世界　Ⅳ.①K103

中国版本图书馆 CIP 数据核字（2018）第 145295 号

责任编辑	李静韬
装帧设计	蔡立国
责任印制	徐　方
出版发行	生活·讀書·新知 三联书店
	（北京市东城区美术馆东街 22 号 100010）
网　　址	www.sdxjpc.com
图　　字	01-2018-4003
经　　销	新华书店
印　　刷	北京隆昌伟业印刷有限公司
版　　次	2019 年 4 月北京第 1 版
	2019 年 4 月北京第 1 次印刷
开　　本	880 毫米×1092 毫米　1/32　印张 13
字　　数	229 千字
印　　数	0,001-7,000 册
定　　价	45.00 元

（印装查询：01064002715；邮购查询：01084010542）

目 录

序言　真北·················1

第一章　历史·················22
北方的观念，从古代到20世纪·················22
北方珍宝和奇迹·················69

第二章　关于北方的想象·················96
冰与玻璃·················96
1930年代的北方：奥登与拉斐留斯·················123
想象中的北国·················167
北方夏日·················186
流放北方·················212
亡灵·················223

第三章　地形·················245
斯堪的纳维亚·················245

日本和中国·····························266

加拿大·································286

英国···································305

后记　暮色将至···························386

注　释································390

致　谢································407

图片致谢·······························411

乳白色雄鹿拉着象牙雪橇
带你穿过冰封的湖泊，
攀上寒冷刺骨的山顶。[1]

―――――――
[1] 克里斯托弗·马洛《帖木儿大帝》。

序言　真北

这是一个指向准确的指南针，装在一片磨砂有机玻璃里。玻璃质地像冰，像荷兰冰雪风景画中浑浊泛白的空气，像1930年代照片中北方城镇上方烟雾弥漫的天空，正是它启发我写出了这本书。玻璃面上写着"北方的观念"这几个字。指南针本身是半透明的，因此通过针盘亦能看到一番景色。无论你心目中的北方在哪里，你都能透过半透亮的玻璃看到，红色的指针总是指向北方。这件雕刻作品——寓意复杂的艺术品——是由苏格兰艺术家达尔齐尔和斯卡利恩（Dalziel and Scullion）完成的。[1] 简单，别出心裁，极具表现力。*

这件作品代表了本书所要表达的核心观念，即它无论身处何方，都永远指向更遥远的北方，指向他处。这具有

---

* 本书作者注释的序号为阿拉伯数字。脚注为译注，以六角括号内的阿拉伯数字标示。

达尔齐尔和斯卡利恩:《北方的观念》(以格伦·古尔德的电台节目命名),1998年,多功能雕刻作品

多重意义:每一个潜在的主人都会借助它来解读北方,勾勒出其心目中的"北地"。耸立于连绵高沼地间的由砂岩铸就的城市;城墙阴暗处如脉石英矿的残雪;港口区鳞次栉比的木屋,上方的山坡光秃秃的,寸草不生;被风吹乱的云朵,被染成玫瑰色和灰色,这是严寒和暴风雪将要来临的征兆。

同时,由于方便携带,这个指南针还被赋予更深层的含义,拥有者可以携其踏上北上之旅。只有指南针指示的磁北(magnetic north)抵达位于北极的冰原时,指针才会快速转动,变得模糊不清,在刺眼的茫茫白雪中留下一抹红色。达尔齐尔和斯卡利恩将本书阐述的所有关于北方的历史传统、文学和视觉思考融合进了这样一件优雅的作品当中。

1960年代,加拿大音乐家及博学家格伦·古尔德(Glenn Gould, 1932—1982)为自己在CBC电台录制的节目起名《北方的观念》,该节目关注加拿大人对北方的理解——而达尔齐和斯卡利恩的作品就是以格伦·古尔德的节目命名。古尔德的纪实节目强调加拿大境内的北方是一片发人深省、令人敬畏的土地,无时无刻不在提醒我们,人类对地域以及生活在其中的土著的掌控是有限的。

关于北方的定义,始终处于变换当中,是相对的,让我们可望而不可即,就如亚历山大·蒲柏(Alexander Pope)在《人论》(*Essay on Man*)中所说的:

> 北方在哪里?对约克而言,它是特威德河,
> 对特威德河而言,它是奥克尼群岛,
> 是格陵兰岛、赞巴拉或只有上帝才知道的地方……[2]

北方总是显得遥不可及,不断朝极夜退去,到了夏天,迎接北方的又是午夜时分的黎明。

每个人心中都有一个不一样的北方。在英国,正午时刻的影子投向德比郡为城墙所环绕的起伏山峦、西约克郡耸立于峭壁之上的城市、威尔河谷和阿伦河谷布满石灰岩的荒原。影子投向苏格兰低地的河口、突兀挺拔的危峰、凯恩戈姆斯的天然要塞、凯思内斯郡和奥克尼郡,以及设得兰群岛的板岩场,还有更为偏远的法罗群岛——在那里,

瀑布倾泻，海风吹拂，飞沫翻涌。这是北极探险之路，并不总是迂回曲折：从柯克沃尔、特隆赫姆、特隆姆瑟一路往北，直到置身于冰天雪地中。

每个人心中都有一个不一样的北方。每每听到"我们今晚将北上"，脑海中立马浮现出的即是空旷的荒芜之地：高地，恶劣的气候，远离城市喧嚣，偏僻宁静。自愿北上意味着乐意挑战天气、地形以及人性中的种种棘手问题。在英语小说中，"我们今晚将北上"这句话很可能出现于惊悚小说、动作小说、旅行小说，以及探寻荒野的故事中。

至于"我们今晚打算南下"，则往往让人联想到快乐旅行——"战争"降临之前悠闲的自我放逐。宜人的气候，欢愉和享乐——柠檬树，喷泉，绘有壁画的天顶。人们总是情不自禁用性别来定义方向：南方是俏佳人，北方则是粗汉子。抑或，带有毁灭性的北方常常与冰雪皇后、冰霜女巫挂钩。

每个人心中都有一个不一样的北方。这在一定程度上取决于他来自何方：英国画家埃里克·拉斐留斯（Eric Ravilious）以战争艺术家的身份进入北冰洋。1940年5月，他可能是在特隆姆瑟用文字记录下了自己真实的感受——终于见到昔日在童书、以北极探险为主题的版画和高山冰川水彩画中惊鸿一瞥的北方，真正的北方。拉斐留斯发现，在他心目中的北方，光秃秃的原始山峰矗立在纯钴蓝色的海洋上,这是一个令他恋恋不舍的荒原奇迹的诞生地:这里没有影子,没有苍翠树木,海水在黑沙滩上留下一只独角兽的角。

北意大利人则对北方有截然不同的理解:在将北方奉为圭臬的极端主义者眼中,南方才是不毛之地,干旱贫瘠,无法无天,沉醉于过去,难以自拔。但南意大利人认为,伦巴第和威内托大区是日耳曼世界的南部边缘,压根就不该归入意大利。关于"北方"的界定,没有其他任何国家比意大利更反复无常的了,几乎是瞬息万变,在亚平宁半岛上近乎毫厘必较。在托斯卡纳的卢卡,人们称北部郊区为"德国",南部郊区为"非洲"。

对斯堪的纳维亚人而言,北方——北部以北,北极——既是极北之地,又是奇迹之地:这里有"狐火"、凛冽冬季出现的绚丽极光、历史悠久的土著萨米人(Samis),以及富有传奇色彩的魔术师和英雄。大多数领土深入北极圈的国家——无论面积多大——都表现得谦逊低调(尽管你可以将俄罗斯北部称为启蒙之地,也能将之视作恐怖蔓延之所)。

美国对"北方"并没有形成特定的鲜明认知。其北方地平线由数个相邻的州组成,它们拒绝墨守成规。更偏远的北部阿拉斯加州虽然在极地神话中占有一席之地,但其实只是美国人借助隐喻来表达对国土情感的组成部分罢了。此类隐喻的核心当属西进运动。奇迹与危险并存,充满未知的探索之地位于西部，相当于其他文化中的"北方"。

德国人的看法没有什么不同：信仰天主教的南部被认为保守而富庶，北部则自古以来就是纷争不断，落魄穷困。19、20世纪发生的一系列事件使得统一以及重新统一的国度都选择将首府安在东北部。德国人看来对由东至西的地势变化情有独钟：东部意味着奇迹与危险，容易遭到侵袭。

在欧洲，德语国家被普遍认为是北部国家，冬天积雪盈尺，人人都说"北方话"。日耳曼语系是区分欧洲人的大致衡量标准之一，可以在这个基础上区分北方的新教教徒和南方的天主教教徒，当然，这只是个大致的衡量标准罢了。

中国与英国一样，一堵城墙，雄壮巍峨，它的出现开启了北方。在中国，北方是外族入侵之地（入侵者到最后成为征服者）。城墙以北是自由之所，同时也是放逐之地。18世纪，康熙帝写下了这样一段文字：

> 当你来到长城以外，空气和泥土的气息沁人心脾，群山树木葱茏。北行愈远，视野愈阔，人们可以一目千里，狭隘之情怀，顿觉豁然开朗。[3][1]

---

[1] 此处转引引文的原始出处已不可考。康熙的另一首诗可参照："流吹凌晨发，长旐出塞分。远峰犹见月，古木半笼云。地迥疏人迹，山回簇马群。观风当夏景，涧草自含薰。"（《晓发古北口望雾灵山》）

相传,早期的一位鞑靼大汗曾在皇宫的庭院内播下草原野草的种子。

在日本,相较于拥有完整文化体系且高度发达的本州而言,北海道显得格格不入,无论是种族方面——这里是阿伊努人的居住地,还是偏远程度(安宁的城市,漫长的冬天),皆是如此。

每个人心中都有一个不一样的北方。"真北"(true north)一词是地理学家的精准术语,表明地球最北端和指南针所指示的磁北之间细微的偏移。

除了字面意思外,它还蕴含着更深的含义。"真北"可不局限于一望无垠(蛮荒)的北方,每一个个体心中都有专属于他自己的极北之地,真正的、纯净的北方。

对威廉·莫里斯(William Morris)而言,真北就是冰岛圣地,那座"灰色大教堂"。对弗拉基米尔·纳博科夫(Vladimir Nabokov)而言,真北存在于离奇的想象中,一个位于欧洲北部边缘的国度,尽管从未真实存在过,却浓缩了作家关于那一去不复返的俄国的所有回忆。对于斯特林堡(Strindberg)而言,真北既是寒冬的牢狱,暗无天日,亦是脱胎换骨之地——迁徙而来的天鹅,为鲜花所簇拥的圆顶城堡。埃里克·拉斐留斯在乘坐军舰横渡"纯钴蓝色"的海洋时,于芬马克的群山间觅得真北之地;对W.H.奥登(W. H. Auden)而言,真北是英格兰最北高原,那里的色彩总让他联想到冰岛文学。对当代诗人肖恩·奥布莱恩（Sean O'Brien）来说，白雪覆盖的纽卡斯尔和赫尔港口，还有向那些在"英国海军部航海图上只用数字标记"的地方进发的超级破冰船，才称得上真北精髓。对苏格兰艺术家达尔齐尔和斯卡利恩而言，真北是挪威约斯特谷冰原的冰川峡谷，他们将那里的景象带到南部城市。对当代德国—苏格兰艺术家莱因哈德·贝伦斯（Reinhard Behrens）而言，真北是想象世界中的冰封大陆——所有乡愁汇聚，编织成曲——是所有"战争前"出发的极地远征队的目的地。对英语世界的很多儿童而言，真北是冬季礼物的神秘来源地，是圣诞老人的家，是白昼最短、黑夜最长的冬至的主导者。（不过对荷兰儿童来说，圣诞老人来自南方，他乘坐汽船从西班牙出发。）对前任加拿大总督阿德里安娜·克拉克森（Adrienne Clarksan）而言，真北是"所有经线汇聚在一起，继而发散……从而形成了我们周围这片神秘之地"。对另一位加拿大前总督约翰·巴肯（John Buchan）而言，真北即法罗群岛、斯堪的纳维亚地区、苏格兰和加拿大，"北国"能"造就人的灵魂"，或者，当你知道太多秘密时，它是可以遁入的北方荒野。对冰岛画家尤汉纳斯·卡尔瓦（Jóhannes S. Kjarval）而言，真北就是他深爱的冰岛风光，延绵不断的山峦在熔岩和积雪上投下影子。在当代诗人波琳·斯坦纳（Pauline Stainer）看来，北方则与一连串可怕事件联系在一起——冰山、"泰坦尼克"号、阿尔法钻井平台事故、令人胆战的萨满巫师、鼠疫、寻找西北航道所引发的悲剧、捕鲸、幻觉和死亡。

> 他们看到的究竟是大块浮冰,还是雾堤,
> 又或者是海市蜃楼,永远不会有人知道。⁴

对西蒙·阿米蒂奇(Simon Armitage)而言,北方就是他脚下奔宁山脉约克郡境内的那段,在冰岛的玄武岩沙滩上,他写下了YORKSHIRE(约克郡)。对影人帕特里克·凯勒(Patrick Keiller)而言,北方在哈德良长城的另一边,是又一个世界,在那里,边境岩石上留下了史前杯—环印岩画遗迹。对克莱夫·斯特普尔斯·刘易斯(C. S. Lewis)而言,北方是"广袤的天地……难以用言语来形容(除了寒冷、空旷、严峻、苍白和偏远外)"。⁵加拿大艺术家和政治家则用精确的纬度来定义"北方":始于60度(本书是在与"北方"相差3个纬度的地方写就的)。对荷兰诗人马丁努斯·奈霍夫(Martinus Nijhoff,1894—1953)而言,北方是隆冬时节的海牙,窗外蔓生的霜花,以及整夜纷飞的大雪,银装素裹的城市让他有感而发——

> 这场雪后,这个堕落的世界重新焕发生机,

我再度成为孩子,于今夜获得重生。⁶

对菲利普·拉金(Philip Larkin)这样在战时于英格兰偏远地区担任图书管理员的诗人而言,真正的北方是按照地图向北航行,是未参战者对残酷战争的想象,是对酿成灾难后果的探险的深思。北纬65度,他的北方船驶入梦中的地域——

> 令船帆变得僵硬的空气,
> 这不见飞鸟的大海。⁷

对美国诗人艾米莉·狄金森而言,北方是冬天真正的心脏,

> 这些是驯鹿喜欢的日子
> 北极星光彩耀眼——
> 这是太阳的目的
> 一年的芬兰。⁸〔1〕

对风景艺术家安迪·戈兹沃西(Andy Goldsworthy)而言,当他在北极点用白雪立起四道拱门时,也确定了不断变换、令人难以捉摸的北方所在。这些拱门或有隐喻含

---

〔1〕 此处引用蒲隆译文。

义，或是矛盾的极致体现：无论穿过哪一道拱门，你都将面向南方。[9]在南北两个极点，方向暂时失去意义，置身其中，仿佛是进入了巴洛克风格的十四行诗中所描写的天堂。剑桥大学斯科特极地研究所正门有这样一句铭文：他探寻极地的秘密，以期能一窥上帝的奥妙。

泰奥菲尔·戈蒂耶（Théophile Gautier）的诗《白色大调交响曲》——出现在1852年首版的《珐琅和雕玉》中——刻画了带有浪漫色彩的欧洲北国。出于对白皙美人玛丽·卡莱吉斯（Mme Kalergis）的迷恋，戈蒂耶列出了北方种种迷人之处。诗的最后，心脏被冰封，它怎可能轻易被融化：

> 啊！谁能把这颗寒心化掉！
> 啊！谁能给这无情的白净，
> 涂抹上一点粉红的色调！[10][1]

这首诗用较大篇幅描写了北方的白，先是天鹅美人游来游去的莱茵河（戈蒂耶将瓦格纳歌剧中出现的莱茵河之女与埃斯库罗斯笔下神秘的盲天鹅女合并），戈蒂耶联想到玛丽·卡莱吉斯，她就像是传说中从北方来的绝色美人，她的

---

[1] 此处引用程曾厚译文，下同。

美是阿尔卑斯或斯堪的纳维亚式的,是照在冰川上的月光,

> 白得如同在寒峭的天宇,
> 溶溶月色照在冰川上面。

在她如雪肌肤的映衬下,纯白的茶花和洁白的丝绸都开始泛黄,如大理石般耀眼的白皙双肩胜过飘落的寒霜,

> 飘落下的寒霜无法看见,
> 仿佛在冰天雪地的夜里。

她如白鼬,珍珠母,结霜的海中浪花,她是每一扇玻璃窗上的霜花,比白色更洁白,在光的照耀下,如流动的水银。她就是白雪,是停落在法国北部庄园屋顶上的白鸽羽毛。她从格陵兰或挪威来此,仿佛遥远国度光临这里的白雪圣母。在最后提及她那冰封的心之前,诗人告诉我们她是冰雪卫士,守护着北部山峦的秘密,那里星光闪闪:

> 是一尊白色的斯芬克司,
> 由冬天塑成,被冰雪埋葬,
> 守卫着星光闪闪的冰川。

到最后"这无情的白净",诗人对北方的种种浪漫遐想告一段落。这是极度寒冷的美丽世界,一如呈现后巴洛克风格细节的荷兰冰雪风景画。我们很容易想象(冰封的护城河和城镇)的化身,就像戈蒂耶诗中所描绘的女子般:白皙的肌肤,一袭白衣,头戴羽饰帽,乘坐白天鹅冰橇,一位同样戴着羽饰帽的骑士站在她身后,一匹雪白小马,套着用羽毛装饰的挽具,拉着冰橇穿过冰封大地。这种带有歌剧或芭蕾色彩的想象和戈蒂耶诗中富有浪漫气息的北方如出一辙。

17、18世纪,低地国家以冬季为主题的风景画广为流传,荷兰塑造了一个恒久的北方视觉形象。冰冻的航道,北欧建筑洋葱式的圆顶,雾气弥漫,雪花纷飞,白茫茫仿佛磨砂玻璃般。短暂白昼期间上演的冰雪盛宴。夏季诸岛上,玫瑰色塔楼依旧为灰冰所包围,到了冬季,则出现成群结队的滑冰爱好者。

1990年代初,寒冬使得莱顿城内的运河都结了冰,所有居民不约而同来到冰面上玩耍嬉闹。白天,人们可以沿冰封的护城河绕城,除去桥两侧雕刻纹章上的积雪,探索隧道——与市中心下方四通八达的航道相连。晚上,17世纪的房屋林立两侧的主运河成为学生的天下。从校舍窗户(奥古斯汀、沃伦旅店——这些为学生俱乐部的名称)透出的光柱照亮冰面,冰上曲棍球比赛正在如火如荼地进行，洛可可风格的桥成为球门。离开亮光、冰鞋与冰面摩擦发出的嘶嘶声和学生们的喊叫声，植物园周围安静的小巷，雪越积越厚，救济院花园的花坛早已被白雪所覆盖，大学玛格纳礼堂顶部立着的金质浑天仪在月光照耀下闪着光。这同样是北方，而它能够为更多人所了解，在相当程度上要感谢画家们——勃鲁盖尔和阿维坎普（Breughel and Averkamp）——栩栩如生的描绘。

1511年凛冬，大雪持续不断，荷兰南部一些城市街头出现了不少雪雕作品。布鲁塞尔的雪雕被记录在案：除了寓言和神话中的人物外，还有不少具有象征性或带讽刺意味的形象——每当雪花再度纷飞时，就会有新的作品出现："很多可爱、精美、让人赞叹的雪雕。"[11] 这些可不仅仅是用免费且充足的材料做成的贫穷艺术作品，其中一部分其实是由专业艺术家接受委托完成的创作。

1492年冬天，米开朗琪罗在佛罗伦萨为皮耶罗·德·美第奇（Piero de'Medici）制作了一尊雪人雕塑，此事也广为流传——瓦萨里（Vasari）认为让米开朗琪罗这样的大师制作雪人实属荒唐，而早在1422年，荷兰教皇哈德良五世（Hadrian V）在位期间，罗马街头矗立着用雪雕成的狮像。[12] 据记载，1511年布鲁塞尔白雪皑皑的街头出现了一百余尊雪雕，都是真人大小或者更大。这是文艺复兴时期北部城市的极致展现，甚至比版画家F.L.格里格

大卫·特尼尔斯二世 (David Teniers Ⅱ, 1610—1690),《冬日》细节,1665—1670 年,铜版油画

斯（F. L. Griggs）想象的被雪围困、拥有大教堂的英格兰城市更令人难以忘怀，更让人不寒而栗。那年寒冬可以说是致命的，街头这些雕像都与死亡和不幸有关——冥河渡神卡戎、冥王普路托、恶魔、死神的化身；此外，还有不少野生动物像，它们代表了大自然难以驯服的一面——野猫、独角兽、人鱼、野人。[13] 这些雪雕让人心头隐隐不安，它们的存在恰恰是由于这个异乎寻常的寒冬的侵袭。一位因纽特长老曾对加拿大学者诺曼·哈伦蒂（Norman Hallendy）说，如果萨满想伤害或者杀死某个人，他可以制作一个邪恶的雪人，捕捉对方的灵魂，不过这位长老忘记了萨满的这种诅咒究竟叫什么。[14]

荷兰冰雪风景画以版画复刻的方式在世界范围内流传。1681年，混血画家迭戈·基斯佩·蒂托（Diego Quispe Tito）在秘鲁的库斯科大教堂临摹（更准确地说是重新创作）布拉邦蒂亚雪景版本的《逃往埃及》，比登波士的北布拉班特博物馆收藏的原作晚了约一个世纪。画中正值严冬季节，整个海面都冻成了灰色的冰。一桶结冰的水挂在水井上方。磨坊的水轮也冻在水池中。蒂托对积雪的色彩和细节的描绘都极具个人风格，表明他在参照没有上色的版画的同时也结合了当地的光线情况。蒂托笔下的雪就如同安第斯高原上的积雪，远处山脉是白雪皑皑，但前景则是裸露的土地，只有树枝上还能见到残雪痕迹。天空则呈现出日落时才会有的丰富色调，在结冰的海面投下热烈的杏黄和玫瑰色倒影。[15]

在我平时写作的工作桌上方挂着一幅同样的雪景图，我能通过电脑查询到整个苏格兰地区的冬季寒潮预警，在白昼最短的时候，下午3点左右，通过工作桌对面的窗户，能看到山谷中逐渐泛起暮色。秋天，迁徙的大雁经过这里，下午，所有房间都变得很昏暗，就像丹麦画家威廉·哈默休伊（Vilhelm Hammershøi，1864—1916）[16]画中光线阴暗的室内。

北方也因此总与贫瘠挂钩：破败的城市，没落的工厂。全世界对北方的理解总是与忧郁、偏远和寂寞有关。日本诗人松尾芭蕉曾思考过在本州岛密林遮蔽的北部最偏远村舍生活会是怎样的体验。在格伦·古尔德的电台节目《北方的观念》中，被采访者谈到了孤独、资源稀缺、静谧、偏远、缺少选择等在北方生活的烦恼。这是英国诗人托尼·哈里森（Tony Harrison）笔下"完整的北方景象"：从世界边缘吹来的风雨

> 此刻，狂风呼啸，鞭打着我那野生花园里的绿枝，
> 从烟道中猛灌进来，寒冷两极间残留的废墟，
> 就在我打算离开写作室时，光线暗了下来，
> 越来越暗，这便是完整的北方景象。[17]

当亮光消失,季节更迭,人们就会想到其他和北方有关联的灵异之物——奥登早期创作过一首诗,充斥着对恶劣天气、鬼魂的描写,就如同古代北方文学作品中出现的亡灵一样,它们会在下雪时出现,其中有两句:

> 夜幕降临,随之而来的还有飘雪和逝者的号叫,
> 从它们位于岬角处、寒风凛冽的藏身之所传来……[18]

这样的诗句让人情不自禁想到独自一人在冬季的北部海岸,听着从冰岛周围吹来的风声,感受那刺骨的寒意。从这里出发,往东北方向行九英里就能到达被称为朗文山的岬角。天气糟糕的夜晚,死去的海王仍有可能现身,就像死去的贡纳尔在西利达伦德的草坪下唱歌一样。

而且人们目睹过北极的风景,哪怕只是通过照片,其对北方的印象就注定与北极密不可分。在北极,最令人难忘的莫过于因纽特人在加拿大最北端的努纳武特摆放的石堆。这些精心摆放好的石头是人类对北部大自然最低程度的干涉,是北方的表达方式之一,是北方世界的组成部分之一。它们就像是用石头搭建成的窗户,用于指明方向,指向重要地点或物体(可能出现在视线范围内,也可能不在)。有时候这种石堆规模会更大,就像一道门,将岩石和

天空定格在一个画面中,同时也标注出了一道看不见的分界线,萨满能从这里进入灵魂世界。这些作品代表着力量,表明北方不仅是地理概念,也拥有思想寓意。[19]

在本书中,关于北极的阐述恐怕不如部分读者所期待的那么多,20世纪人们对于北方的理解更大程度上受到极地探险的影响。这样安排是经过深思熟虑的,弗朗西斯·斯巴福德(Francis Spufford)的权威研究《冰与英国神话》对我影响颇深。[20] 不过,虽然南森和斯科特(Nansen and Scott)的探险征程引发强烈共鸣,并于他们离世后依然在全世界都有着深远的影响,但北极探险在本书中只是人们对北方的一方面解读。(所有关于南极洲的看法都源自人们对北方的定义,因此让人觉得世界上或存在着所谓的"名义上的北方"——除了南极外,还包括一些山脉。)对很多20世纪的作家和艺术家来说,极地探险让他们见识到了"真正"的北方。回避这个话题不啻篡改历史。而斯科特探险失败让英国作家对北方有了阴影,且持续不散,他们会预设北方是灾难和不祥之地,会让探险者有去无回。

本书尝试列出一些影响北方定义的特别地域。每个人对北方都有不同的理解。本书并非只是单纯罗列部分位于地球北部的地区——这些地方都代表了一种北方概念,揭示了北方的真正面貌。在寻求北方真谛的过程中,当你越接近,就越会发现真正的北方其实在更远的北部。

本书首先从历史角度出发,从最初游历北方后回到古希腊的行者记录,到中世纪以及文艺复兴时期的各种推测和手绘地图,再到19世纪的学者和行者的描述,介绍人类对北方的定义。由于北部航线与来自遥远北方的贸易商品(就连荷马都知道产自波罗的海的琥珀)的价值息息相关,后者吸引着商人不顾一切深入危机四伏的地区,使得人们在解读北方时总是不可避免地会想到这里拥有的宝藏和奇迹。而本书最重要的章节围绕和北方有关的各种想象展开,包括作家、视觉艺术家以及电影人对北方的各种丰富联想。他们的创作不可避免地带有主观色彩,而以本书有限的篇幅,实在难以做到面面俱到。因此,我选择了其中具有代表性的:1930年代英国人的北方情结;弗拉基米尔·纳博科夫小说中虚构的赞巴拉王国;玻璃与冰之间的隐喻及实际联系;对北方短暂夏天的思考;作为流放地的北方;最后,就是在北方流传的鬼故事。本书的最后一章则着重介绍一些具有特殊意义的北部地区:斯堪的纳维亚、远东北部、加拿大、英国北部。同样的,这些选择亦带有主观性,它们都在不同时期展现了北方的精髓。

我们越渴望抓住北方的精髓,即"真正的北方",就离真正的北方越遥远,它是"格陵兰岛、赞巴拉或只有上帝才知道的地方"。每个人对于北方都有不同的理解,每个人都有一张专属的界定南北方的情感地图——实际上是道义层面上的。在每个人的心目中,地图上存在一条分界线,仅对他而言,"北方"始于此。"北方"在不断变化,令人难以捉摸,可矛盾的是,提及北方,大多数人都有清晰的认知,他们的回应甚至可以用热情形容。当我和别人谈及这本书时,几乎每个人都觉得,指向"北方"的英国路标具有象征意义。

赫伯特·里德(Herbert Read)写过,"通往北方之路就是通往未知之途"。每当我驱车行驶在北方大道,看到写有"往北方"这三个字的路标时,就会有这样真切的感受。[21]

归根结底,这些路标指向每个人心目中的赞巴拉——纳博科夫小说《微暗的火》中失落的北方王国,对此人人都有不同的理解。在纳博科夫笔下,只有一位不可信赖的证人能证实赞巴拉存在过。但在这部小说中,赞巴拉给人的感觉是虚无缥缈的(对于俄裔美籍的纳博科夫而言,俄罗斯就如同镜中的鬼魂),小说最后一句更像是在哀悼心目中逝去的北方。在这句话中,赞巴拉(及其17世纪的教堂音乐、为树林包围的城堡、白雪覆盖的新古典主义风格宫殿)渐行渐远,缩成一个被遗忘的概念,疯狂索引表的最后一个条目,一个属于难以界定领域的名字:赞巴拉,一个遥远的北方国度。[22]

第一章 历史

北方的观念,从古代到20世纪

源于黑暗的传说造就了北方——驾箭而来的巫师,来自白昼无尽之地的使者。如天鹅般优雅脱俗的女子,生活在永恒冬季的漫漫长夜中。行者的讲述在代代相传的过程中被夸大——北方是弥漫着无尽浓雾的海滩,洒上鲜血能勾勒出逝者的样貌,北方是漂浮着半透明水晶岩的汪洋大海。

遥远的荷马时代的古诗以及古希腊最早一批悲剧作家告诉我们,上述这些恰是地中海古代居民对北部地区的第一印象。北方早就被描绘成一个充满了不确定性的极端之地。从古代欧洲到19世纪的北极探险圈,关于北方,始终存在两个截然不同(且针锋相对)的观点:即北方为黑暗所笼罩,是散发邪恶气息的不毛之地;抑或相反,北方是淳朴的幸福之所,呼啸的北风后面,善良的人们安居乐业。本章节主要追溯这两种观点在岁月长河中的相互影响,可以看到关于"北方"的描述从来就没有单一或简单的定论:不同的立场酝酿不同的观点,也就诞生了诸多形形色色的北方。

北方是一片净土,远离文明的桎梏,这一观点唤起早期作家的共鸣。凛凛北风能驱散一切,这种净化特性意外得到了古罗马晚期贵族波埃修[1]的推崇——要知道古罗马人对于北方基本没有好感:

> 自色雷斯吹来的北风如同脱缰之马,
> 使得天空一碧如洗,
> 阳光灿烂得耀眼。[1]

中世纪神学家、医学家、哲学家大阿尔伯特[2]同样认为"北风能衬托美德,使之更加闪耀,南风则削弱美德,使之失去光辉"。[2]

所谓"欧洲文明"——其传统观念借助欧洲语言代代相传——诞生于曾经的世界中心,地中海地区:"我们围绕在地中海之滨,如同一群蹲踞在池塘边上的青蛙。"[3]亚里士多德(Aristotle)如此界定这一优越的地理位置:

---

[1] Boethius,约480—524或525,古罗马政治家、哲学家。
[2] Albertus Magnus,即科隆的阿尔伯特,1200—1280,曾系统研究亚里士多德的著作。

> 希腊民族,地处世界之脐……所以能永保自由,政治也得以高度发展,能够治理世上所有其他民族。[4]

古人认为,人类所居住的世界西起伊比利亚西海岸(西班牙),东至印度东海岸,距离70 000斯塔德[1](约14 000公里)。南北距离较短,只有30 000斯塔德(约6000公里),从炙热的埃塞俄比亚到"因极寒而渺无人烟"的爱尔兰。用古罗马地理学家斯特拉波(Strabo)的话来说,"极北之地图勒[2]已不适合人类居住"。地球上最遥远的地方——天涯图勒(Ultima Thule)——早就成为可知世界尽头的象征。

北上之旅被视为进入令人难以想象的蛮荒之地,斯特拉波如此描绘位于不列颠北部的爱尔兰:

> 居于此地的居民比不列颠人更野蛮,他们是食人者,且贪吃。更令人惊诧的是,他们以吞食父辈尸体、与女人——甚至是自己的母亲与姐妹——公开发生性关系为荣。[5]

---
[1] stadia,古希腊长度单位,等于600希腊尺,但不同地方希腊尺长度有差异,因此1斯塔德长度不尽相同。
[2] Thule,位于格陵兰岛西北部,地处北极圈内。

古希腊医学之父希波克拉底（Hippocratēs）在《论空气、水和地方》这一论文集中指出，人的性格与能力不仅受到遗传因素的直接影响，还与他们生活的环境有着千丝万缕的联系。诚然，奇特的饮食习惯对北方人的性格有很大影响，但他们之所以表现得更不合群，且彪悍好战，则得归咎为恶劣的气候条件。[6] 如亚里士多德所说：

> 居住在寒冷地区的民族以及欧罗巴各族往往精神充足，充满热忱，但多绌于技巧且缺乏思想；因此，他们虽能保持相对自由，却欠缺政治凝聚力，从未培养出治理他人的才德。[7]

古欧罗巴人还认为，在贫瘠荒凉的极北方，呼啸的北风[1]之外还存在着另一个文明——希柏里尔（hyper-Borean，字面意思为超越北风）。最早的一些古希腊文学作品——被称为荷马式颂歌——就提及"淳朴"或"幸运"的希柏里尔人。希腊地理学家赫卡塔埃乌斯（Hecataeus）有过详尽的描述，他认为在凯尔特领土之外，北极的另一头还有一个为海洋所包围的岛屿，居住在那里的人被称为

---

[1] Boreas，希腊神话中的北风之神。

希柏里尔人,因为他们生活在北风之外。[8] 希柏里尔人居住的岛屿丰饶多产,环境得天独厚,他们信奉太阳神阿波罗。岛上有一块神圣的木头,还有一座宏伟的圆形神庙,都是供奉太阳神的。[9] 希腊抒情诗人品达(Pindar)如此形容幸福的希柏里尔人:

> 缪斯女神们从未远离;伴随着悠扬的里尔琴和婉转的长笛,她们翩翩起舞,秀发用金色月桂枝盘起,沉浸在欢愉之中。这一神圣的种族远离疾病和衰老,无须辛苦劳作,没有纷争战乱,得以无忧无虑,不用生活在对复仇女神的恐惧中。[10]

将太阳崇拜与北方文明联系在一起,合情合理:最受信徒追捧的神往往是那些个性最难以捉摸的神。文艺复兴时期的地形学家奥劳斯·马格努斯(Olaus Magnus)称因纽特人"崇拜太阳。漫漫夏季,太阳始终高悬,普照大地。他们感恩它带来温暖,驱散长久的黑暗和极寒"[11]。

从自然地理角度出发,要探寻希柏里尔人究竟居于何处,"利派昂山脉(Ripaean Mountains)"是很重要的线索,希腊神话中经常提及这条山脉,但其具体位置很模糊,大体位于东北、北或者西北方。当太阳缓缓落下,隐于利派昂山脉之后,夜的帷幕就此拉开。而太阳所有的热力和光芒就在北方之后的某处。那么每个夜晚，当太阳神从视线里消失，他到底去了利派昂山脉之后的哪个地方？希柏里尔人崇拜太阳神阿波罗，他能给他们带来好运。[12] 20 世纪 70 年代后期，苏格兰诗人、园林设计师伊恩·汉密尔顿·芬利（Ian Hamilton Finlay）开始在彭特兰丘陵的小斯巴达花园建造一座神庙，专门供奉希柏里尔人所崇敬的阿波罗。这一新古典主义风格的设计堪称经典，通过融入现代化元素，对神圣的太阳神进行了重新塑造。神庙正立面刻着"致阿波罗：他的音乐，他的利剑，他的缪斯女神们"。[13]

理所当然的，芬利选择在花园北部来纪念希柏里尔人崇敬的阿波罗：据推测，人们对太阳神的崇拜始于遥远的北方。在神话故事中，来自西伯利亚、具有预言能力的萨满祭司阿巴里斯（Abaris）骑着神箭，在人世间播撒对北方光明之神——被古希腊人称为希柏里尔的阿波罗——的狂热。E. R. 多茨[1]在深入研究希腊宗教之后得出结论，对阿波罗的崇拜确实始于北极：

> 这一切始自欧洲北部：人们将他与产自北方的琥珀、栖息在北方的大天鹅联系在一起，他那"古老的花

---

[1] E. R. Dodds, 1893—1979, 爱尔兰古典学学者。

园"就隐于北风之后……希腊人从阿巴里斯这样的传教士那里获悉他的存在,将他奉为他们心目中的阿波罗——这个名字可能取自另一个发音类似的名字……他可能是中世纪传说中"苹果岛"阿瓦隆(Avalon)的神,并将神殿圣地提洛岛作为其诞生地。[14]

希柏里尔人所居住的国度始终萦绕在人们心头——在可怕、黑暗且阴冷的极北之后,存在一片安宁富庶、如天堂般的乐土:

> 我试图让自己相信:北极乃苦寒荒寂之地,但无济于事。因为在我的想象之中,北极永远是一方秀美之地,欢乐之土……在那儿——我的姐姐,请允许我对以前的航海家们表示几分信赖之情——冰雪和霜冻已荡然无存,在风平浪静的海洋上扬帆远航,我们说不定会随风漂流到一处仙乡佳境,那儿神奇的风光、美丽的景致,胜过迄今为止人类生息的地球上所发现的任何地区。[15][1]

上述这段话出自玛丽·雪莱(Mary Shelley)所著的

---

[1] 引用刘新民译文。

《弗兰肯斯坦》。关于极北乐土的传说代代相传，绵延至今，因为人们愿意去相信。在海军上将理查德·伯德（Richard Byrd）于1947年首次飞越南极之后，就有传言称其发现了一片反常的近乎亚热带的地区。[16] 20世纪三四十年代，克拉克·埃什顿·史密斯（Clark Ashton Smith）、斯普拉格·德·坎普（L.Sprague de Camp）及其他奇幻小说作家对希柏里尔倾注了极大的热情。而新世纪的写作者也传承了这些传统。德鲁伊科技研究所的图纳鲁博士（Dr. Tunalu）声称：

> 巨石阵是一台更大、更先进的希柏里尔超级电脑的产物，后者位于北极的希柏里尔基地……该基地必然受到隐形热射保护层的保护，其能量源自地下火山源。巨石阵同样是从地下火山源中汲取能量，其周边的绿色旷野是这一热射穹顶引发的温室效应所导致的结果。这是希柏里尔"生物圈"的第三个项目——一个通过创造自给自足的生态系统以证明希柏里尔人能在其他星球上生活的实验。[17]

17世纪，建筑家伊尼戈·琼斯（Inigo Jones）撰文称巨石阵是罗马——而非不列颠——神庙，是献给天空之神克洛诺斯的托斯卡纳式建筑。[18]

尽管人们在一定程度上能接受关于希柏里尔的种种矛盾说辞，但对这个充满神秘及隐喻色彩的世界的真实面貌却知之甚少。北方可能存在令人不寒而栗的事物，也可能是一片幸福岛屿——乐观主义者相信是后者。希罗多德说："下面的说法是有道理的，即人居世界最边缘的地方能产出我们认为是最珍稀且最美丽的物品。"[19]北方出产琥珀、象牙、白色毛皮等珍宝。来自地中海的世界主宰者格外钟情于金发奴隶，[20]拥有灿烂发色的斯堪的纳维亚人仿佛光明之子，与黑暗没有关联，提醒着我们北方与太阳之间依稀存在的联系。

北境逐渐隐入未知的浓雾之地，以至于人们在绘制地图时多靠猜测[21]——罗马皇帝哈德良采取行动，下令建造长城。它始于泰恩河口，终于索尔韦湾。此举不仅明确了帝国的区域范围，还界定了原本界限模糊的北部地区。在罗马人退出不列颠后，关于哈德良长城的回忆仍在。这是为撒克逊人筑就的"伟人的杰作"，但它更多是作为罗马帝国的文明与野蛮人所在的死亡地域之间的一道界线而被铭记。

《奥德赛》中的死亡地域（或者更确切地说是两个世界的交界处，能唤出亡魂的荒芜海滩）覆盖"辛梅里安人（Cimmerians）"领地的北部和西部，只有经人指点，方能觅得这片如斯堪的纳维亚峡湾峭壁般险峻的领域。当奥德修斯想找鬼魂打探归乡之路时,聪慧的女巫喀尔刻(Circe)告诉他,无须寻找引路者,北风自会将他的船吹到目的地。[22] 北风之神将奥德修斯送往为云雾遮蔽的俄刻阿诺斯河(古希腊人认为它位于世界尽头——实际指的是大西洋或英吉利海峡),辛梅里安人居住的城市坐落于岸边:

> 闪亮的阳光从来不照临他们,不论是它早晨升上星辰还在闪烁的天空,还是晚上沉落苍茫的大地之下。这里的居民日复一日、年复一年生活在黑暗之中。[23]

在古代地理学中,辛梅里安人和在隆冬承受无尽长夜、在盛夏经历酷热白天、居于北方的希柏里尔人交替出现。北方被视为通往冥界的门户,理由或许很简单。太阳从西边落下,寒冬及恶劣的气候始于北方,都暗示着西北部是阴森冥界所在地。我们也可以从词源学角度进行解释:"奥克尼群岛(Orcades)"的发音容易让人联想到 Orcus 或 Hades(俄耳库斯或哈德斯),而这两个词都是希腊、罗马神话中冥帝的名字。就连 7 世纪的百科全书编纂者圣依西多禄(Isidore of Seville)也将 Thanet[1] 与希腊词语"thanatos"联系在一起,后者意为死亡。这些看似简单的依据构架出了

---

[1] 萨尼特,位于英格兰肯特郡。

一个超自然的地理概念。

人们继续在宜居之地与边远地区之间构筑假想的城墙:乌拉尔山脉被认为是亚历山大大帝筑就的铜墙铁壁,将已知世界与神秘的萨莫耶德人(Samoyeds)出没之地隔离开来,后者在每年冬天死去,被冰冻起来,待到来年4月24日,太阳归来之际,他们便会复生。西伯利亚的芬兰部落认为他们同时身处两个世界,每个人在冰封的冥界都有个影子。[24]

近古时代,随着罗马帝国逐渐衰弱,帝国疆域逐渐缩回至地中海地区,始自君士坦丁堡的一种观点开始将行政疆界与阴阳交界处联系起来。

> 在不列颠岛上,古时的人们曾修筑一道长长的城墙,将该岛很大一部分隔离开来。城墙两边,无论气候、土地,还是其余一切,皆迥然不同。城墙南边,空气洁净,益于健康,四季变换,夏季温暖宜人,冬季凉爽舒适。但在城墙北边,一切恰恰相反,以至于人想在此处独自存活半小时实际上都是不可能的。这片区域为无数的毒虫蛇蚁及其余各种野生生物所占据,肆无忌惮。最奇怪的是,居住者称,如果有人穿过这道墙到另一边,就会立刻丧命。他们还说逝者的灵魂总是被送至此地。[25]

被送别的逝者的灵魂,被认为是真实存在的,且现实世界中的确存在这样的地方:布列塔尼的菲尼斯特雷(Finisterre in Brittany),那里的人无须向法兰克人进贡,因为每天晚上,他们接受召唤,用船将逝者灵魂交至灵魂卫士。直至19世纪,布列塔尼依然被视为灵魂摆渡处:

> 位于卢瓦尔河口的努瓦尔穆捷岛充满了神秘色彩。女巫安息日之后,海滩上就会出现一艘船。船上空无一人,却能听到喊声:"上船了,开往加洛韦!"接着,这艘船就会起航,装满了看不见的乘客,给人的感觉是它就快超载沉了。[26]

在欧洲,基督教占主导地位的数个世纪,围绕北方展开的负面联想继续流传。在圣哲罗姆[1]翻译的《圣经》中,先知耶利米明确表示:"必有灾祸从北方发出,临到这地的一切居民。(ab Aquilone pandetur malum super omnes habitatores terrae.)"[27]这句话经常简化为所有灾祸皆从北方发出(ab Aquilone omne malum)。不列颠人对此有切身体会。听听罗马不列颠人的最后心声吧,修士吉尔达斯(Gildas)说道:

---

[1] St Jerome,347—420,基督教早期教父、神学家、历史学家。

随着罗马人撤回大陆,当日头高挂,天气转暖,粗鄙的苏格兰和皮克特(Picts)部族立刻划着科拉科尔小圆舟,跨越海谷来犯。他们就如同从狭窄岩缝里爬出的大量深色蠕虫,蜿蜒前行……从原住民那里夺取了岛屿的最北部,直至长城为止。[28]

在所有最为离奇的关于北方的幽灵书中——之所以称为幽灵书,是因为这些作品确实存在过,并被部分誊抄,但如今已失传——有一部描述了来自布拉班特登博斯的雅各布斯·克诺耶恩(Jacobus Cnoyen)北上航行的遭遇。16世纪,低地国家[1]的宇宙学者一度获得该书的手稿,但后来又遗失了。书中称,古不列颠的战争领袖亚瑟王曾派一支军队远征北极,在格陵兰岛之外又发现了一座名为格洛克兰(Grocland)的岛屿。4000 名军士被湍急的海中漩涡吞没,仅少数人得以幸存。8 名幸存者的后裔来到挪威宫廷,觐见国王。根据这一传说,英格兰女王伊丽莎白一世宣称拥有对从苏格兰到北极的所有北部地区的统治权。这并非不可能:伊丽莎白一世还曾以亚瑟王之名,宣布拥有对爱尔兰的统治权,因为爱尔兰明君亚特·麦克默罗(Art

---

[1] 低地国家,对欧洲西北沿海地区的荷兰、比利时、卢森堡三国的统称。

MacMurrough)的继承权就来自亚瑟王。[29]

灾祸始出北方,撒克逊人对此的感受丝毫不亚于罗马人。与罗马人的遭遇一样,英格兰人发现自己不时会遭受北族入侵,那些未开化的大军突然冒出来,破坏洗劫后又如同鸟群迁徙般离去。而关于这些侵袭的联想有所变化。目睹教堂被焚的英格兰人思忖着,莫非维京人是阿多索[1]《反基督》(On Antichrist)中所预言的歌革和玛各(Gog and Magog)率领的军队?——《反基督》是中世纪早期最杰出的幻想文学作品之一,于8世纪在德国完成,并在整个欧洲广泛流传。1000年,约克大主教以类似公开信的方式向全英格兰布道。信的开头是这样的,"亲爱的民众们,世界正在加速毁灭"——维京人的入侵让大主教得出了这一结论。[30]

北方人预示着末日将临,但另有观点将北方与切实存在的恶劣联系起来。丹麦历史学家萨克索·格拉玛提库斯(Saxo Grammaticus)耗费数十年心血,在1200年左右完成一部著作,他在其中不仅提到了北方的超自然现象,还记录了将北方视作极端之地的古老观念:

---

[1] Adoso,即克吕尼的奥多,878—942,10世纪最著名的神学家,曾任克吕尼修道院院长。

这片位于北方天空之下的地域面朝牧夫座和大熊座、小熊座。在最高纬度之外，与北极交会处，至寒若冰，无人居住。在一众国家中，大自然决意赐予挪威崎岖粗犷的地形，那就是一片荒芜贫瘠、乱石散落的沙漠。在其最远端，红日高悬，永不落下，不屑于切换昼夜，阳光普照。

冰岛地处西边，是一座为汪洋包围的岛屿，居住环境极为恶劣，总会发生些令人匪夷所思的神秘事件。岛上有一眼泉，喷出的蒸汽含有剧毒，能摧毁任何物体的本性。无论何种物体，只要沾上有毒蒸汽，就会被石化。对此种现象，与其说神奇，不如说危险更为恰当。石化万物是这眼缓缓流淌的泉水的本性，但凡接触其蒸汽的物体就会成为石头，仅保留其原有形状罢了。

岛上还有一座火山，不间断喷射火焰，而火焰又释放出如流星般的光芒。这一点也不逊色于我在前文所描述的奇观，在这样的苦寒之地，能产生如此丰富的热源，依托不为人知的供给，成就生生不息的焰火。同时在特定时刻，会有一块巨大的浮冰漂向这座岛。当浮冰与崎岖海岸发生碰撞的那一刻，你能听到悬崖发出不断的回响，仿佛深处有无数声音在喊叫，嘈杂无比。因而，有传说认为，这是被判处接受严寒惩罚的恶灵在此服刑。[31]

南北方的分界线被再次往更高纬度推移。萨克索居住在被斯特拉波认为是"不适合人类居住"的地方,可他自己也将挪威视为那不可企及之地的尽头,将分隔极北与文明世界的那道墙进一步往北挪了。尽管萨克索本人生活的地方,白昼时长在夏季和冬季相差极大,但他没能察觉到自身经历与挪威半年极昼、半年极夜这一现象的关联性。在他的描述中,挪威,甚至包括冰岛都成为北方之外的异常世界,万物萧疏,苍茫荒芜。任何物体接触到"冰岛之水"后就会被石化,赫克拉火山则是另一个让人震惊的异象,其在冰封之地持续喷发巨大的热量,被视为不祥之兆。

就连维京人和芬兰人对于北方也持负面看法。芬兰民族史诗《卡勒瓦拉》(*Kalevala*)数次出现这样的语句:

> 黑暗的北地,
> 充斥着食人
> 与溺死同胞罪行的地方。[32]

巨人之邦约顿海姆(Jötunheim)位于瑞典与挪威之间为冰霜覆盖的山脉,是地处阿斯加德北边的超自然世界。因为北部历来被视为死亡之地,有危害人类之物出没。根据萨克索讲述的另一个故事,我们可以看到北上之旅将跨越常界与异界之间的界线:托基尔(Thorkil)之旅是早期斯堪的纳维亚文学作品中最离奇的一次航行。你可以在中世纪斯堪的纳维亚神话集《散文埃达》(*Prose Edda*)中找到相关的背景信息——雷神托尔与巨人盖尔罗德展开激战,几乎杀了后者,在这个过程中他还让盖尔罗德的三个女儿致残。

萨克索则是以正史笔调描述了托基尔的冒险征程:

> 哈拉尔德国王(King Harald)的儿子戈姆(Gorm)凭借一系列非凡成就,在丹麦古将领中享有极高声望。战争已无法令其满足,他决意涉足全新领域,探索自然奥秘,展现自己与生俱来的英勇无畏。如同其他君王对战争充满热忱一样,他的心渴望着对奇迹一探究竟,或亲眼看见,或听传闻。[33]

戈姆听闻在北方某地,一个名叫盖尔罗德的人拥有一令人叹为观止的宝库,遂派托基尔去寻找。托基尔及其随从一路向北:

> 刮起一阵顺风,将他们带往更远的比亚姆兰德海岸。此地为厚雪所覆盖,冰封千里,终日不化,即便是在夏季,也无法感受太阳恩泽,随处可见人迹罕至的密林。这里无法种植农作物,出没其间的动物在别

处亦是难得一见。

托基尔航行至太阳背后,来到一片生存着奇特野兽及怪异人种的地方。他遇见的第一个重要人物是盖尔罗德的兄弟加斯蒙德,此人身形异常庞大,虽然萨克索没有明说,但加斯蒙德其实是个巨人,并且是个邪恶的巫师,沿途设置了不同的诱惑,有部分水手被迷惑。不过大多数人没有中计,最终托基尔一行来到了盖尔罗德的大厅:

> 他们继续前进,看见不远处有一座阴森潦倒的小镇,仿佛为雾气遮蔽的阴云。
>
> 他们进入小镇,经过一群凶猛咆哮的恶狗,路过插着勇士人头的树桩,看到了一幅令人惊愕的景象。
>
> 整座房子被毁灭殆尽,散发着令人作呕的恶臭。且目光所及之处,都让人倍感不适:门柱为积年烟垢所覆盖,墙上污渍斑斑,房顶由矛尖构成,地上爬满了蛇,遍布各色污秽之物。此番异象让这群陌生闯入者不禁心生恐惧。且刺鼻的臭气一直持续着,令他们痛苦不堪……穿过峭壁上的一道缺口,他们看到不远处,一个身体被穿透的老者坐得高高的,面朝开裂的岩石。此外,还有三个浑身长满瘤子的女人,她们似乎脊柱无力,瘫软在老者旁边。托基尔的同伴甚为好

奇。而知晓整个事件的托基尔将来龙去脉告知同伴，很久以前，雷神托尔被巨人的粗鲁无礼所激怒，双方缠斗在一起。托尔将烧红的铁掷向盖尔罗德，红铁穿透了后者的身体，甚至将山峰砸开一道口子。（据托基尔称）盖尔罗德的三个女儿同样是因为对托尔不敬，遭到雷神所召唤的雷电袭击，身体瘫痪。

盖尔罗德和他那动弹不得的女儿们在肮脏的环境中苟延残喘，成了邋遢无用的废巨人。而托基尔——这位队长需向一位与阿尔弗雷德大帝[1]同时代的明君禀报——穿过荒原，进入彼岸世界。盖尔罗德的大厅确实堆满了珍宝，可对人类而言，毫无用处，就如同逝者之食一样，一旦人吃了，就无法再回到此岸世界。

托基尔还报告称：

他们看到了一条河，河上架有一座金桥。他们想过桥去对岸，但遭到了加斯蒙德的阻拦。巨人告诉他们，这条河将人类世界与怪兽世界隔绝，凡人无法更进一步。

---

[1] Alfred the Great，871—899 年在位。

如哈德良长城一样,这又是一道将两个世界隔离开来的障碍,兼具形而下色彩和形而上意义。

此类联想是如此根深蒂固,以至于 20 世纪的文学作品通过更为写实的方式来描述北向进入冥界之旅。约翰·巴肯(John Buchan)所著的《病态的心河》(*Sick Heart River*,1940 年)就是个明显的例子——病态的心河河谷是一处难以寻觅、神奇的希柏里尔式天堂,需要穿过加拿大北部领土,但又不属于加拿大,唯有经历痛苦方能抵达。书中并没有就此给出具体的说明,读者读到的是种种令人倍感神秘的描述。丈夫和妻子站在魁北克一个偏远的河谷中:

"莱滕也曾梦到河。我想我们大家都梦到过。就是这条小河。"……

"是哪条河?"她问道,"能看到两条河。"

"两条都是。一条通往北方,另一条连接这个世界。"[34]

更近一点,彼得·霍格(Peter Høeg)的小说《冰雪谜案》(*Miss Smilla's Feeling for Snow*,1993 年)的最后几个章节令人不寒而栗。一心想解开谜团的主人公斯米拉被引领到冰雪世界。她乘坐现代破冰船出发,在错误的时节横穿北大西洋前往戴维斯海峡，其间遭遇的大量困难被作者如实描述，虽然其用词略显平淡。最终，"克洛诺斯"号抵达冰面，主人公踏上了此行的目的地——毗邻格陵兰海岸的艾尔塔冰川，这里的种种都与形成冰川的正常条件相违背。艾尔塔冰川中有一个奇特、本不应存在的冰湖，可能传播具有毁灭性的疫情，此外还有一块可能产生能量的陨石。对于这些谜团，书中都没有给出解答；似乎是这个地方固有的，不可磨灭。[35]（很少有人留意到，这部小说的绝大部分剧情，尤其是流星撞击偏远北部，其灵感似乎来自埃尔热所著的《丁丁历险记：神秘的流星》。）

托基尔、盖尔罗德和加斯蒙德的故事表明，诸如萨克索这样的中世纪丹麦基督徒，即便想象力受限，仍会产生某种黑暗的猜疑，即无论牧师说什么，约顿海姆依然有巨人出没。不过雪地火山喷发的景象让中世纪基督徒联想到地狱，还是可以理解的。7世纪，于爱尔兰创作完成的《圣布兰登航海纪》（*Voyage of St Brendan*）一书记录了圣徒的梦幻之旅，航行在北大西洋的僧侣们遇到了一座冰山，紧接着，一座火山映入他们的眼帘。

> 看起来整座岛屿都在燃烧，如同巨大的火炉，大海在翻腾，仿佛盛满肉的锅沸腾一般，不用为火源犯愁。一整天，他们都能听到从岛上传来的号叫声。即

便火山早已消失在视线中,岛上居民的叫喊声仍然能传入他们的耳中,燃烧产生的臭气还是会钻入他们的鼻孔。圣徒安慰他的僧侣们,说道:"基督的战士们,此刻我们被困在地狱之中,务必发自内心,坚定信仰,这恰是我们最有力的武器。小心戒备,无所畏惧。"[36]

还有很多人断言通往地狱之路是往北延伸的。斯诺里·斯图鲁松[1]回忆基督教出现前的神话时称"通往地狱之路往下往北延伸"[37]。古人有充足的理由相信,地狱和撒旦都在北方。将路西法与北方联系在一起,算是由来已久的传统,可以追溯到《以赛亚书》第14章第12和13节:

> 明亮之星(路西法),早晨之子啊,你何竟从天坠落?你这攻败列国的,何竟被砍倒在地上?你心里曾说:我要升到天上;我要高举我的宝座在神的众星以上;我要坐在聚会的山上,在北方的极处。

若"所有灾祸皆从北方发出",那么撒旦对神的背叛始于路西法在北方称王,也就合乎情理了。

纪尧姆·波斯特尔(Guillaume Postel)于1561年出

---

[1] Snorri Sturluson,1178—1241,冰岛诗人、编年史家。

版的非正统著作《宇宙结构百科全书》(*Cosmographicae disciplinae compendium*)对这一传统进行了总结,认为古代以色列失踪的部落来到了中国北部的阿扎罗兹(Arsareth)。他对北极的看法同样奇特:北极就是魔鬼所在地,位于北天的天龙座、大熊座和小熊座不仅是魔鬼的象征,还是其切实存在的标志,表明魔鬼被上帝锁在极地,一如但丁想象的那样。

可另一方面,波斯特尔又试图将北方与所有美德联系在一起,极地的山巅(据说就在关押魔鬼的牢狱之上)沐浴在永恒的阳光下,是地球上最接近天堂的地方。关于北方,各种正面和负面的观点交织在一起,让人更感困惑。[38]

从盎格鲁-撒克逊人的一次布道中,我们得以一窥寒冷刺骨的北部地狱景象:

> 圣保罗面朝北方……只见水面上耸立着一块灰白岩石,岩石北部则是片挂着雾凇的森林。黑雾弥漫,魔鬼及可怕生物栖息于岩石下方。他看见森林对面的悬崖上吊着很多双手被缚的黑色幽灵,样貌可怖的魔鬼如贪狼般攫住它们,悬崖下方的水泛着黑光。[39]

在乔叟所著的《游乞僧的故事》中,魔鬼面带微笑,几乎让人难以察觉到其恶魔本性。

"兄弟,"他道,"你现在家住哪里?哪一天我想来找你。"乡士温和地回答他。"兄弟,"他说,"远在北方,我希望有一天可以再见到你。"[40][1]

英格兰和苏格兰民谣中的魔鬼通常都"来自北方诸岛"。萨克索·格拉玛提库斯认为在斯堪的纳维亚的密林中,有鬼魂、好色之徒和恶魔起舞。[41]奥劳斯·马格努斯称:

七星之下的那片区域,换言之,即北部地区(不折不扣的撒旦居住地),长相各异的恶魔发出令人毛骨悚然的嘲讽声,怂恿当地的居民,甚至伤害他们。[42]

威廉·布莱克[2]在刻画邪神尤里森(Urizen)时,也在一定程度上受到了民间传说的影响,即在北方总有魔鬼和亡魂出没。

永生者轻蔑地回绝其信仰,
造物主施法,

---

[1] 此处引用方重译文。
[2] William Blake,1757—1827,英国浪漫主义诗人、版画家。

将其驱至北方某地,

那里阴郁黑暗,空旷荒凉。[43]

中国神话亦将北方视作不祥之地。志怪古籍《山海经》中就描述了在极北出没的怪物:

鬼国在驳马国西六十日行。其国人夜游昼隐,身着浑剥鹿皮衣,眼鼻耳与中国人相同,口在项上,食用瓦器。[44][1]

中国古人认为,北方"阴森寒冷属水为阴,有鬼怪居住其间"。

而整个中世纪,葬于教堂北边之所以被认为是不吉利的,恐怕也源自类似负面的联想:自杀者、未受浸洗的婴儿以及被开除教籍者,都会被埋在教堂北边。[45]艾奥纳·奥佩(Iona Opie)和莫伊拉·泰特姆(Moira Tatem)着手调查这一现象,追查了截止到1984年的相关记录。[46]部分中世纪教堂在北边设有恶魔之门,只在洗礼仪式期间打开,驱走恶魔,其余时候这扇门都紧紧关闭。[47]在苏格兰民谣《坦林》(*Tamlane*)中,北风呼啸预示着精灵女王的到来。

---

[1] 这段文字实际出自宋末元初历史学家马端临的《文献通考》。

北风吹来,

寒冷刺骨……[48]

凡人坦林被精灵女王俘虏,带到精灵王国,成为人质。[1]而苏格兰北部民谣《园丁》(*The Gardener*)通过园丁与其所倾慕的女孩之间的对话,以一种相对温和的方式将自古以来北方与南方、夏季与冬季的对立呈现出来。园丁代表了夏季,他送给女孩一件用北方有限的鲜花织就的衣服。然而,女孩就是冬季的化身,冷若冰霜,她对着他念出了咒语:

年轻人,你用夏日鲜花,

为我打造一份合身的礼物;

现在轮到我,

用冬日特色还礼。

皑皑白雪是你的衬衣,

最好覆盖整个身体。

---

[1] 民谣《坦林》有多个版本,但基本讲述了这样一个故事:珍妮爱上坦林,决意将他带回凡人世界。在坦林随骑士们返回精灵王国时,珍妮将他从马上拉下来。不管精灵女王用魔法把坦林变成什么,珍妮就是抱着他不松手,直到他最终成为一个裸体的男人。就这样,坦林还原成凡人,和珍妮幸福地生活在一起。

凛冽寒风是你的外套，

让它在你胸腔呼啸打转。[49]

在但丁心目中，地狱中最骇人听闻的监狱就位于北方，为寒冰所覆盖，浓雾弥漫，如坠黑暗。这里是最后的流放地。根据但丁对宇宙的认知，地狱的最底层就在地球的中心，距离以金色玫瑰铺就的天堂为中心的光明世界最为遥远。这里的罪行最为深重，所见一切皆令人心惊肉跳。冰冷和寒风来自路西法如蝙蝠双翼一般的翅膀，但他本人因为罪孽深重，被冻在冰湖中。[50] 他这是咎由自取，印证了因果报应。

《神曲·地狱篇》最后三首所描述的场景都发生在冰湖上，那些触犯中世纪社会禁忌底线、背叛国家或亲人、试图摧毁体现人性的秩序的自私者都被冻在冰湖中，似鸟儿般动弹不得。这一地狱最底层甚至出现残暴的人咬人场景，对此，但丁一开始就有过暗示：“你找不到更值得埋入寒冰的鬼魂。”[51] 在冰面上，只要一有机会，这些罪大恶极之人就会相互啃咬，发泄怨恨，而但丁本人对他们也是毫不客气。

为了进一步说明第九层地狱的极寒和冰层的厚实，但丁特意提到了一些远在北方的（相对他所处的地中海而言）传说中的可怕之地，那些地方弥漫着令人难以想象的寒冷和荒凉。冰层太厚了，以至于它不像是水，倒像是玻璃片。(和很多试图想象北方天寒地冻景象的人一样，但丁认为浮冰和浅水表面结的薄冰一样是透明的。)即便遇上最寒冷的冬季,奥地利境内最远的多瑙河河段也不会结那么厚的冰,就连流经冰天雪地的俄罗斯的顿河也不会出现这种情况。

> 奥地利的多瑙河在冬季,
> 它的水流也不会结成这样厚实的冰层,
> 顿河在那寒冷的天空下也不会这样结冰。[52]

这些背叛者怨气未消,但寒冰残酷地将他们包拢,覆盖了他们尖叫的脸,眼泪冻成冰核,如同水晶制成的面盔一般。他们是如此孤单痛苦,甚至无法咒骂。受苦人之一阿尔贝里哥修士流出的泪水被冻成了玻璃。[53] 在这地狱最底层,同情、悲伤、内疚这些与生俱来的情感体验被剥夺了原有本质,变得反常、苦涩、残忍。

在这痛苦王国的中心,便能找到地狱之王,被冻在冰湖中的路西法,正是他一手制造了极端恶劣的北方气候:浓雾一片,阵风强劲。[54] 和那些罪行相对较轻的背叛者一样,这个最早的背叛者其实是咎由自取,将自己给冰封起来。他的六只眼睛都在流泪,顺着三个下巴,滴滴流下,泪水中还有血红的唾液掺杂,他的每张嘴都在咀嚼着一个罪人:分别是布鲁图斯(Brutus)、卡西乌斯(Cassius)和犹大。[55] 在但丁看来,背叛是最令人憎恶的罪行,扰乱社会秩序，对历史产生极大的负面影响。

现实世界中也曾出现类似的冰封地狱，1939年至1940年的冬季战争期间[1]，经验不足的苏联军队进军芬兰，但面对零下30摄氏度的极寒天气，大量苏军士兵被活活冻死。意大利战地记者库尔齐奥·马拉巴特（Curzio Malaparte）就亲眼看见了这样一幕：苏联一整支骑兵团的马匹都被冻死在湖中，在北极的黄昏时分，如此场景实在令人触目惊心。那年冬天，成百上千的马儿就被冻在这个冰牢中，而湖周围的林子里，随处可见被酷寒夺走生命的苏联巡逻兵。后来，在瑞典的欧也纳亲王那挂满印象主义画作的客厅内，伴随着从漂亮花园那里传来的轻柔乐声——一如波罗的海的波涛声——马拉巴特将在北地所见告知这位欧洲唯一没有被卷入战争的基督教亲王时，对战争一无所知的亲王仿佛孩子受到惊吓般落下了泪水。[56]

＊　＊　＊

欧洲宗教改革期间，南北方之间的关联发生了巨变：地图上出现了新的分界线，并且从16世纪开始，在南北

---

[1] 1939年11月30日至1940年3月13日，苏联与芬兰之间爆发了一场战争，西方世界习惯称之为"冬季战争"。最终苏联打败了芬兰，但也付出了巨大的代价。

方之间的往来遭到严格限制。关于那些人迹罕至之地的传说又一次流传开来。在南方，人们普遍将邪恶北方与马丁·路德的著作、古斯塔夫·阿道夫[1]的军队画等号——所有灾祸皆从北方发出。而在北方，描述南方落后堕落的阴暗传说亦开始盛行。

切萨雷·里帕（Cesare Ripa）所著的《图像学》（*Iconologia*）在整个巴洛克时期被广泛使用，是用来破译艺术作品寓意内涵的参考手册。书中对北方相关的视觉表现方式做了详尽的介绍。《图像学》初版于1593年，在罗马问世，不过没有插图。此后的17、18世纪，《图像学》多次再版，都配了插图。而初版的副标题表明了此书研究的文化现象的普遍性："包罗万象，博古通今，乃诗人、画家和雕塑家之必备手册。"[57]

在《图像学》的结尾处，我们可以看到里帕对北方的理解，世界被划分成四个区，并且都被拟人化了：东方是一个年轻女子，画中还能看到香炉及初升的太阳；南方是一个年轻的黑人男子，手持太阳之箭，伴着一簇莲花；西方是一个上了年纪的男人，代表了睡眠，双唇紧闭，戴着罂粟冠冕，夜星高挂；北方的形象是四幅图中唯一的正当壮年者，且动作坚决。四个区分别对应一日中的不同时间，

---

[1] Gustavus Adolphus，瑞典一代英王，1611年即位，1632年作战身亡。

南方代表炎热的正午,东方代表上午,西方代表夜晚,北方则代表了入夜之前短暂的午后时光。

一名身披铠甲的金发骑士,手握剑柄,在雪地上迈开步子。骑士为正滴落冰块的云朵所包围,冰块形似切割过的宝石。里帕对这一形象的解读可算是巴洛克时期人们对北方印象的概括。在骑士所佩的蔚蓝色斜挂肩带上,能看到黄道十二宫中代表北方的图案(巨蟹、天蝎和双鱼)。另外,天空阴云密布、飘着冰雪,骑士抬头看向北斗七星方向(属于大熊星座),那正是北方(拉丁语 *septentrionalis*)的标志。约翰·弗洛里欧[1]在1611年出版的意英词典中这样解释道:"Settentrione,位于世界之北。亦指北海岸或北极。亦指北风。亦指大熊星座的北斗七星。"[58] 北方总是与苍白、强健这些词联系在一起,而这些正是北方人的特色,与皮肤黝黑、身材相对瘦小的南方人形成鲜明对比。画中的骑士全副武装,因为北方人被认为是地球上最好斗的人种,血气方刚且易怒。彼特拉克[2]以其第28首长歌第46—51句佐证了这一观点,称北方人(以贺拉斯提及的西徐亚人为代表)[3]受

---

[1] John Florio,1553—1625,英国语言学家。
[2] Petrarch,1304—1374,意大利学者、诗人,文艺复兴第一个人文主义者,被誉为"文艺复兴之父",以十四行诗著称。
[3] 贺拉斯,公元前65—前8,古罗马诗人、批评家。西徐亚人(Scythian):具有伊朗血统的游牧民族,公元前8—前7世纪从中亚迁徙至俄罗斯南部,建立强大帝国,至公元前2世纪被萨尔马特人征服才覆亡。

到气候的影响,变得秉性凶残,无惧死亡。因为他们出生在受热极少的地方,这里冰天雪地,有限的白昼也为阴云所遮蔽:

> 这被世界遗忘的凄惨之地,
> 阳光亦无法眷顾此处,
> 终年积雪,满天冰霜……[59]

北方拟人像,1618年,木版画,参考了阿尔皮诺骑士[1]的形象

---

[1] Cavaliere d'Arpino,即朱塞佩·切萨里(Giuseppe Cesari),1568—1640,意大利矫饰主义画家。

北方被塑造成这样一位适逢壮年、拥有强大能力的侵略者形象，着实令人过目难忘。事实上，16 世纪后期的意大利人总是"谈北色变"，他们忌惮从北方来的雇佣骑士和狂怒的改革者。还是那句话，Il male viene dal Nord[1]。里帕选择突出象征北方的力量和荒凉：他那一代人是 1527 年罗马大洗劫[2]亲历者的后人，在那场灾难中，日耳曼雇佣骑士就在法尔内西纳山庄拥有精美壁画的房间内扎营。一名佣兵在绘满壁画的"透视屋"里展现了来自北方的强势，将这个由巴尔达萨雷·佩鲁齐[3]打造的美丽幻想世界变成了阴森之所。宁静塔楼上方的天空中出现了两句粗俗的德语，格外醒目：

1528
日耳曼人打得教皇仓皇出逃，
怎能不叫我这提笔者放声大笑。

佩鲁齐笔下那座大理石柱耸立、远离战乱的城市，无

---

[1] 意大利语，即所有灾祸皆从北方发出。
[2] 1527 年 5 月 6 日，西班牙雇佣军将罗马洗劫一空，这场袭击也以一种凄惨的方式宣告了意大利文艺复兴的终结。
[3] Baldassare Peruzzi, 1481—1536，文艺复兴时期意大利建筑师、画家。

法躲过北方佣兵的短剑的摧残。

而在17世纪的意大利人看来,里帕对北方拟人化的塑造似乎也没有修改的必要:在新任北方主宰者、瑞典国王古斯塔夫·瓦萨(Gustavus Vasa)的率领下,邪恶的异教徒(在意大利人眼中是如此)再度袭来。1620年,天主教一方在白山战役中击败新教军团(新教对神圣罗马帝国的反抗以失败告终),不久后,罗马教堂的胜利圣母堂(Santa Maria della Vittoria)就被建造起来,以纪念这场胜利。可无论教堂雕刻多么精美,镶嵌的大理石多么华美,以远北地区战争为主题的壁画还是暴露出强大罗马对北方骑士的极度畏惧。

同样是在17世纪,关于斯堪的纳维亚人、芬兰人、(尤其是)拉普人都是法力强大的巫师的说法再度甚嚣尘上,同样表明了人们对北方的畏惧。古斯塔夫·阿道夫的军队在三十年战争期间打胜仗,据说是因为其阵中拥有会法术的拉普人和芬兰人,他们能控制风云和暴风雨。1630年,进军德意志的瑞典军队中有三个团的拉普人,他们的任务就是借助超自然的方法为己方赢得优势,并夺取胜利。后来的战史研究者认为并不存在这样的军队。可奇怪的是,或许是意识到瑞典疆域内也生活有以巫术著称的人,古斯塔夫制定的战争条款第一条就是禁止盲目崇拜、使用魔法和能迷惑人的武器。[60]

17世纪后期,墨西哥女诗人胡安娜·伊内斯·德·拉·克鲁兹修女(Sor Juana Inés de la Cruz)给在斯德哥尔摩、同为女诗人的索菲亚·伊丽莎白·布伦纳(Sophia Elisabeth Brenner)写了一首诗,诗中所描绘的北方形象有了明显的提升:

> 我要颂扬哥特女士索菲亚·伊丽莎白·布伦纳。她集声望和智慧于一身,是极地的缪斯女神,是我们这个时代真正的奇迹,来自北方的传奇。她充满魔力的歌声令人沉醉,她的成就不应被遗忘。[61]

这首诗以"伟大的哥特密涅瓦"[1]开头,后来,在同一个段落中,她又称索菲亚·伊丽莎白为"明智的西哥特西比尔"[2]。在这个远在墨西哥城的女诗人眼中,北方蒙上了一层巴洛克色彩,显得绚丽华美。索菲亚·伊丽莎白先后被比作极地的缪斯女神、密涅瓦和西比尔,米索尼亚人[3]、哥特人和西哥特人等等随意取自普林尼和其他罗马史作家的名字。而赞美其歌声"充满魔力",不禁让人联想到那些

---

[1] Minerva,罗马神话中的智慧女神、战神、艺术家和手工艺人的保护神。
[2] Sibyl,指罗马神话中的女先知西比尔。
[3] 很久以前生活在北方的人种之一,几乎可以算作传说。

来自北方的巫师们。对于胡安娜修女所处的修道院而言，斯德哥尔摩几乎是个遥不可及的地方，但她仍赋予其巴洛克风格的联想。可以这么说，这位墨西哥女子的心目中自有一个"北方"，即便她对北方的了解仅限于北极星和芬马克的巫师。

拉伯雷在其著作第四卷中描述了一段短暂的北极航行，虽算不上险象环生，却也颇为精彩。[62] 庞大固埃[1]及其同伴正在一边吃喝，一边高谈阔论时，他们的船只无意间航行到了北部海洋上，此时他们听到有人在半空中说话，却看不到人影。他们听到了不同的说话声，有男有女，有小孩，还有马的嘶鸣，甚至还有大炮的响声，可船上人还是什么都看不见。庞大固埃猜测这些声音来自一个三角形的水域，正当中是"语言"、"概念"和"意识"所在的水域，——若干年后，会有一部分语言或概念"像露水落在基甸的羊毛上"[2]那样落在人类头上，也可能他们航行到了类似今日百慕大三角的地方。接着，庞大固埃联想到，他们听到的恐怕是在严冬里说出来的声音，"一出口便冻结成冰"。

此时，领港人也开口说道，向众人保证庞大固埃此言不虚，他们听到的是去年冬天在此地发生的一场鏖战的声音。

---

[1] 《巨人传》主角，巨人国王高康大之子。
[2] 基甸为《圣经》中拯救以色列人的勇士，基甸求羊毛干湿的故事见《旧约·士师记》第六章第37节。

到了这里，故事的叙述开始变得荒诞，庞大固埃伸出手，在空中抓住大把冻结的语言，然后扔到船甲板上。这些语言像五彩缤纷的小糖球，遇到他手里的热气，就像雪一般融化了。各种融化的声音混杂在一起，刺耳无比，只听见一串：

> 欣、欣、欣、欣、希斯、提克、托士、洛尼、布乐德丹、布乐德达、弗儿、弗儿、弗儿、布、布、布、布、布、布、布、布、特拉克、特拉克、特儿、特儿、特儿、特儿、特儿、翁、翁、翁、翁、乌翁、哥特、玛各……[63]

最后两个声音很容易让人联想到北方的哥特人以及巨人歌革和玛各。待众人听够这些声音后，他们考虑将其中一部分放在油里保存起来，或者塞进稻草里，就像把冰放进冰窖里保存一样。到这里，这个充满美丽矛盾的故事告一段落。庞大固埃一行继续横渡遍布奇迹的汪洋，寻找"神瓶"。而在这一片新生的巴洛克式想象之海上，除了冻结的语言外，我们还能看到诸如乘坐小船漂洋过海去参加特利腾大公会议[1]的耶稣会会士。

---

[1] 1545年12月至1563年12月在意大利北部特利腾召开的宗教改革会议，这里引用的是《巨人传》第四卷第五章的故事，庞大固埃遇见自灯笼国归来的游客，文中指的是1546年7月29日召开的第六次会议。

关于巴洛克世界所想象的北方，最后再举个例子，就是现藏于剑桥菲茨威廉博物馆、由亚伯拉罕·洪迪厄斯[1]创作的《极地冒险》(Arctic Adventure)，这是一幅关于极北地区的画作，画家是在英格兰完成的——洪迪厄斯在伦敦度过了后半生。经菲茨威廉博物馆鉴定，这幅画完成于1677年。而在洪迪厄斯创作的一系列伦敦相关的画作中，有一幅名为《冰冻的泰晤士河》(The Frozen Thames)也创作于1677年，描绘了这座城市曾遭遇的寒冬景象，目前为伦敦博物馆所收藏。在《冰冻的泰晤士河》中，你能看到人们在冰冻的河上玩耍打闹，不远处的拦河坝也被冻住了。洪迪厄斯还画过一幅为人所熟知的《泰晤士河上的冰冻博览会》(The Frost Fair on the Thames)，是从伦敦的 Temple Stairs 看到的景象；此画完成于1684年，现在也为伦敦博物馆所收藏。《极地冒险》将画家对北方的理解以视觉方式呈现出来，至于是出自荷兰人对极地航行的解读（洪迪厄斯来自一个颇具声望的地图绘制之家），还是受某位英格兰赞助人思想的影响，我们不得而知。当然，也可能是洪迪厄斯对那年冬天进行了极为细致的观察，接着确有感而发，创作了这幅画。

《极地冒险》展现了北方恶劣的一面：天空中黑云漫

---

[1] Abraham Hondius，约 1631—1691，荷兰黄金时代画家。

《极地冒险》,亚伯拉罕·洪迪厄斯,1677年,帆布油画

卷,最后一丝光亮即将退去,一艘船被大块浮冰困住,一侧翘起。前景中可以看到几个男子正向一只(很小的)北极熊开枪,一群狗也正围着北极熊吠叫,还有一个男子往同伴所立的方向逃去。冰面上停着一艘划艇。

洪迪厄斯就近学习,通过观察河流或水洼的结冰现象,绘出了他所认为的冰面景象,不过真实情况并非如此。他没有考虑到大量成片的冰会使光线发生折射,因此是不透明的(《泰晤士河上的冰冻博览会》中的光滑冰面就准确反映了这一现象),所以他笔下,那些厚实的冰都十分清澈。他将受困的船和前景中的人物置于想象中的"水晶世界"——冰层没有被积雪所覆盖,是半透明的,如棱镜一般。这就好比巴洛克诗歌所追求的那些极致的比喻：一望无垠的水晶、光亮的冰面、倾泻的钻石。

19世纪早期，德国画家卡斯帕·大卫·弗里德里希（Caspar David Friedrich）也画了一幅冰海海难的作品，寓意着背叛的悲惨下场，就如同但丁笔下的背叛者，被冻在冰湖中遭受严惩那样。在经历过三十年革命和变革的欧洲，还有人反其道而行之，重拾专制独裁，不啻为一场背叛。这幅画如今被称为《北极海难》（*Arctic Shipwreck*）或《冰海》（*The Sea of Ice*，1823—1824），画面中有一艘被困在北极苦寒地的船只，为破裂的巨大冰块所包围，几乎难觅踪影，如此惨烈的场景象征着背叛的下场。文艺复兴以及中世纪时期，船只常常被用来借指国家，但弗里德里希用一种新的方式来表现维也纳会议之后，统治者对民众的背叛。而弗里德里希最初的灵感可能来自威廉·帕里爵士[1]的经历，后者率领"格里珀"号进行过数次北极航海探险，但如此艰难的征程更多的是让人产生对北方强大破坏力的敬畏之心，而非为人类的勇往直前而沾沾自喜。

弗里德里希的画寓意希望的破灭，人类个体在面临绝对力量时的渺小无助。事实上，这幅画一度被称为《希望的破灭》，因为画中失事的船就叫"希望"号。在冰层强势

---

[1] Sir William Parry，1790—1855，英国航海家、北极探险家。

《北极海难》，卡斯帕·大卫·弗里德里希，1823—1824年，帆布油画

的扩张力面前，人类显得如此脆弱。

　　这是种悲观的讽喻：冰层的短暂融化只会让船只进一步往北漂，从而陷入愈发危险的境地。北极的冬天如约而至（几乎是一整年），将船只锁入冰牢，冰面不断扩张，层层叠叠，峥嵘尽显。一年中，寒冰消融仅两个月时光，冬天会持续十个月，有极夜，自然也会有极昼。如果这幅作品真的带有政治隐喻，那么距离下一次冰雪消融尚需一段极为漫长的等待，远超画家的期望，因为余下的19世纪都被笼罩在专制极权的阴影中。 和前辈洪迪厄斯一样，为了

画好北极的冰封景致，弗里德里希就近学习，观察家附近的水流结冰现象，希望能更准确地画出冻结的大海和向上翘起的冰块。当时，他联想到了1820年之前的北极探险之旅，或许还考虑过船只被困冰海的潜在寓意。1821年的冬天，朔风凛冽，异常寒冷，弗里德里希专程去观察易北河的水流移动和浮冰。因此，最终完成的画作是将河冰按比例放大。画家可能用了一艘模型船当参考，来画出被毁的船只。弗里德里希巧用可利用的资源，勾勒出想象中那个凛冽且令人惶恐的北方世界。

在所有最让人不寒而栗的北方中，俄罗斯北部堪称冬季牢狱。1848年，当旅人露西·阿特金森（Lucy Atkinson）穿过莫斯科之门，往北进入西伯利亚时，内心已经开始忐忑不安。

> 当我们穿过这道门时，我像是在与全世界告别。我曾设想那些被流放者经过这里的情景，当我们终于穿过这道大拱门时，有如释重负的感觉。和这些犯人们一道，经此前往西伯利亚……有数百人踏上这条路，而他们唯一的罪行就是反抗粗暴主人的残忍对待。[64]

除了受冻挨饿，饱受奴役外，置身于如梦魇般可怕的北方，这些被囚者发自内心地感到恐惧。

尤其是对俄国人而言,渡过辽阔的海洋,向北远航,进一步加剧了他们即将与世隔绝的惶恐感。在这些囚徒看来,他们不仅是被流放到偏僻遥远的岛上接受惩罚,远离"大陆"(犯人常以此指代俄国其余地方),更像是被驱逐到了另一个"星球"上——很多歌曲和谚语就是这么形容科雷马的。[65]

俄罗斯北部的苦寒天气以及恶劣地形让不少19世纪的旅人震惊,他们觉得来到了真正的地狱,尤其是当地面硫黄闷燃时,仿佛熔岩一般。根据一位19世纪造访过西伯利亚的旅人的描述——不过可信度不高——当马拉着雪橇开始奔跑时,地面之下似乎是空的,发出阵阵声响,如同在一面大鼓上奔跑。领航者解释称地下火吞噬了中间地层,并直冲地表,能引发地面塌陷,因此这里危机四伏,地表随时可能裂开,马儿会坠入火海中。黄昏时分,地面燃烧又是一番怎样的景象啊!

> 目光所及之处,无不令人毛骨悚然。除了森林之外,整片土地都在燃烧,方圆数百里都可以见到星星点点的火光,斑斓跳动——红色、金色、蓝色和紫色——有些分叉,呈锯齿状,有些形如标枪,散落一地。[66]

但我们也可以从另一个角度来看待俄罗斯北部，那是一片神圣的土地，是通往"另一个世界"的入口。最早赋予俄罗斯北部以神圣色彩的是当地的游牧民族——萨米人。萨米人认为阿尔汉格尔的远北方、位于白海的索洛韦茨基群岛是这个世界与冥界的过渡之所，因此他们将萨满巫师和酋长埋在这里，并用岛上的石头摆出如迷宫般复杂的图案，以防逝者的魂灵重返生者世界。这和生活在北极的因纽特人用石堆隔开逝者和生者世界相似。而东正教修士视萨米人的建筑为"巴比伦"，罪恶之都的象征。对于这种带有神秘色彩、呈不规则状且反复出现的物体，修士们的选择是沉默和祷告。[67] 波兰记者马里乌什·威尔克（Mariusz Wilk）在索洛韦茨基群岛度过了千禧年来临前的最后几年，关于这片极北之地，他的第一印象是混沌、地形复杂、泥泞不堪。"真实的俄罗斯，尤其是在北部，就是一片混沌：一眼望去，无边无际，泥潭深不见底，房屋奇形怪状。"[68] 俄罗斯北部就如同一个让人晕头转向的迷宫（泥潭、湖泊、森林和海洋），无论白天，还是黑夜，都是一片混沌。"经过数小时后，白昼隐去，一切——天空、高大的花木、静止的水流——仍处于永恒的静谧中。"[69] 但正是这种混沌给予俄罗斯北部（尤其是白海群岛的修道院）以一种肃穆感。这里就是另一个世界，修道院自有一方天地，花园中流动着不安,是萨米人传统的延续。"在北方,现实变得虚无缥缈,就像套衫肘部磨破了,另一个世界的光从那里透进来一样。"[70] 最终,置身极地的威尔克在地图上指出,那个超自然国度的起始点就位于北冰洋边缘:"卡宁半岛隔开了白海和巴伦支海,这里正是世界与冥界的交界处。"[71]

19世纪,位于世界尽头的冰洋尤其受关注。极地并非本书所要讨论的重点,弗朗西斯·斯巴福德(Francis Spufford)在《冰与英国神话》(*I May Be Some Time: Ice and the English Imagination*)一书中对北极已有过详尽的论述。[72] 然而,但凡提及19世纪的北方,就不能无视人类在南、北两极的探险征程,南极和北极一样荒芜、恶劣。

更确切地说,19世纪,人类踏足的疆域迅速扩张,也有助于我们更深入地了解北地。在这个登山运动兴起、探险英雄(也有不幸遇难者)辈出的百年,南极、喜马拉雅山脉,乃至任何雪线以上的地方,在广义上都属于"北方"。

而被困在巨冰中的船只成为一种象征,很容易让人联想到人类在严冬酷寒面前的束手无策。整个19世纪,科技的发展及勇气的提升使得人们对环游世界、探索极地充满自信。然而,到了1912年,寒冷充分展现其威力,人类的抱负遭遇沉重打击。斯科特的南极探险队以失败告终[1]，同年晚些时候，"泰坦尼克"号与冰山相撞沉没。人们普遍将这两起灾难联系在一起，试图从遇难者展现出来的（真正或假想的）骑士精神出发，寻求慰藉。对于斯科特的南极之旅，最为常见的看法是借用巴洛克式隐喻，另觅角度证明失败也是一种成功，即便自相矛盾。至于发生在"泰坦尼克"号上的那些早已家喻户晓的传奇故事（在生死关头所表现出来的勇气、坚毅和风度），其实也是相同的尝试。但这场海难就是技术的失败，人类企图征服大自然的失败，*memento mori*（拉丁语，记住你终有一死）。

就在"泰坦尼克"号沉没不久后，在纽约的意第绪音乐厅内，有一首歌将这种看似无情的解读淋漓尽致地表达出来，让人难忘。冰山和大海是冷酷的象征，代表了毁灭，它们注定占据上风。副歌部分提醒人类，我们的能力是有限的。在当时对这起海难充满同情的精英文化氛围中，这首歌显得格格不入，可如今回过头去看，就会发现歌词一针见血，具有先见之明。

> 人类自认聪明勇敢
> 却无法战胜汪洋大海

---

[1] 罗伯特·斯科特是英国海军军官及极地探险家。1912年1月17日，他和另外四名探险队员到达南极点，但在返回途中，由于恶劣天气等原因，他们先后遇难，斯科特的死亡时间推测为3月29日左右。

在寒冷面前你是如此渺小

此刻就躺在那水墓中。[73]

"在寒冷面前你是如此渺小。"由始至终，人们对于拥有毁灭力的北方都充满着敬畏之心，在一道古英语谜题——其答案为"冰山"——也能找到同样鲜明的观点。纽约的犹太移民以及第一个千年的水手们认为，在没有任何保护措施的情况下，要在俄国的凛冬或北海的冰风暴中存活是压根不可能的。和托马斯·哈代写给"泰坦尼克"号的诗一样，那道关于冰山的古英语谜题将冰视作船只航行的梦魇。谜题中描述的冰山不仅破坏力无穷，甚至表现得幸灾乐祸——它是船只的克星，真实北方的象征，天气严酷，阴郁愤怒。

这个庞然大物随波漂浮，令人瞠目结舌，从船上看去就如同陆地般迷人；它发出巨大的轰鸣声，它的笑声可怕至极，让人不寒而栗；它的边缘是如此锋利，它是如此冷漠残忍……[74]

这段文字不仅描述了冰强大的破坏力，还展现了北方的美丽多姿、魅力独具却又冷酷无情。而本书将会进一步阐述，从远古时期至今，几乎在世界的每一个角落，关于北方的两个主要观点——无尽黑暗和永恒乐土——都在持续不断地相互交织，循环往复。

北方珍宝和奇迹

北方蕴藏有无数珍宝和奇迹，这正是人类甘愿冒最大风险前往北地的主要原因，而提及北方，自然不能忽略这重要的一点。北方不仅有壮丽震撼的景象（冰山、火山、磁山），还出产珍宝——毛皮、象牙和琥珀——这些在南方都是稀有的奢侈品。

众所周知，指南针的指针指向北方。但事实上，岩石也能感知北方，即使由于地质构造运动，岩石向相反的方向移动，它也会牢记自己曾属于北方。

> 部分类型的岩石含有磁性矿物……两个磁极之间磁场的分布就如同铁屑在条形磁铁周围的分布情况一样，即形成"磁力线"……磁铁矿是自然界中常见的一种矿石，砂岩中出现的纹理往往就是磁铁矿，就如同在蛋糕中撒了种子一般。当岩石沉积（或熔岩喷发）时，若其含有磁铁矿，一般会被磁化。经磁化作用后的磁场分布会保持不变，哪怕岩石所属板块最终移动到与原址相去甚远的地方……岩石的磁性仿佛手指，明确指向极点，揭示其来自何方。[75]

指南针依然是用来辨别方向的主要工具,能立刻指出北方,指引人类前往北方宝库。以地球本身对北方存有记忆这一重要奇迹作为引子,开启关于北方奇迹的叙述,再合适不过了。数百年来,地理学家和制图师们一直试图解释北方具有磁性这一现象,他们认为在无人涉足的北部存在一巨大的天然磁石:磁山。在关于北方的幽灵书中,有一部名为《发现幸运岛》(*Inventio Fortunata*)的手稿曾在16世纪低地国家的制图师中广为流传,但很遗憾,这部手稿在动荡的"八十年战争"[1]期间失传。《发现幸运岛》记录了14世纪一位来自牛津的方济各会修士周游北方的所见所闻。他描述的磁山是一块横跨30英里的巨型黑色天然磁石。1569年,墨卡托[2]绘制出第一张世界地图,就参考了《发现幸运岛》中关于磁山的叙述。不过结合探险家们带回的最新信息,墨卡托地图中的磁山并不在北极,而是介于亚洲和美洲大陆之间。[76]

北方出产有机宝物。文艺复兴时期,彼特拉克十四行诗中很多用于形容美丽的词语都与来自北方深处的物品有关——当时欧洲以白色皮草和象牙为美。白鼬毛皮、海象

---

[1] 1568—1648年,起因是尼德兰联邦的清教徒反抗西班牙帝国统治,最终,尼德兰联邦正式脱离西班牙帝国独立,建立起"荷兰共和国"。
[2] Mercator, 1512—1594, 荷兰制图学家。

牙，以及最为宝贵的独角鲸的鲸牙，都成为法国及意大利宫廷所钟爱的白色奢侈品，其中鲸牙被认为具有解毒效用，只须轻轻一碰，就能净化泉水。在我们所处的这个时代，探索北极被蒙上纯粹的色彩——与苦行禁欲、自我认知联系在一起——也是北方显得如此神秘的原因之一。但在此前的数个世纪中，人类前往北方的目的更贪婪直白，他们是冲着宝藏去的。

早期的探险者和商人们对自己的目的直言不讳，在他们眼中，北方并非目的地，而是代表了一系列贸易路线。曾经，为了寻找前往印度及远东地区的东北及西北通道，无数人付出了生命的代价。除了这些荒谬的尝试外，还有些已确立的路线没有受到太多关注——琥珀之路、毛皮之路——一部分就在北方，另一些则绵延数千公里。

琥珀是最古老的有机宝石之一，也是北地最早被赋予价值的奇观之一，没错，琥珀是历史最悠久的贸易商品之一。特提斯金字塔中发现过源自波罗的海的琥珀珠，历史可以追溯到公元前3400至公元前2400年。公元1871年至1890年间，海因里希·施里曼[1]在发掘特洛伊的过程中，也曾发现琥珀珠。（他还发现了来自中国的商品。）经过鉴定，特洛伊时期的琥珀珠是用约公元前3000年的波罗的海

---

[1] Heinrich Schliemann, 1822—1890，德国考古学家。

琥珀制成的。《荷马史诗》中阿喀琉斯的头发颜色如琥珀般。古希腊时期，这些来自波罗的海、拥有太阳般色泽的树脂化石到达维也纳后，往东沿多瑙河被运至黑海，接着再经陆路或海路，渡过博斯普鲁斯和达达尼尔海峡，被运到爱琴海沿岸城邦。商人们也可以选择往南走，到达布达佩斯后，沿阿尔卑斯山脉东侧，翻过尤利安山[1]到达亚得里亚海边上的港口城市阿奎莱亚。[77]《奥德修斯》（反映了约公元前 1100 年的历史情况）提到过一条镶嵌着琥珀珠的项链，"发出如阳光般灿烂的光芒"。[78]在罗马人打通布伦纳山口[2]后，琥珀经奥地利的因斯布鲁克，跨过阿尔卑斯山脉，顺着阿迪杰河[3]进入帕多瓦，接着到达罗马。相传，琥珀就是法厄同（Phaëthon）的姐妹们落下的眼泪。

> 失去了兄弟的赫利阿德斯
> 伤心的泪水变成了晶莹的琥珀。[79]

法厄同由于驾驶太阳车失控，最终殒命。[4]法厄同和

---

[1] Julian Alps，位于意大利境内。
[2] 位于奥地利和意大利两国边境的山口。
[3] 起源于阿尔卑斯山脉，是意大利第二大河。
[4] 希腊神话中，法厄同不顾父亲太阳神的劝说，要求驾驭太阳车一天，结果在慌乱中失去对拉车神马的控制，导致大地受尽炙烤，森林起火，生灵涂炭。最后，宙斯的闪电劈中法厄同，这个不自量力的少年陨落在埃利达努斯河中。

《酒神巴克斯、羊人萨堤耳与黑豹》,公元70—250年,罗马琥珀雕像

赫利阿德斯(Heliades)[1]都是太阳神(赫利俄斯/阿波罗)的子女,因此传说中,赫利阿德斯的花园位于深远的北

---

[1] 赫利阿德斯是癸阿勒、埃格勒和阿厄忒里亚三姐妹的统称,但也有另一个版本称共有五姐妹,分别是赫利亚、墨洛珀、福厄柏、阿厄忒里亚和狄俄西克斯珀。

方,一如阿波罗安在希柏里尔的家。这与17世纪诗人安德鲁·马维尔[1]笔下所描绘的英格兰荒芜花园景象一致——琥珀般剔透的泪水在树上流淌。

罗马统治时期以及之后,人类对琥珀的热情有增无减。琥珀的美丽令人心动,是大自然的奇迹,琥珀是最早被观察到有电磁感应现象的物质之一(约公元前585年被米利都的泰勒斯[2]发现)。在尼禄统治时期,由于数量稀少,一小尊琥珀雕像就能换一个奴隶。琥珀热潮持续到中世纪早期,1283年,日耳曼骑士团征服整个普鲁士地区,垄断了琥珀的生产,在当时,琥珀大多数被用来制成玫瑰念珠。

此后的数百年时间里,琥珀加工者和收集者均建立起各自的同业公会,整个行业得到谨慎监管。1713年,普鲁士国王腓特烈·威廉一世(Friedrich Wilhelm I)建造了一座由琥珀板镶成的房屋,这恐怕是史上最耗时费力的琥珀制品,后来,威廉一世将琥珀屋送给了俄国的彼得大帝。但到了1944年,琥珀屋不见了踪影。尽管坊间有不少关于其下落的传闻,可琥珀屋始终下落不明。巴洛克时期,普鲁士人垄断了琥珀的开采加工,并极力炫耀,打造精美的大型琥珀制品,作为礼物赠予他国,例如威廉一世送给

---

[1] Andrew Marvell,1621—1678,英国著名玄学派诗人。
[2] Thales of Miletus,约公元前624—前547或前546,古希腊思想家、科学家、哲学家,是希腊最早的哲学学派米利都学派的创始人。

"强力王"萨克森选帝侯奥古斯特二世的琥珀柜,现陈列在德累斯顿绿穹珍宝馆的珍稀储藏柜展区。[80]

琥珀或许是最早从北方来的贸易物品,但从历史角度看,毛皮才是最重要的。北极动物的毛皮对不同区域和国家均产生了重要的影响。9世纪,来自挪威北部的船长奥塔尔(Ottar)造访英格兰,为阿尔弗雷德大帝带去了貂皮、驯鹿皮、熊皮、水獭皮,这些毛皮都是极北之地的萨米猎人进贡的。奥塔尔还向挪威南部、丹麦和英格兰出售北极动物的毛皮。早期的俄罗斯通过建立陆上运输线路,逐一征服大江大河,其版图扩张的速度取决于每一个流域生存的毛皮动物种群的消失速度。[81]

随着时间的流逝,存活下来的毛皮动物被迫迁徙到人类更难以企及的地方。到了17世纪,俄国的财政收入中有十分之一来自毛皮贸易所得,但貂皮产地只有西伯利亚一处。1697年,彼得大帝意识到问题的严重性,便颁令规定,貂皮贸易只能由政府经营。同年,为了寻找貂皮,俄国猎人开始入侵堪察加半岛。貂皮不仅保暖,在社交场合中也起到重要的作用:俄国贵族至少要有一件貂皮内衬的长袖袍。堪察加半岛上的堪察加人(Itelmen)奋起反抗,沙皇遂下令必须找到一条连接俄国和堪察加的海上贸易线路,并在地图上标注出来。1725年,俄国海军军官维图斯·白令(Vitus Bering)、马丁·斯潘伯格(Martin Spanberg)和阿列克谢·奇里科夫（Alexei I. Chirikov）奉命前往西伯利亚考察。而他们第二次远征的目标更为宏大，旨在绘制出整个俄国的北极海岸线图，发现通往日本和美洲的海上航线，收集关于西伯利亚及生活在那里的原住民的相关信息。

远征期间，白令发现了海獭，这种温驯的动物整天漂浮在刺骨的海水中，身体却能保持温暖，就是得益于其毛皮极佳的保暖性能。海獭的毛皮或许是世界上最厚且最有光泽的动物毛皮，因此也是导致它们被捕杀的原因。曾经，芬兰到千岛群岛这一带都是貂皮产地，同样的，海獭最早的分布范围从南加州开始，往西北方向穿过阿留申群岛，到堪察加半岛，再往南至日本北部。1742年，维图斯·白令的船员们带着海獭的毛皮返航[1]。事实上，正是人类对这美丽毛皮的需求的激增，成就了阿拉斯加。1867年，由于海獭数量从曾经的数十万头急剧下降至数百头，俄国将这片土地卖给了美国。

同样，在过去的很长时间里，河狸的毛皮都是加拿大最重要的贸易商品。从16世纪晚期至19世纪早期，河狸皮主要用于制作帽子，广受欢迎，加拿大人几乎人手一顶。在美洲新大陆，魁北克和新阿姆斯特丹（即后来的纽约）都是

---

[1] 1741年12月8日，得了重病的白令死在返航途中，后人为了纪念他，将他去世所在的小岛命名为白令岛。

靠毛皮交易繁荣起来的,这两座贸易城镇分别隶属新法兰西公司和荷兰西印度公司,而它们之间的竞争也反映了当时的欧洲政治局势。魁北克控制了圣劳伦斯河,从而掌控通往五大湖的线路。新阿姆斯特丹控制了哈得孙,以及往西至安大略湖畔的奥斯威戈的线路。随着河狸种群被逐一捕杀,毛皮贸易集中地也迅速往西移,从而在根本上扰乱了美洲原住民部落之间的关系。例如当易洛魁人(Iroquois)发现自己以及部落的未来取决于河狸时,为了减少或消除皮毛竞争,向那些与法国人交易的部族——尤其是休伦人——发起了一系列血腥的战争,北美洲北部的政治地理格局就此改变。深入更偏远地区猎捕河狸也因此成为绘制地图、原住民扩大领土、外来者建立殖民地的动力。[82]

来自极北之地、令人心动的物品可不只有色泽光润的河狸皮和貂皮,还包括金发奴隶那灿烂的头发。922年,哈里发穆格台迪尔(Caliph al-Muqtadir)派遣阿拉伯代表团去觐见伏尔加保加尔汗国的国王,其中一位代表在伏尔加河一支流旁的贸易集中地遇见一队投机商,他称商人为"罗斯人(Rūsiyyah)",这是一群来自斯堪的纳维亚的投机分子,他们将以基辅为中心,建立第一个俄罗斯王朝:

> 他们带着美丽的奴隶女孩来交易……船只靠岸的那一刻,他们立马带着面包、肉、洋葱、牛奶和酒水

下船，来到立于场地中的一高大木头前。这块木头酷似一张人脸，为小型木质雕像所环绕。他面向中间的大雕像，拜倒在地，祈求道："主啊，我千里迢迢来此。带来这么多价值连城的奴隶女孩，多么漂亮的脑袋啊。还有这么多宝贵的貂皮，多么美丽的毛皮啊。"[83]

在这段描述中，女人被当作纯粹的贸易商品。显然，整个地中海世界的金发情结由来已久：自古典时期的雅典开始，女子就以肤白为美，早在公元前1世纪，她们就开始漂染头发。

此外，中世纪另一种来自北方的重要宝物就是象牙。当然了，最好的象牙是大象的长牙，因此罗马人不用烦恼猎捕海象的问题。可在后罗马时期的欧洲，由于充满敌意的穆斯林的国家控制了北非及通往印度的路线，欧洲人难以获得大象长牙，海象牙就变得格外珍贵。

独角鲸的鲸牙更是北方最不可思议的造物杰作——独角兽的角，价值相当于其重量十倍的金子。人们认为触碰兽角能解毒，国王和主教的宝库中都珍藏有独角兽角。马丁·弗罗比舍[1]可能是第一个在北方看到独角鲸的英国人。

---

[1] Martin Frobisher，1535/1539—1594，英国航海家、探险家。

1577年，弗罗比舍为了寻找通往中国的西北航线而启程了，尽管这次航行收获寥寥，但他看到：

> 海面上漂浮着一条死鱼，有一根扭转但保持笔直的角从其鼻孔里伸出来，长约两码两英寸，顶端有破损。我们或许可以认为这根长角是中空的——船员将蜘蛛放入其中，不一会就都死了。我本人并未见证这一试验，但船员称千真万确。因而我们认为它就是海洋独角兽。[84]

独角鲸，学名 *Monodon monoceros*，有一根长约2米或更长的鲸牙，其作用尚不明确。格陵兰岛南部极少见到这种动物的踪影，这也解释了独角鲸在如此长时间保持神秘的原因。独角鲸的英文名"narwhal"有点不太吉利，应该是取自挪威语 nár 和 hvalr，意为尸体鲸，可能是因为其泥灰色带白点的颜色像极了溺毙水手尸体的缘故。但巴勃罗·聂鲁达（Pablo Neruda）认为它是"世界上最美的海洋生物的名字，是会唱歌的海洋酒杯的名字，是水晶马刺的名字"[85]。

在北方国家最为鼎盛的时期，至高无上的丹麦国王用独角兽角打造了一尊王座——从弗雷德里克三世（Frederik Ⅲ）手里传下来，1671年，克里斯蒂安五世（Christian V）

就是在这尊宝座上加冕的。主持加冕典礼的主教是这样祝贺新国王的:

> 曾经,伟大的所罗门王打造了一尊象牙王座,饰以纯金。而陛下的王座,虽说所用材质和形状都如所罗门王的宝座一样,但气势更为恢宏,堪称举世无双。[86]

在那个丹麦国王统领格陵兰岛,乃至整个北极的年代,这尊王座是欧洲的一大奇迹。

除了盛产珍宝外,北方也是奇迹诞生地。最先浮现在我们脑海中的或许就是冰了。这是一种我们早已见惯不怪的物体,但在16世纪,一位来自荷兰的使节绘声绘色地向暹罗王描述了其家乡的冬日景象。在荷兰,水有时候会被冻住,坚硬至极,人甚至可以在上面行走,甚至能承受一头大象的重量。

"在这之前,"国王大为光火,对使节说,"我相信你跟我说的所有奇事,因为我觉得你是个头脑清醒、正直的人。但现在,我肯定你是在撒谎。"[87]

即便是在冰霜覆盖,人可在冰上自如行走的地方,冰山仍然是令人敬畏的存在。圣布兰登（St Brendan）就目睹过一座冰山：

> 一天，当他们正在做弥撒时，海平面上突然出现一根柱子，似乎并不遥远。可他们耗费整整三天才来到近旁。神人想爬到柱顶去瞧瞧，可柱子实在太高，甚至比天空更高。并且柱子为一张粗筛孔网笼罩。网孔是如此之大，以至于船只可以顺利通过。他们不知道这张网用何物制成。它泛着银光，但他们认为它恐怕比大理石更为坚硬。柱子就如同剔透的水晶一般。[88]

极地冰千变万化，令人难以捉摸，有很多相关的描述——似乎冰的多变远远超出人类的想象范畴。1632年，一位耶稣会传教士首次看到这片冰山，发出感叹："它们比我们乘坐的船更长，比船上的桅杆更高，在阳光映照下，它们仿佛教堂般，或者说，更像是水晶山。"[89] 在格里特·德·维尔（Gerrit de Veer）关于威廉·巴伦支[1]最后一次北部航行的记录中，他描述了第一次近距离与北极冰接触的情景：

---

[1] Wilhelm Barent，1550—1597，荷兰探险家、航海家。

第五天，我们第一次看到了冰面，起初，我们以为那是一群白色的天鹅。一个正在前方甲板散步的船员最先发现，立马大喊起来，说他看见了白天鹅。我们听到后，从甲板下爬上来，方才意识到那是大块、大块的浮冰，如白天鹅般。很快夜幕降临。[90]

和迷人的光泽一样，冰展现出来的强大力量也属于北方奇迹：

严冬初降及正盛期，冰层是如此坚硬厚实，两英寸厚的冰可以承受一人在上面行走，三英寸厚能承受穿盔戴甲的骑手，一手半厚则能承受骑兵队或分遣队。至于四手厚的冰层，一整个营或数千人在上面走动都没有问题。稍后我会讲述那些发生在冬天的战争。[91]

上述这段话出自 17 世纪大主教奥劳斯·马格努斯。除了冰之外，他还描述了一系列苦寒景象：

寒冷能灼伤动物的眼睛，冻结其毛发。
寒冷让野兽们饥肠辘辘，不惜闯入人类居所……
寒冷使得狼群变得比其他任何动物都凶猛，甚至自相残杀……

寒冷令所有动物的毛皮增厚，更漂亮。

寒冷可以让鱼在不用盐腌渍的情况下，新鲜度保持五六个月时间。

寒冷导致鱼群窒息而亡，如果冰层不破裂的话。

寒冷让动物的胃口大开……

寒冷使得野兔、狐狸和白鼬改变毛色。

寒冷冻裂铜器、玻璃器皿和陶器……

寒冷使得人们在冰上玩游戏，表演最令人愉悦的节目……

寒冷导致干枯树干在断裂时发出巨响。

寒冷让略带潮湿的衣服立马冻得铁硬……

寒冷让所有播撒在地里的种子更茁壮成长……

寒冷促使人们建起旅店，举办集市，在冻结的水面上交战……

寒冷令钉子从墙、门和锁中钻出来。

寒冷冻裂田间的石头、陶罐和玻璃瓶。

寒冷能将油腻的鞋子或裤腿冻得硬如骨头。

寒冷引发咳嗽、感冒及其他不适。

寒冷使得嘴唇一旦触及铁物，就仿佛粘上沥青般，无法分离。

冰岛一直被誉为奇迹发生地，这与冰岛火山喷发时的

壮观景象不无关系。中世纪，苏格兰宇宙志《世界地图》（*Carte of the World*）形容冰岛为"充满怪诞和奇迹"的地方，尤其岛上"流淌着沸腾的水，能将石头和铁块熔化殆尽"，此外还有一个神秘的湖泊，"每天都会飞来无数只黑鸟，落入湖中，飞走时则全身变白，可人类无法靠近这个湖"。[92]

奥劳斯·马格努斯也曾提及冰岛的火山，当时，关于北方是连接两个世界的中转站，即阴阳交界处的说法很盛行。

> 人们之所以对这座岛赞不绝口，是因为岛上那些与众不同的奇观。这里有一块岩石，或者说是岬角……就像埃特纳山[1]，火焰持续翻腾。人们认为，这里是不洁灵魂接受惩罚或接受超度的地方。这些溺死或者暴力致死的亡灵以人形出现。它们是如此栩栩如生，以至于那些尚不知其死讯的人们会向它们伸出右手。在阴影消失之前，没人会察觉到异样。[93]

北方亦是变幻莫测的天堂：除了希柏里尔人居住的乐土外，18世纪，皮埃尔·莫佩尔蒂[2]在拉普兰北部的涅米湖见到过玫瑰，感到不可思议，"玫瑰就如同我们花园里所

---

[1] Etna，意大利西西里岛东岸的活火山，为欧洲最高的活火山。
[2] Pierre Louis Maupertuis，1698—1759，法国数学家、物理学家、哲学家。

栽种的那样鲜红娇艳"。[94]

中国也有类似的记录,将北极仙境与冥界联系起来。东方朔[1]就曾表示:

> 臣游北极,至钟火之山,日月所不照,有青龙衔烛火以照。山之四极,亦有园圃池苑,皆植异木异草。有明茎草,夜如金灯,折枝为炬,照见鬼物之形。……亦名照魅草。采以藉足,履水不沉。[95]

极地海市蜃楼是北方的又一大奇观,光线的折射和反射形成虚幻的岛屿、船只或城市。

> 我记得有一天早上,在为浮冰所覆盖的海面上出现了一艘漂亮的四桅帆船。可它随即就消失在我的眼前。这种情况断断续续,持续了四天。接着那艘船真的驶进了锚地……货物交换完毕后,我们看到还是那艘船,意气风发地往北方驶去![96]

威廉·斯科斯比[2]关于北极海市蜃楼的描述可算是最

---

[1] 生卒年不详,西汉时期文学家,此段引文出自郭宪《洞冥记》第三卷。
[2] William Scoresby,1789—1857,英国极地探险家、科学家。

为完整同时也是最为离奇的,在《北极记》(*Account of the Arctic Regions*,1820年)中,他记下了所看到的虚幻景象,例如长着蜘蛛腿的大象和超现实的长颈鹿:

> 光的折射会导致空中出现一些奇异的景象,值得关注。在特定条件下,所有的物体都出现在地平线之上,似乎升高了2度到4度,甚至是更多的地平纬度,且比其真实尺寸更大。这些被放大并被抬高的冰川、陆地、船只以及其他物体若隐若现。有时候,它们的下半部分如纤维或呈柱状延伸,与地平线相连,形成直角。其余时候,它们就飘浮在空中,与地平线之间有一段空隙。
>
> 1814年7月16日,斯匹次卑尔根群岛中的卡尔王子岛出现非凡的一幕,让人印象深刻。在沿海岸线往南航行的过程中,海上刮起东风,我观察到前方的山上出现一座不大但肃穆的纪念碑。我很惊讶,因为此前从未看到过这一景象。不过更让我震惊的是,不远处,有一道巨大的拱门横跨在超过1里格宽的山谷之上。再看毗邻的山脉,我才恍然大悟,那上面出现了一些异常的、呈柱状延伸的虚像。没过多久,眼前所见发生了变化,海岸沿线的山脉变幻出最令人难以置信的形态,刚刚还是带有高耸尖顶、塔楼和城垛的

城堡，几分钟后就变成巨大的拱门或浪漫的桥梁。这些多样、时而迷人的变化极为逼真，空气透彻，白雪与岩石形成鲜明对比，即便是最罕见的幻象亦是如此，哪怕用高倍望远镜看，所有物体都非常稳定。[97]

真正的北极探险不仅需要足够的资金支持，还要求参与者具备无畏的勇气。"克罗克地（Crocker Land）""巴纳德山（Barnard Mountains）""总统地（President's Land）""奥斯卡王领地（King Oscar Land）""彼得曼地（Petermann Land）""基南地（Keenan Land）"，都一度被认为是真实的存在，但后人经过更为艰苦且危险的探索，发现它们都只是幻象罢了。[98]

北极光本身亦是北方的一大奇迹：纬度 65 度附近，最有可能出现极光，分布在非对称的带状区域内，该区域被称为"极光卵"。让人意外的是，古罗马人对极光有一定的了解，南部偶尔也会出现极光，甚至地中海区域的人也有幸目睹过这一奇迹。塞内加[1]就曾观察到：

> 在深谷区，当天气晴朗，天幕一览无余时，就会出现一团团火焰，如同在门廊看到的那样。这些火焰

---

[1] Seneca，公元前 4—公元 65，古罗马时代著名斯多亚学派哲学家。

幻化出五光十色，有最艳丽的红色，亦有瞬息万变的火红色，还有白色的划过。有些耀眼无比，有些则泛着黄光，优雅克制。[99]

红色极光（"血色点燃了天空"）理所当然地被视为不吉之兆。由于光谱（从红色到靛蓝色）中波长长的光传播距离更远，因此极光中红光传播的距离最远，古人对于红色极光也是最为熟悉。中国就出现过对这种现象的精准描述："满天红云，十余条白色缎带镶嵌其中。"[100]

拉布拉多地区的因纽特人中流传着这样一个关于极光的传说：

> 陆地与海洋的尽头有一道巨大的深渊，深渊之上有一条狭窄而危险的小道通往极乐之地。天空仿佛用坚实材质筑成的穹顶，架在地球上方，上面有一个洞，亡魂通过此洞可进入真正的天堂。沿途有自杀者、死于暴力的冤魂，还有渡鸦出没。住在天堂的灵魂会点亮火把，为新来者照亮前行之路。这火把就是极光。你能看到天堂里正在举行盛宴，那里人将海象的颅骨当足球踢。
>
> 有时候，伴随着极光一同出现的"噼啪"杂音其实是灵魂试图与生活在地球上的人交流。你只能以悄

声回应他们。年轻人和小男孩会随着极光起舞。住在天堂的灵魂被称为"天上的居民（selamiut）"。[101]

13世纪，挪威的一篇文章《国王的镜子》（*Speculum regale*）中对极光进行了描述：

> 远远望去，极光就如大团的火焰。而从这团火焰中似乎又射出无数光芒，错落有致，持续不断。这里有一束，那一束最高。它们也开始熊熊燃烧起来。[102]

在北方的天空中，极光忽明忽暗，尽情展现其璀璨和壮丽。在很多人眼中，极光是北极连接两个世界的象征。芬兰语中"revontulet"意为"狐火"。芬兰人和萨米人认为，当狐狸跑过白雪皑皑的北部荒野时，尾巴扫过积雪，将光芒，即"狐火"，送入天空，形成极光。还有芬兰人觉得极光其实就是狐狸尾巴在天空中扫过留下的，或者是北部海域数不胜数的鱼群反射的光芒（表明北部地区物种的富足）。[103]

在苏格兰和挪威之间的北方群岛，人们认为极光带是一群欢乐的舞者，极光的轻盈灵动像极了舞者翩翩起舞时飘逸的裙摆。在毗邻苏格兰西海岸的盖尔群岛上，极光带被称为 Na Fir Chlis（意为积极、快速的移动者），被认作是一群在空中争斗的勇士，神奇的是：

> 伤者滴下的鲜血落到地面上,凝结成"血石"。赫布里底群岛人称之为 fuil siochaire,即精灵之血。[104]

大英博物馆国王图书馆的珍宝阁展出了大量来自北方的珍宝,其中有一块来自欧洲极北地区的石头,据说里面封印了极光,导致了石化现象。

此外,北方之所以神秘,还因为那里有巫师出没,他们的主要法力就是驾驭风。

> 瑞典国王埃里克的法力在他那个年代可谓首屈一指。他与邪灵恶魔和平相处,从不掩饰对他们的敬意,每当他转动帽子,就立刻会有风往那个方向刮去。[105]

芬兰人和萨米人则是众所周知的魔法民族。约翰内斯·谢费尔[1]对萨米人进行了人种志研究,在《拉普族》(*Lapponia*,1674 年)中,他提及萨米人法力强大与否,取决于与其家族相伴的精灵的能力。正是有了这些顺从的恶灵,萨米人才能成为巫师。[106] 17 世纪,神学家兼哈佛大学校长英克里斯·马瑟(Increase Mather)相信:

---

[1] Johannes Scheffer,1621—1679,瑞典人文主义者。

他们将附在自己身上的恶灵传给孩子，正是因为有这些恶灵相助，他们得以拥有超自然力量，看见并做出一些超乎寻常的事（就像被施了魔法般）。[107]

换言之，北方巫师的法力其实源自极北之地的恶魔们。

在异教兴盛期，最北边的芬兰以及拉普兰一度掀起学巫术热潮，就像波斯的琐罗亚斯德[1]是这种可憎学术的导师一般……曾几何时，芬兰人会拿风与商人做生意，后者的船由于近海大风滞留在岸边。商人付款后，会得到三个连在一起、无法分开的神奇绳结。使用方法是这样的：解开第一个绳结，会吹起微风；解开第二个绳结，风力进一步加大；可一旦解开第三个绳结，他们就得承受肆无忌惮的狂风。他们会筋疲力竭，难以睁开双眼，以至于无法留意从船首吹来的石头。[108]

能把风捆起来的可不只有拉普人：在世界文学作品中，最早出现的拥有此种能力的人或许是《奥德赛》中的

---

[1] Zoroaster，公元前628—前551，琐罗亚斯德教（即拜火教）创始人。

风神埃俄罗斯（Aeolus）。不过到了文艺复兴时期，这种法力与极北之地密切相关。14世纪，根据雷纳夫·希格登[1]的描述，马恩岛上有风女巫，"那里的女人会在一根绳上打三个结，将风捆起来，卖给船员"[109]。在当时，马恩岛文化深受斯堪的纳维亚的影响。《麦克白》中，来自北方的女巫能驾驭风。纽卡斯尔公爵夫人玛格丽特·卡文迪什（Margaret Cavendish）于1653年出版的诗将现实与超自然现象结合起来：

> 世间所有的风皆从拉普兰来，
> 并非洞穴来风，乃出自女巫之手。
> 于高山上和磨坊边，
> 她们捕捉流动的空气，
> 裹入麻袋，换得钱币。
> 水手们，得以继续他们的航程。[110]

奥劳斯·马格努斯称，拉普兰还藏匿着其他恶人，他们法力各异，有能变形的，有会瞬间移动的，还有些能在远处致人死命。

---

[1] Ranulf Higden，1280—1364，英国编年史家。

> 他们精通瞒天过海之术，深谙伪装之道，能为自己和他人变出各种样貌……凭借薄薄的面具，他们就能摇身变成冠军斗士，女人或纯洁的处女，或面目狰狞，或脸色苍白……众所周知，这些人还有一种法力，无论物体离得多远，不管所绑的绳结有多么复杂，他们都能拿到手，轻松解决问题……维特尔夫只需看一眼，便能索人性命……同样的，名声在外的斗士维森只要瞥一眼，就能让所有的武器失去威力。[111]

他还提到了一个名叫霍勒的巫师，只要在骨头上刻上可怕的咒语，他便能踩在这根骨头上横渡汪洋。[112] 此外，奥劳斯·马格努斯提到了一个名叫吉尔伯特的巫师，他被禁锢在某座岛中央的一个山洞中。有不少和他一样的犯人为北部海域所困——例如北欧神话中的洛基，依照斯诺里·斯图鲁松的描述，他被囚在洞中，等待着诸神的黄昏的到来，还有犹大在北方一崎岖不平的岛上等待世界末日的降临。[113]

关于拉普兰地区的巫师，无论真相如何，有一个现象不容忽视，那就是分布在整个北极的萨满教。最早对萨满教进行描述的是13世纪的方济各会修士卢布鲁克（William van Ruysbroeck），他曾周游多地。[114] 从现代角度看，萨满文化其实是两种北上之旅的结合：脱离文明世界，深入充满野性的大自然,继而进入超自然世界;探索自己的内心世界,对自我有清晰的认知,寻找那个在极北之旅中方能觅得的精神世界。

不过现如今,萨满仪式往往以探索内心为主,萨满巫师能进入精神世界,跟灵魂交流,将另一个世界的讯息带回到现实世界。约翰内斯·谢费尔于1674年出版的《拉普族》是最早详尽记录萨满降神会场景的著作之一。根据谢费尔的描述,当时萨满巫师在仪式中主要使用鼓。这些鼓用树干制成,以兽皮为鼓面,上面绘有各种图案——耶稣及其使徒,雷神托尔与众神,飞禽、走兽,群星、日和月,城市和道路,以驯鹿角为打鼓棒。在占卜时,巫师会将一些被称为"阿帕(arpa)"的金属环摆在鼓上,击鼓产生的震动会让金属环在鼓面移动,其移动方向以及所指的图案很重要,巫师会据此给出指示。若遇到重大问题,降神前期除了击鼓之外,还要吟唱以及念咒,直到巫师进入出神状态。这时,他能与神灵交流,带回求助者想得到的信息。[115]

萨满教相关的人工制品在一定程度上既反映了北地民族对另一个世界的操控,又展现了早期将北方视作灵魂和巫师出没之地的传说:为欧洲各大珍宝库所收藏的各式萨满文化的相关物品都被认为曾经属于北方巫师。查理一世就拥有"一面来自拉普兰地区、具有法力的鼓"。[116] 苏格兰冒险家约翰·贝尔(John Bell)就从西伯利亚带回一种根茎……汉斯·斯隆爵士[1]将其磨成粉内服后，出现了醉酒的症状。[117] 17世纪，丹麦皇室的收藏包括萨满鼓以及一条来自格陵兰岛的猎人护身皮带，镶嵌有133颗驯鹿牙齿。[118] 去北方寻觅宝物和奇迹似乎陷入一种奇特的循环：它始于文艺复兴时期的贪欲，疯狂收集琥珀、皮毛和独角兽的兽角，获取暴利，从萨满文化中寻找启示。可与此同时，人们又渴望相信北极仍然是那一片世外桃源，没有受到任何文明侵扰，保持原始、质朴和纯洁。

---

[1] Sir Hans Sloane，1660—1753，英国内科医生、收藏家，大英博物馆最初的馆藏就来自于他的收藏。

第二章　关于北方的想象

冰与玻璃

汉斯·克里斯蒂安·安徒生（Hans Christian Andersen）创作的童话《冰雪皇后》是一部典型的描述北上冰国之旅的作品。为了拯救被冰雪皇后绑架的好友，女主人公一路北行，来到极北之地，那里矗立着一座冰宫殿，是冰霜世界的中心。在《冰雪皇后》中，冰、玻璃和镜子交替反复出现。魔鬼做出了一面颠倒黑白的镜子，镜子摔碎后，其中一个碎片钻进一个名叫加伊的小男孩的心里。男孩的心变成了冰块，原本善良的他变得无情。

> 那是一面魔镜，是一块丑恶的玻璃……可怜的小加伊，他的心里也粘上了这么一块碎片，而他的心立刻变得像冰块。[1]

冰冷的玻璃让加伊成了一个冷漠的人，他被冰雪皇后带到了酷寒的心脏地带,那位于最北面、地处"可怕、寒冷的芬马克"[1]的宫殿。(在芬马克,唯一暖心的就是为北上拯救加伊的格尔达提供帮助的萨米族萨满,那是个睿智的女人。)在斯堪的纳维亚人的想象中,这便是严冬展现出来的力量以及酷寒所造成的荒凉景象:冰雪皇后的宫殿不仅是寒冷的象征,事实上也确实是极寒之地,与温暖形成鲜明的对比,那里渺无人烟,令人痛苦沮丧:

> 宫殿的墙是由积雪筑成的,刺骨的寒风就是它的窗和门。这里面有一百多个冰雪大厅。它们之中最大的有几英里路长。耀眼的北极光把它们照亮;它们显得那么大、那么空、那么寒冷,且那么光亮……在这个空洞的、望不到边际的雪厅中央有一个结冰的湖——湖面均匀裂成了一千块碎片,全都一模一样,就如同一件鬼斧神工的艺术品。当冰雪皇后在家时,她就坐在这湖的中央,她说自己是坐在理智的镜子上,并且这是世上最好的镜子——独一无二。[2]

冻得又青又紫的小加伊对周围的寒冷浑然不觉,他正在搬弄几块碎冰块。他就如同被禁锢在地狱中一般:做一

---

[1] 芬马克,挪威最北部的郡,也是欧洲最北部。

件永远不可能完成的事。小加伊试着用这些冰块拼出"永恒"这个词,可他怎么也记不起来怎么拼写。冰雪皇后知道小加伊不可能成功,便许诺他如果拼出来,就能重获自由,会给他整个世界和一双崭新的冰鞋(能在如镜般的冰面上划出清晰的痕迹)。

抵御北方凛冬的唯一办法就是与他人接触,产生交集。因此,格尔达的泪水融化了加伊心中的冰,分解了那块镜子碎片,将他从寒冷中拯救出来。加伊也哭了起来,热泪融出了眼睛里的镜子碎片。当他们回到安全、井然有序的北方城市后,很快就忘记了"冰雪皇后那寒冷、空洞的壮观宫殿",这次经历"对他们而言就像是做了一场噩梦"。[3]

作为北方最后的心脏,寒气逼人的宫殿也是力量的象征。在塞尔玛·拉格洛夫[1]所著的《尼尔斯骑鹅历险记》中,主人公梦到瑞典最北部是一派单调乏味的荒凉景象:温暖、文明、勇敢的萨米人,花草树木以及动物还未抵达那儿就退缩了。[4] 小男孩尼尔斯一路往北,身边的小伙伴却逐一减少:他们只能到这里,无法再前行。当尼尔斯最终来到瑞典的最北端,发现那里有一个冰窟,里面住着一个以冰为身体、以冰柱为头发、以雪为斗篷的老巫婆。冰

---

[1] Selma Lagerlöf, 1858—1940, 瑞典女作家, 1909 年诺贝尔文学奖获得者。

女巫身边有三头黑狼,它们的嘴里分别会喷出刺骨的寒冷、呼啸的北风和穿不透的黑暗。太阳与冰女巫面对面,相互注视了片刻,后者的斗篷开始融化,但黑狼咆哮着,就连太阳也抵挡不了,逃往南方。冰女巫恶狠狠地叫着,说太阳永远不可能征服她,因为极北之地只属于暗无天日的寒冰。冰女巫的形象一再出现——在伊迪丝·西特韦尔[1]的《酷寒之歌》(*The Song of the Cold*)中,又如埃玛·坦南特(Emma Tennant)所著的《狂野之夜》(*Wild Nights*)中的塞尔玛阿姨,以及后来儿童文学作家的作品中,例如托芙·扬松[2]的《姆明谷的冬天》(*Moominland Midwinter*),当然还有 C. S. 刘易斯[3]创作的《狮子·女巫·魔衣橱》和《银椅》中出现的女巫。5

当我们最初搬到北纬 57 度居住时,我妻子做了个梦,她梦见房子周围积雪覆盖的草坪上出现了极寒女神的化身。盛夏的某个晚上,她跟我说了这个梦,当时安德鲁正在温室门外抽烟,飞蛾围着威尼斯灯打转,而我在给葡萄、烟叶和黑色的墨西哥牵牛花浇水。

我妻子是在深冬一个寂静的晚上做这个梦的,那时屋

---

[1] Edith Sitwell,1887—1964,英国女诗人。
[2] Tove Jansson,1914—2001,芬兰女作家、插图画家,凭借在儿童文学方面的贡献,于 1966 年获第六届国际安徒生儿童文学奖。
[3] C.S.Lewis,1898—1963,英国作家。

外白雪皑皑。在梦中,她来到屋外,刺骨寒意袭来,让她感到恐惧。一个留着白色长发的老妪在白色的草坪上走动,她面容可怖,空洞的双眼就如同塘鹅的眼睛一般。我妻子感受到了一股具有毁灭性的力量。要平息极寒女神的怒气,她唯一能找到的贡品是一把能扇凉风的扇子。老妪拿走了扇子,继续前往别处散发寒气。我妻子是把搁在客厅扇盒里的那把原本属于我祖母的手绘纸扇送给那个老妪了吗?那是一把西班牙后巴洛克风格的扇子,一面绘的是晨光初现时,驰骋在荒凉山间的双轮战车,另一面则是黑夜女神(被称为 dama de noche,西班牙语,意为夜之女神),只见她披戴锦缎、珠宝,立在为玫瑰和芳香扑鼻的茉莉所覆盖的喷泉雕塑旁。

虽然北极通常被认为透着阳刚和雄劲,"没有女性的立足之地",但也正是因为这个原因,有时候北极又会表现得女性化——例如罗伯特·瑟维斯[1]所描绘的:"我在等待能赢得我芳心的男子……"[6] 寒冷的特质更偏女性化,东西方皆是:东方人将寒冷与代表女性的阴联系在一起;而在西方,关于冬季的中世纪英语民谣中会出现冬青和常春藤——后者代表冷和女性,前者则是热和男性的象征——难熬的冬天,快乐的圣诞。[7]

---

[1] Robert Service,1874—1958,加拿大诗人、作家。

近来，玛格丽特·阿特伍德[1]的文字引起了我们对另一种北地象征的注意，这是一种被称为温迪戈（Wendigo）的冰雪怪——源于生活在加拿大东北部荒原的阿尔冈昆族（Algonkian）的传说——已经成为加拿大作家的潜在标志。[8] 温迪戈是一种可怕的食人怪物，拥有冰霜之心，吃苔藓、青蛙和蘑菇，当然，它们最爱吃的还是人类。更令人毛骨悚然的是，人类和温迪戈之间并没有明确的界限，就如同人类和吸血鬼那样：人类一旦被温迪戈咬过，或者同类相食，抑或被施了魔法，就会变成温迪戈。人类变成的温迪戈是可以被杀死的，遇到这种情况，千万不可忘记将其心脏取出，以火焚之，使冰霜融化。《冰雪皇后》中小加伊的心变成了冰块，其实是唯我主义的象征，在遥远的北方，与世隔绝，自私冷酷是致命的。

阿尔冈昆人认为，人变成温迪戈之后会发狂，因此很容易辨认出来。不少加拿大现代作家将温迪戈视为北地游走的灵魂。在保莉特·吉尔斯[2]看来，温迪戈是被强大北方所征服的人，遁身于茫茫荒原，被恶劣环境活活吞噬：

　　他饥饿不断，贪婪无比，

---

[1] Margaret Atwood, 1939— ，加拿大女诗人。
[2] Paulette Jiles, 1943— ，加拿大诗人、小说家。

> 来到这片灵魂游荡的荒地，消失无影踪……
> 有时候，他宁愿一死了之……
> 他盼着自己的灵魂或藏于内心深处的那部分
> 能前往天国……
> 人们射杀温迪戈，
> 他们可不会为他——或者它——祈祷。[9]

温迪戈越过了自然与超自然北方之间那道致命的障碍，因此而迷失：就如同维吉尔的灵魂，伸出双手，渴望回到对岸一般[1]。在威廉·休谟·布莱克（W. H. Blake）所著的《大花园传说》(*A Tale of the Grand Jardin*) 中，渔夫讲述了这样一个故事：他来到一个被称为"地狱之河"的地方，在黑水湖畔露营——撇开其他不谈，单这条河的名字就表明渔夫濒临危险边缘。正是在那里，他遭到了一个温迪戈的袭击，这家伙曾经是个经验丰富的导游，名叫保罗·达欣，看来熟悉荒原、技能出众、力量不凡这些优势，都不足以拯救一个内心容易被魔鬼蛊惑的人。[10]

在斯堪的纳维亚关于冥界的神话中，冰、水晶和玻璃往往相互关联，交替出现。挪威神话中邪恶的巨人加斯蒙德就住在现世与冥界的交界处，它被称为"Glaesisvellir"，意为

---

[1] 此处指的是《神曲》中，但丁遇到了维吉尔的灵魂。

"闪闪发光"或者"玻璃平原"。在描述冥界之旅的挪威诗歌《梦之曲》(*Draumkvæde*)中,耀眼的冰面反复出现。

> 我靠近那些孤寂的湖泊,
> 冰层幽幽泛着蓝光,晶莹如玉,
> 我听到了上帝的警告,
> 却步了。

> 我身处冥界,
> 却无人知晓,
> 除了我那神圣的教母,
> 白皙手指闪着金光。[11]

诗中提到的"教母"便是圣母玛利亚,中世纪时期,她往往扮演保护女神的角色。这段描述显然是受到了《圣经·启示录》的影响——冰山融化,一座水晶之城从天而降。

奥西普·曼德尔施塔姆[1]的作品中经常出现冰和玻璃。举个例子,他的第一部诗集《石头》是在俄国十月革命爆发之前出版的,在描述北方夏天逐渐消失的迷人印象派景

---

[1] Osip Mandelstam,1891—1938,俄罗斯诗人、散文家、诗歌理论家。

象时,诗人亦借助冰、玻璃和雪来映衬:

> 白雪蜂箱更为从容,
> 水晶窗子更为透明……
> ……永恒之寒冷
> 流淌于冰冻的钻石间……[12]

关于曼德尔施塔姆后来惨遭苏联政府流放的经历,英语作家大卫·莫雷(David Morley)在其作品《曼德尔施塔姆变奏曲》中的阐述亦是围绕冰与玻璃展开的。诗歌就是关于曼德尔施塔姆的狂想曲,同时呈现了作者脑海中各种关于冰、玻璃及其相似物的念头:关于玻璃工厂的回忆,在流放时对着如镜般的冰块剃须——

> 我曾在文字中膜拜冰川,也曾亲眼领略冰川的风采。那景象何等壮观
> 冰川之下,则是暗流涌动……
> 冰川水是如此甘甜,如吹制玻璃器皿般柔和。难怪在诗中,我总是将冰川与装玻璃工这两个词混淆在一起[1]。可我缘何会变成冰,化为玻璃?[13]

---

[1] 英语中这两个单词分别是 glacier 和 glazier,仅一个字母之差。

被流放者在持续的严寒中被冻僵了——变成冰,化为玻璃,这样的描述很形象,而从诗歌表达的角度出发,也为接下去清晰化主题做好了铺垫。最后,在这场梦中,冰镜成为一面映照出现实的镜子,流放之地成了自由之地,冰成为瑰宝、真正的钻石:

> 我成了镜中人,摆脱地心引力,离开水源,
> 我将冰镜紧紧拽在手中,开始飞奔。
> 穿过森林,穿过雨帘。
> 我只知道:
> 我会活着醒来,
> 手中握着钻石,
> 自由落体。

童话故事中冰雪皇后、冰女巫居住的冰宫殿在真实世界中也存在着。意大利托斯卡纳大区与拉齐奥交界处,妮基·桑法勒[1]设计的塔罗公园内就有一座冰宫殿。[14] 公园内的雕塑灵感源自塔罗牌,这座名为"皇后"的雕塑类似狮身人面像,规模最大,内藏一个宽敞的房间,地面由白

---

[1] Niki de Saint-Phalle,1930—2002,法国雕塑师、画家及电影导演。

色瓷砖铺就，图案如雪花般，且整个房间贴满了亮闪闪的银镜碎片。如此一来，可谓效果非凡：地中海最灿烂的阳光透过窗户照射进来，经镜片折射，加上白色地面的映衬，耀眼至极，令人目眩神迷。这是魔幻公园内的替代品，南部艳阳下的明亮北方。

在欧洲北部，每年1月都会出现真正意义上的冰宫殿，冰宫到5月便融为水，不复存在。从这个角度看，属于北方的奇迹并未消失。在瑞典最北端的尤卡斯耶尔维（Jukkasjärvi），人们建造冰宫殿的最初目的是将其作为旅馆来使用。[15] 最令人赞叹的是，这些每年重新造就的冰建筑能淋漓尽致地展现斯堪的纳维亚建筑的传统与现代特色。2003年初，冰旅馆的门厅拥有新古典主义风格的柱子，一盏华美的枝形吊灯——灯本身亦是由剔透的冰做成的。位于加拿大魁北克省的姐妹旅馆，其卧室内也有用透明冰块切割而成的大柱子，室温在零下，客人们睡在置于驯鹿皮上的睡袋中。格陵兰岛的堪格尔路斯苏克（Søndre Strømfjord）也开发了类似产业，不过那里用的是规模更小的因纽特雪屋。（2002年上映的007系列电影《择日而亡》中就出现过冰旅馆。）

2003年，瑞典的这家冰旅馆进一步升级——在用冰雪打造成的伊丽莎白一世风格的剧院中，莎士比亚的《麦克白》（*Mactech*，萨米语）和朱塞佩·威尔第的《法斯塔夫》

(*Falstaff*)先后上演,在极地夜空绚烂极光的陪伴下,如梦如幻,令人如痴如醉。冰宫殿还有其他用途:有专门举办极地婚礼的冰教堂;有夜总会;以及伏特加酒吧,完美利用冰与玻璃的相同点,让客人用冰酒杯畅饮。在中国的哈尔滨,每年人们都会用松花江的冰打造一座冰城。日本北部的北海道每年冬天会举办冰雪节,届时能欣赏到世界各地的知名建筑。(我会在"地形"这一章继续阐述这些在远东地区举办的冰雪节。)

芬兰的凯米濒临波的尼亚湾,每年都会矗立起一座冰雪城堡。在凯米以及更北的罗瓦涅米[1],你能一睹当代最精美的冰雪作品——介于建筑和雕塑之间的杰作,与其他冰雪盛会展出的作品截然不同。它们出自享有国际盛誉的视觉艺术家之手,每一位艺术家会找一位著名的建筑师为搭档。正因如此,这些创作就如同巴洛克时期昙花一现的建筑那样:不仅仅是在媒体面前短暂亮相的高艺术水准作品,同时也是设计者对各种灵感想法的尝试。他们借助低廉(实则免费)的原料进行试验,而这些尝试有可能在未来变成永久保留的佳作。在诸多美丽非凡的创作中,有冰雪造就的圆形露天剧场和用片状冰搭建的迷宫,而蕾切尔·怀

---

[1] Rovaniemi,世界公认的圣诞老人的故乡,坐落于芬兰北部的北极圈以内。

特理德(Rachel Whiteread)和尤哈尼·帕拉斯马(Juhani Pallasmaa)设计的雪屋颇受瞩目。其外观是一个完美的立方体,中间开了一道门,没有其他任何装饰,如同土垒。但迈入其中,积雪对光线的折射,加上从门外照射进来的阳光,你会发现别有一番洞天。设计师对冰雪进行精心雕琢,打造出复杂精美的吊顶。底层是洁白的积雪滩,沿着刻有凹槽的墙面铺开,这种凹槽类似柱子上装饰用的凹槽,不过比后者更大。除了用冰雪刻画出令人难以置信的完美建筑细节外,这座雪屋的另一个特色便是置身其中,你会觉得格外宽敞。它就像因纽特人在努纳武特摆放的石堆一样,引领人们从现实世界进入另一个世界。[16]

冰建筑似玻璃,反之亦能达到同样的效果。坐落于洛杉矶的盖帝艺术中心就收藏有着两件用文艺复兴之后的欧洲产玻璃制成的佳作,和真正的冰几无二致。其中一件是16世纪的意大利冰花玻璃桶,带有把手,用于盛放圣水。[17]其表面经过处理后,像开裂的冰面,精准还原了冰碎后,部分融化,又重新冻住的样子。到了20世纪,芬兰设计师阿尔图·布鲁默(Arttu Brummer)创作的"芬兰迪亚"花瓶重现了这种效果,1945年,Riimhimäki玻璃厂开始批量生产这种花瓶。[18]芬兰人对具有冰花效果的玻璃制作的兴趣其实由来已久。16世纪的意大利玻璃工人是通过将仍然发烫的玻璃容器放在玻璃碎片上滚动来实现冰花效果的。另一件作品是产自荷兰的高脚杯,制作时间为16世纪末、17世纪初,采用了不同的方法,是将还滚烫的容器浸入冷水中,玻璃表面爆裂出现精美的裂纹,仿佛薄冰般。[19] 20世纪,芬兰最著名的冰花玻璃器皿当属塔皮奥·维尔卡拉[1]于1968年设计的"天涯图勒(Ultima Thule)"系列。[20] 这个系列的高脚玻璃杯、三脚玻璃杯和玻璃壶都有深浅不一的凹槽,仿佛水滴突然被冻结,又或者是用经风吹刷过的冰制成。这种独特的玻璃制品进一步深挖冰与玻璃间的共通性:玻璃本身确实很像是用冰打造的,同时玻璃也能让任何盛装其中的液体看上去足够冰,达到玻璃外壁凝结出水珠,进而下流的效果。

将滚烫的玻璃放在玻璃碎片上滚动,或者对晶质玻璃进行切割,使其变得如同重新冻结的冰,用这些方式打造的玻璃器皿美轮美奂。在自然界同样可以呈现出如此佳作,1992年1月30日,安迪·戈兹沃西[2]在邓弗里斯郡的斯科尔·格伦(Scaur Glen)创作了一件临时雕塑作品,艺术家如此形容:"一夜霜冻/河冰/岩石背阴面的冰冻/逐渐暖和/冰雪消融"。[21] 1月的雾天,覆盖在灰色巨砾背阴面上的薄冰边缘闪着微光,好似北欧枝形吊灯泛着光泽的玻

---

[1] Tapio Wirkkala, 1915—1985,芬兰设计大师。
[2] Andy Goldsworthy, 1956— ,英国雕塑家、摄影师。

蕾切尔·怀特理德和尤哈尼·帕拉斯马,《无题》(内部),2004年,雪雕,同年芬兰罗瓦涅米冰雪节展出

璃叶片。砾石间的暗淡草丛上留有少量积雪和雾凇。戈兹沃西对自然景象的微调让观者心生好奇：那透明之物可能是冰吗？自然形成的冰在破裂之后是无法垂直依附在砾石表面上的，艺术家创造了一个必然的矛盾——究竟是冰，还是玻璃？戈兹沃西的另一件作品亦展现了同样的矛盾，那是在极端寒冷的天气下完成的。1995年12月28日，在邓弗里斯郡的格伦马林瀑布，一根透明的冰柱绕着树干盘旋而上。[22] 2003年，这件冰雕作品出人意料地出现在英国发行的圣诞邮票上。吸收了冬日阳光而变得璀璨的螺旋形冰柱，与背景中相对暗淡的粉状干雪形成鲜明对比，让人过目难忘。光线品质通常与光学玻璃或（极少数情况下）水晶联系在一起。而戈兹沃西的这两件冰雕作品让观者对天然材料及人工材料有了新的认知，冰与玻璃原来是如此的相似。

　　玻璃设计师詹姆斯·休斯顿[1]在家乡多伦多接受培训，后来在加拿大政府担任文职官员，他的设计灵感源自在加拿大北极地区的经历和体验。休斯顿与因纽特人合作，在西巴芬岛创办了一家机构。1962年，休斯顿进入纽约的史都本玻璃厂，同时将其对因纽特艺术的理解引入设计中。他的作品在商业化的同时也不失艺术感，极富创意，传承了巴洛克时期的珍宝阁中玻璃及水晶藏品的特色。休斯顿

---

〔1〕 James Houston, 1921—2005，加拿大艺术家、设计师、儿童文学家及导演。

认为，鉴于玻璃制作有较高的速度要求，因此玻璃工人必须拥有如极地猎人那样敏捷的反应能力。他认为从形式上看，冰和玻璃的本质是相同的：和冰一样，玻璃也是从液态凝结为固态的。在休斯顿看来，制作晶质玻璃的过程就相当于火变成冰。他设计的很多作品都是用玻璃来呈现出冰纹效果，并绘上具有北方特色的图案，散发着浓郁的因纽特民族气息。这类设计有着明确的目标市场。（值得一提的是，为宴会准备的具象派冰雕仍然很受热捧，有些作品更是尺寸惊人，精美绝伦。伦敦的邓肯·汉密尔顿公司就聘请了四名专门制作冰雕的全职员工。）

加拿大画家劳伦·哈里斯（Lawren Harris，1885—1970）赋予冰山极为深刻的象征意义。冰山对他而言，既代表了精神力量，也意味着隐匿的真相。

> 尽管冰山显得如此庞大、令人生畏，但不同于山，冰山会消失。对相信进化论和转世说的哈里斯来说，这一事实亦具有潜在含义。精神意义上的诞生、成长、死亡以及转世再生这些阶段在冰山的生命周期中都得以展现。冰山脱离极地冰川（相当于宇宙灵魂），在短暂的生命周期内自由漂流，接着融入更为暖和的南部汪洋中，最后以雨或雪的形式回到生命的起点。和人类灵魂一样，冰山无力摆脱这种循环往复的命运。洋

流决定了冰山的最终命运,即带之回到最初的起点。[23]

劳伦斯的这一观点在其《冰山》《戴维斯海峡》《冰山和群山》《格陵兰岛》《接地冰山》《迪斯科湾》这些知名画作中都有所体现。

玻璃和冰都具有欺骗性,光线折射能制造出假象。水晶球占卜靠的就是这一光学原理。极地冰原就是一派梦幻景象,群山清幽如鬼魅般,令人着迷。近代欧洲早期出现的"珍宝阁"可谓镜面幻象的最佳展示地,收藏了不少成像效果各异的玻璃。阿达尔吉萨·卢利(Adalgisa Lugli)列举了三件阿姆布拉斯宫珍宝阁中的藏品,这一位于蒂罗尔的宝库收藏了各种巴洛克时期的奇珍,规模堪称世界之最。[24] 它们分别是:一个由镜面玻璃制成的圣餐杯,光线反射强烈,光亮而璀璨;一个小巧的玻璃立方体,中间能看到一个小人或魔鬼的影子;一面16世纪的威尼斯凸面镜,形似花朵,不仅中间的凸面能映出影像,其周边环绕的十四瓣弧形花瓣亦能照出影像。在巴黎超现实主义创始人之一安德烈·布勒东(André Breton, 1896—1966)收藏的20世纪珍品中,有一面具有多重效果的镜子(Miroir de sorcière,意为巫镜),灵感就来自阿姆布拉斯宫珍宝阁的藏品,镜面上有十一个圆形的凸面,能同时反射影像。卢利将这些具有欺骗性的镜子归为特定的一类,认为它们可能会引发观者的恐惧心理。

中世纪初期,当阴云遮蔽,星星或太阳不见踪影时,斯堪的纳维亚的航海者就会借助一种具有折射性的矿石晶体来导航,该方法似乎是可行的。这种晶体被称为太阳石(sólarsteinn),它能用于导航的原因至今无人知晓,甚至可能一直成谜。[25]《圣奥拉夫传奇》(Saga of St Olaf)中曾简要提及,称太阳石能够指出被云遮住的太阳的位置。有人认为所谓的太阳石就是堇青石,具有自然极化的特性,被维京人用来辨别太阳的位置,误差在2.5度之内。不过后来的学者们对这种观点提出了质疑。关于太阳石,还有种更具诗意的解读,即这种产自北方的矿石晶体拥有强大的能量,甚至能取代太阳。这种联想始于18世纪,当时人们在地下溶洞内发现大量晶莹剔透的"冰洲石"[1]。

和珍宝阁中收藏的变形镜一样,极地冰能折射光线,使得影像发生扭曲。阳光经漂浮在海面上的冰反射,穿过逐渐变暖的空气层,发生折射后形成虚幻的景象,例如在远处出现一座悬崖。若有风吹过,光线折射进一步偏离,甚至还能看到连绵的山峰。弗朗西斯·斯巴福德[2]对极地探险有深入的研究,他对这种幻景做了如下解释:

---

[1] Iceland spar,一种无色透明的方解石,透过它可以看到物体呈双重影像,最早发现于冰岛,故得名。
[2] Francis Spufford,1964— ,英国作家,皇家文学学会会员。

> 经验丰富的探险家坚称目睹过这些山峰和岛屿，并在航海图上标注出了位置，可事实上它们并不存在……后来者为了证实这些山峰和岛屿的存在，亦踏上征程，他们有时候也会看到同样的幻景，使得真相更为扑朔迷离。唯有继续这艰苦的旅程，他们才会发现眼前所见渐渐消散，方证实那片陆地确不存在。[26]

冰与玻璃是如此容易让人混淆，天然水晶就是个绝佳的例子，古人认为这是一种超级冰。（这不禁让人联想到昔日高端杂志上经常出现的广告——采自冰川下层、形成于人类开始利用原子能之前的"化石冰"，纯净至极。）根据普林尼的记述，圣哲罗姆对水晶的定义是"由黑暗山洞中的水凝结而成，因洞穴中气温极低，以至于触感如石头，看上去却如水般晶莹"[27]。

而托马斯·布朗爵士[1]在其著作《常见错误》(*Vulgar Errors*)的第二卷第一章中的描述表明直到17世纪，上述看法依然存在：

> 人们普遍认为水晶就是冰或雪凝结，一段时间后

---

[1] Sir Thomas Browne, 1605—1682，英国博物学家、作家。

脱离液态形成的……在气候寒冷的国度,冰不易融化,常能发现水晶。但在那些冰雪罕至或者很快消失的地区,同样有水晶存在。[28]

水晶的光学特性远胜最早制成的玻璃,且与铅晶质玻璃或光学玻璃有极大的差异。水晶能锁住光线,给人以由内而外散发灵动光泽的感觉。在巴洛克时期的珍宝阁中,利用水晶的折射性以及如冰般的剔透制成的物品亦属主要收藏。而在文艺复兴时期的欧洲,水晶的澄澈和折射性促使玻璃工艺进一步发展。随着饮用玻璃杯的制作工艺的进步,用金刚石刻刀在玻璃上进行雕刻再度流行起来,这门艺术最初在威尼斯和伦敦发展起来,却在荷兰迎来鼎盛期。17世纪,来自荷兰的优秀艺术家安娜·勒默尔(Anna Roemers,1584—1651)和妹妹玛丽亚·勒默尔(Maria Tesselschade Roemers,1594—1649)通过玻璃这一物质,将她们精湛的雕刻技艺淋漓尽致展现出来。[29] 这是一门散发寒冷气息的艺术,光线被透明的物质锁住,就像冬日斜阳下,碎裂的冰层发出微微寒光一样。对这种效果,诗人康斯坦丁·惠更斯[1]用一句话总结:

---

[1] Constantijn Huygens,1596—1687,荷兰黄金时代诗人及作曲家。

用白色墨水,在剔透、硬实、黑色且易碎的纸张上书写。[30]

除了精美的花朵和昆虫图案外,勒默尔姐妹还会在玻璃上刻上拉丁语或荷兰语箴言,她们往往会选择文艺复兴时期关于转瞬即逝的代表性语句。这些箴言本身也具有象征意义——玻璃同时代表了欢乐和脆弱,因而任何刻在玻璃上的箴言必然也是对快乐的短暂本质的思考。玻璃的易碎性还能让人们换一个角度思考:在雕刻过程中,所有的努力都可能因为一次手滑、片刻的分心而付诸东流。这种想法与17世纪荷兰共和国内弥漫的情绪不无关系,那是个脆弱的国度,沉迷于展现美好事物的静物画,然而美好总是短暂的。

苏格兰爱丁堡附近、中洛锡安郡的卡洛琳公园内有一座乡村宅邸,窗玻璃上雕刻的文字堪称北部最直白的玻璃铭文。昔日的人们往往会用玫瑰形切割的钻戒在窗玻璃上刻下图案和文字。而这段韵文可能出自一位女性之手,描述了她透过这扇窗见到的景色,从过去到现在,从盛夏到寒冬,作者的情感融入其中。我们不清楚斜体文字所暗示的分离是由于父母的原因,还是动荡期为时势所迫。关于爱人永远离去的描述是这样的:

脚步声渐远,你已离去

周围一切显得如此哀伤……

这些话语永远也传不到西尔万德尔的耳中。[31]

作者的情绪在最后爆发,她刻下了一句简单的话"我受够了",并附上日期。钻石在这扇窗上留下了最后的印痕。

文艺复兴时期,欧洲最富有的人对透明物品的偏爱不仅体现在精美的窗玻璃,还有水晶制成的枝形吊灯,后者尽显这种矿石晶体的华美璀璨(16世纪以前的枝形吊灯是用磨光的金属做的)。而在文艺复兴及巴洛克时期对辉煌往昔的想象中,也出现过神奇的水晶灯,例如西塞罗女儿之墓中永不熄灭的长明灯[1],还有玫瑰十字会[2]城堡地下室挂着的华丽水晶灯。法国王后凯瑟琳·德·美第奇[3]拥有一盏水晶枝形吊灯。汉普顿宫珍藏有一盏"狮子与独角兽"枝形吊灯,悬在一顶皇冠上,被认为是近代早期枝形吊灯的典范。当玻璃制作工艺发展到一定程度,能达到与

---

[1] 15世纪,古罗马政治家、演说家西塞罗的女儿图利娅的坟墓被发现,里面有一盏燃烧的灯。图利娅死于公元前45年,意味着这盏灯燃烧了1500多年。
[2] Rosicrucians,17世纪初在德国创立的秘密会社,后来发展至全欧洲,宣称掌握自古传下的神秘宇宙知识。
[3] Catherine de Médicis,1519—1589,图卢瓦王朝国王亨利二世的妻子。

天然水晶不相上下的效果后，整个欧洲都开始用这种人造水晶玻璃制作枝形吊灯，毕竟天然水晶制成的吊灯属于稀罕之物。

刻花玻璃制成的枝形吊灯很快在北欧国家流行起来，因为这种灯能增加冬日房间的亮度。由此也可见人们对枝形吊灯的审美需求发生了变化，不同于最早在威尼斯制作的吊灯，此时的北欧吊灯几乎不会进行多面切割，它们更像是冰雕作品，其效果就仿佛空中飘浮着五彩斑斓的冰。这些从早期慕拉诺[1]枝形吊灯中汲取灵感制作的吊灯堪称一绝，采用质地轻巧的玻璃丝，并不一味追求光线的折射效果和亮度——就像布伦塔[2]维德曼别墅内那盏美轮美奂的18世纪枝形吊灯（鱼儿相互缠绕的图案）一样。这盏灯别出心裁地采用了中空玻璃的设计，能锁住光线，悬在空中就是一件完美的光线及冰雕作品。

俄罗斯一些冬屋的规模堪称北方之最，枝形吊灯成为决定房间亮度的重要组成部分。圣彼得堡彼得宫城的餐厅散发着寒冷气息，觐见室悬挂的枝形吊灯拥有北欧常见的叶状灯片：

---

[1] Murano，威尼斯玻璃工业中心是世界玻璃制造重镇，威尼斯玻璃指的就是慕拉诺水晶玻璃。
[2] Brenta，威尼斯文化发源地。

餐厅以白色为主调，窗帘垂下，遮住了阳光，绿色的家具装饰、绿色的地毯，就连威治伍德[1]的成套餐具也是以绿白两色为主，散发着冬日气息，令人着迷。海蓝色的水晶枝形吊灯……令人眼前突然豁然开朗，觐见室变得宽敞无比，洁白通透。两端挂着黑色油画，侧面开窗。顶上挂着十二盏大型枝形吊灯，水晶叶片交织在一起，让人仿佛置身秋季。这些灯上方发出白光，下面则是耀眼的紫光。[32]

巴甫洛夫斯克的枝形吊灯则玩起了遮光和色彩游戏：

带穹顶的意大利厅由一个个装饰有大贝壳的半圆壁龛组成……这里有一盏十分漂亮的枝形吊灯，独立灯片犹如威尔士亲王纹章上的羽饰。侧翼弯曲的画廊内也挂有枝形吊灯，中间是不透明的青绿色玻璃。

从审美角度出发，斯堪的纳维亚的枝形吊灯对俄国吊灯产生了极大的影响：前者证明运用光线打造迷人的视觉效果同样重要。最早的斯堪的纳维亚枝形吊灯缺少俄国吊灯的绚烂色彩，也没有威尼斯玻璃那种流畅优美的变形工

---

[1] 1759 年成立的陶瓷工厂，是英国传统陶瓷艺术的象征。

艺。它们就是装在金属支撑架上的玻璃灯片而已，灯片没有被切割成棱镜状，但边缘经过小心处理，能锁住光。有时候，灯片刻有星形图案，表面的反射效果得以增强。就连最早的瑞典枝形吊灯，其低处的尖顶饰也往往是用中空玻璃制成的球体，有时表面会刻有凹槽，不过更常见的是被切割成多面球体。

无论置于多大的空间内，这些早期枝形吊灯（这类灯具的外观延续了多个世纪，且后来者使用的玻璃原料更为精密）都显得格外醒目。无论光线条件怎样，它们都很吸引人眼球：一旦被点亮，底部的多面球体就会映照出房间的多重影像，此时的枝形吊灯就像曾经属于安德烈·布勒东的那面巫镜。[33] 到了夏季，从窗外照射进来的阳光被玻璃灯片的边缘吸收，吊灯仿佛成了散发光芒的冰树。即便斯堪的纳维亚的秋季，阳光苍白无力，但在成行排列、装有灰色护墙板的房间内，枝形吊灯亦能发出淡淡的幽光。从灯下走过，你会感觉是走在寒霜凝结、挂满冰柱的树下。

除了枝形吊灯外，北部国家的传统技艺还包括枝状的大烛台的制作，这种烛台能强化烛光效果。最初的枝状大烛台形似金属树，每根树枝顶端安有一个小烛台，下面则挂有多面切割的玻璃叶片。[34] 这种大烛台也有更为复杂的结构，与新古典主义时期的枝形吊灯有几分相像，中间立有一根主干（上面饰有太阳、星星、镀金新月），为三个大小呈渐变的圆环所环绕（类似斯堪的纳维亚人民在仲夏夜放置花环的柱子）。小烛台就固定在这些圆环上，下面挂有多面水晶柱。古斯塔夫统治时期，最简单的枝状大烛台呈圆锥形，挂满切割玻璃，圆锥两侧各有一个小烛台。这与帝国时期的"袋状"枝形吊灯流畅的线条设计相仿。蜡烛点燃后，烛光经玻璃棱镜的多重折射，产生强度不一、色彩多变的效果，就如同穿过重重冰柱般。若将枝状大烛台摆于镜子前，视觉效果更为强烈，不同颜色的折射光经反射后会变得更加炫目斑斓。

在英国，摆放在壁炉台上的装饰瓶也能产生枝状大烛台的效果，这些装饰瓶通常是用波希米亚玻璃制成的。有些瓶子顶部能够放蜡烛，但它们通常是用来插花的。瓶子边缘挂有长长的水晶棱镜，或呈三角柱状，或像多面冰矛。这些棱镜能吸收附近的烛光或者房间里的灯光，折射出多种颜色。和烛台一样，火光周围的空气流动发生变化，将会影响光线的效果。

在斯堪的纳维亚国家，就连建在斯德哥尔摩沿海一带及海角的凉亭和夏日花房内，也装饰着枝形吊灯，或是挂着水晶棱镜的油灯。这些小巧的建筑往往呈八边形，每一面都开有窗户。每当夜幕降临，屋内灯光亮起，隔着泛起微光的水面望去，景致格外迷人。到了冬季，千里冰封，万里雪飘，更为这些建筑添加别样魅力，吊灯垂饰发出的光泽穿透结霜的窗户，与挂在屋檐下的冰柱交相辉映。

唯有北方的寓所房间才能捕捉到隆冬光线的美。苏格兰城堡内的房间，其天花板和横梁都被漆成显眼的赭色和红色；斯堪的纳维亚的庄园宅第则装饰有灰色的嵌板，天花板为白色——这两种截然不同的风格就是专门针对阳光经积雪反射后变得更为耀眼的情况而设计的。仲冬时节，枝形吊灯的棱镜部分（在斯堪的纳维亚式吊灯中则应当是玻璃灯片和多面球体）的另一个效果就是吸收低悬的太阳发出的光线或者反射的阳光，在房间里投射出彩虹光。这是一种透着寒意的慰藉，与北极天空中绚烂的极光相映成趣。

1930 年代的北方：奥登与拉斐留斯

1930 年代，北方无疑是世人关注的焦点。但倒回到 1920 年代，南方更受热捧：人们聚集在滨海自由城[1]的维尔康姆酒店，让·科克托[2]在其地中海别墅埋首创作出来的《俄耳甫斯》散发儒雅魅力，令人沉醉。那个十年的末

---

〔1〕 Villefranche，位于法国普罗旺斯—阿尔卑斯—蓝色海岸大区。
〔2〕 Jean Cocteau，1889—1963，法国作家、设计师、剧作家、艺术家及电影人。

尾,也就是1930年4月,伊夫林·沃[1]还被拍到在滨海自由城码头散步的照片,可到了1935年,就连他也感受到了时代的召唤,加入牛津大学的一支远征队,前往斯匹茨卑尔根岛考察,那次经历几乎要了沃的命。[35] "在我们那大陆别墅中,鸡尾酒与百无聊赖混杂"——这是威斯坦·休·奥登[2]对1920年代的十年的总结。这句话出自《如果可以,重返那片曾令你引以为傲的土地吧》,这是一首弥漫着悲伤和举棋不定的诗,充斥着对北部在经历工业化浪潮后破败景象的描述,创作于1930年的复活节。[36]

1930年代的作家们关注两大问题:首先,英国北部工业衰落,引发社会焦虑;其次,奥登一代中有很多人目睹父兄参与第一次世界大战,甚至不幸遇难,他们内心产生的幸存者内疚感与英雄崇拜情结交织在一起。这使得北方成为那一代人心目中的必然归宿。他们不顾一切,沉迷于攀岩、飞行等各种运动,以及神经质的"男子气概"中,欣赏悬疑惊险片中冷峻的男主角和风景。诸如约翰·巴肯[3]所著的《三十九级台阶》等——这一类型小说对那个时代的诗歌有着极为深远的影响——也都将故事背景设定在北方,以荒

---

[1] Evelyn Waugh,1903—1966,英国作家。
[2] W.H.Auden,1907—1973,英裔美国诗人。
[3] John Buchan,1875—1940,苏格兰小说家、历史学家,曾任加拿大总督。

野追踪为线索展开情节。巴肯原著中并未提及福斯桥,但在希区柯克于1935年推出的电影版中,这座桥成为分隔南北的重要象征。

在1930年代,人们一再将北方与真实或英雄主义挂钩。乔治·奥威尔[1]的《通往维根码头之路》于1936年出版,最初版本配有写实照片。GPO电影局拍摄的大多数纪录片都是以北方地区(英格兰北部或苏格兰)为背景,这十年期间,该公司多次聘请著名作家及音乐家为纪录片进行相关创作。1935年上映的纪录片《夜邮》(*Night Mail*)就由奥登撰写解说词,开头就是重复的"North, North, North, North(北方,北方,北方,北方)",模拟火车行进时发出的声响和节奏。

奥登本人在1930年代的行踪轨迹概括起来就是不断往北迁,他的青少年时期是在坎伯兰郡和达勒姆郡度过的,接着前往苏格兰任教,1936年夏踏上前往"神圣"冰岛的旅程。在奥登的引领下,塞西尔·戴·刘易斯[2]和斯蒂芬·斯彭德[3]都用文字记录下了富有魅力的北部之旅、高地览胜以及极地探险。1930年代成立的"大众观察"组

---

[1] George Orwell, 1903—1950, 英国小说家、散文家、记者及社会评论家, 代表作《动物庄园》《1984》为反极权主义的经典名著。
[2] Cecil Day Lewis, 1904—1972, 英裔爱尔兰诗人。
[3] Stephen Spender, 1909—1995, 英国诗人、小说家及散文作家。

织[1]曾以英国北部为主要研究对象,尤其是针对博尔顿和黑池两地展开调查,在汤姆·哈里森[2]的带领下,抽样统计学观察员们将结果如实记录。不仅是他们,奥登的朋友威廉·科尔德斯特里姆[3]和汉弗莱·斯彭德[4]也通过画作和影像予以记录。[37] 对于1930年代的作家和画家们而言,工业化景象就这样突兀却完整地呈现在他们眼前:

> 阴郁山头,立着破败公寓
> 荒僻山谷,散落着带方窗的磨坊[38]

从一开始,北方就成为奥登作品的核心主题。他沉迷采矿和地质学、冰岛英雄传说、古英语诗歌,曾游历英国北部,对极北之地充满幻想,正是这些元素构成了诗人心目中那个复杂多变的北方。奥登的父亲闲暇时间热衷研究北方古典文学,造诣颇深,他懂斯堪的纳维亚语,对丹麦区[5]的

---

[1] Mass Observation,英国社会研究机构,成立于1937年,旨在研究英国大众的习惯和行为。
[2] Tom Harrisson,1911—1976,英国博物学家,"大众观察"组织创始人之一。
[3] William Coldstream,1908—1987,英国现实主义画家。
[4] Humphrey Spender,1910—2005,英国摄影师、画家及设计师,斯蒂芬·斯彭德之弟。
[5] Danelaw,9世纪,维京人对外扩张,一度占据英格兰东部和北部,这一地区也因此被称为丹麦区。

维京考古研究了如指掌。因此讲述维京社会的年刊《斯堪的纳维亚传奇》以及威廉·格肖姆·科林伍德[1]关于维京统治下湖区的历史著作出现在儿时奥登的书架上，也就不奇怪了。[39] 奥登的北方情结不仅源自其在奔宁山脉[2]的探险经历，还受到了在牛津结识的朋友比尔·麦克尔威（Bill McElwee）和加布里埃尔·卡里特（Gabriel Carritt）的影响，这两人之前都在肯德尔附近管理严格的塞德伯公立学校——为荒野所环绕——就读，都是运动员出身。此外，悬疑惊险片和间谍小说也扮演了至关重要的角色。尤其是约翰·巴肯的《三十九级台阶》，小说主人公是个采矿工程师，为找出真相被迫北上，翻山越岭，辗转荒地间。整个故事扑朔迷离，似乎每个人都藏有秘密，敌人隐藏得极深。（后一个主题也出现在奥登诗集《演说家》中，着重描述了辨识"敌人"的棘手程度。）

凯瑟琳·巴克纳尔（Katherine Bucknell）编辑的《青春》（*Juvenilia*）收录了奥登最早创作的部分诗歌，我们可以看到诗人初露锋芒时，创作主题尚不断变化，但突然之间，他的热情和想象力就彻底爆发，诗作显得愈发成熟，这从后来被收入《两败俱伤》（*Paid on Both Sides*，1928年）

---

[1] W. G. Collingwood, 1854—1932，英国作家、艺术家、古文物研究者。
[2] 英格兰北部的主要山脉，被称为"英格兰之脊"。奥登的家乡毗邻奔宁山脉。

开头部分的诗句就能看出来——这部作品讲述了发生在奔宁山脉的一段传奇故事。[40]奥登很早就展现出诗人天赋,他的北方情结也得到了同龄人的赞赏。1999年,艾伦·迈尔斯(Alan Myers)和罗伯特·福赛斯(Robert Forsythe)联手撰写的《奔宁诗人:奥登》在嫩特黑德——此地位于北奔宁山脉上,就在奥登钟爱的"分水岭"之下——出版。该书追溯了奥登早期的行踪,详尽介绍了奥登与英国北部的联系,让读者能更深入地理解奥登的北方情结。

关于北方及高地乡间成为奥登早期创作的主要灵感来

布鲁得赫姆矿井,1921年,拍摄这张照片的可能是奥登

源，克里斯托弗·伊舍伍德[1]在1970年代有过这样的评论：

> 奥登早期诗作描绘的风景几乎是一成不变的，总是连绵起伏的山峦。孩提时代的他去过威斯特摩兰、德比郡峰区和威尔士。至于城市风光，他更偏爱具有工业化气息的英国中部，尤其是那些工业开始衰落的地区。他的旅行愿望总是与北方有关，带有浪漫色彩。他不解怎会有人钟情南方的艳阳、蓝天和棕榈树。他最爱的是秋季多变的气候：疾风阵阵，大雨滂沱。他爱工业废墟、废弃的工厂或磨坊……对坑洞和矿井，他总是倾注特殊的情感。[41]

奥登从小就向往北方：理查德·达文波特-海因斯（Richard Davenport-Hynes）所著的奥登传记这样记述："童年时期的他最爱的故事就是安徒生的《冰美人》（*Ice Maiden*），一个孤单的男孩独自进入高地，最终却被化身为冰姑娘的冰川夺走了生命。"[42] 男孩被冰川所迷惑，就像《攀登F6高峰》[2]中的登山英雄兰索姆那样，自恋，为冰雪世界所吸引，生活在强势母亲的阴影下。通过奥登在1924

---

[1] Christopher Isherwood, 1904—1986，英裔美国作家。
[2] 奥登与伊舍伍德合作的诗剧。

年创作的部分无题诗作,我们可以看到他最初对北方的理解还只是停留在地理层面:回忆在高沼地度过的假日时光,记录北方与众不同的景貌特色:"荒郊野地不见树篱踪影,反倒矗立着熟悉的灰色石墙。"[43]

到1926年,奥登开始描述英格兰最北部的风景。[44] 不过尽管当时的他已经意识到这片土地是自己成为诗人的原因之一,但他给予北方的回报还只是乔治王时代的写作风格。1927年最后几个月里,奥登在创作上取得突破,赋予其笔下的北方极为强烈的个人色彩。以"无精打采"开头的这首诗提及了奔宁山脉的气候,且在描绘塞德伯公立学校举行的体育赛事时带有英雄传说的意味。这年12月,奥登第一次造访塞德伯,诗中提及的"下层的更衣室"指的就是这所学校的拉普顿屋。[45] 这些诗句与奥登的自身经历密切相关,他开始将英格兰北部与古代北方的神话传说杂糅在一起。表面看,这首诗似乎单纯描述了一场橄榄球比赛,实际暗示了持续的争斗:黑夜"袭来",字里行间透露出诗人受北方神话传说的影响:

  爱,正是这种爱,世人皆知,让人左右为难,
  "爱"这个令人伤神的字召唤道,离开农场,去冰封的大坝抗争![46]

这是一首支离破碎的诗,如万花筒般多变的北方景象得以断断续续地呈现,公立学校的男生处在传奇英雄的阴影下。奥登对荒凉北方的措辞可谓自成一派。

1928年1月,以"今晚,狂风暴雨包围了这所房屋"开头的这首诗标志着"奥登式"北方世界的真正成形。塞德伯公立学校的运动员们(奥登倾慕却无法企及的对象)尝试翻越分隔奥尔斯顿沼泽和威尔河谷的分水岭,却以失败告终,没能通过这次考验,这些亡魂出现在矿主家门口。他们看似与活着没有分别,但在冰岛神话中,生与死之间的界限总是模糊的。伴随这些亡魂出现的还有北方的恶劣气候,风雪交加。这首诗被认为是奥登第一篇成熟的诗作,无论是主题,还是措辞,都显得相当独特:

> 今晚,狂风暴雨包围了这所房屋
> 火光噼啪作响,思绪万千,
> 心中焦躁不安;
> 换来的却可能是一张凄厉的面庞,
> 半明半暗,就在门口……[47]

1928年3月,奥登又写了一首关于奔宁山脉和塞德伯的诗,其中同样出现了雪与亡魂。《更离奇的今天》[48]是被收录进1930年出版的奥登诗集中的早期作品之一,诗人以此来纪念其与加布里埃尔·卡里特在奔宁山脉的山谷中共同度过的时光。在他的想象中,这是一道经冰川侵蚀形成的山谷。整首诗的叙述带有奇幻色彩,这段北上征途穿过一片亡灵出没的高地。

> 飞雪随夜晚降临,而海岬一隅,
> 死者在他们透风的地穴中哀号……[49][1]

短篇诗剧《两败俱伤》于1928年问世,情节发展、背景和措辞都让读者感受到浓郁的北方风情:讲述了奔宁山脉两大采矿家族诺尔和肖之间跨越两代人的血腥争斗,借鉴了冰岛英雄传说的叙事风格。

> 斯堪的纳维亚的英雄传说,集世仇宿怨、玩笑、蕴藏在双关语和谜题中的不寒而栗于一体,构架出男人热衷的世界:"对于某些人来说,这一天恐怕就不那么走运了,我说的是那些自以为能脱身的家伙们。"我和奥登说过,《亡命徒吉斯利》[2]的故事氛围让我想起我们的学生年代。他很认同我的这个想法。[50]

---

[1] 此处引用马鸣谦、蔡海燕译文。下同。
[2] 冰岛传奇故事,悲剧英雄吉斯利为了替连襟报仇不得不杀害了另一个连襟,在外逃亡十三年后,最终被捕并被杀。

《两败俱伤》的古怪让人过目难忘，奥登的这一创作受到了两种与北方密切相关的体裁的影响：即斯堪的纳维亚的英雄传说和悬疑惊险片。他将传说中的冰岛和巴肯《三十九级台阶》中描述的苏格兰合并，融入他熟悉的北奔宁山脉高沼地的特色中。[51] 结下世仇的两大家族，诺尔家族位于达勒姆郡的洛克霍普，肖家族则住在山的另一边，坎伯兰郡的加里吉尔。当地海拔最高的高沼地和衰颓的铅加工坊成为两家年轻男子一较高下的战场。

　　奥登的北方情结中最容易被忽略的就是他对采矿业和地质学的兴趣。当他还是个孩子时，就被乔治·麦克唐纳[1]的《公主和妖魔》所吸引。在这个故事中，有一座北国城堡，地下的矿井受到妖魔的侵袭。[52] 在杂糅了自传性叙述的《致拜伦勋爵的信》中，奥登称文学并非其青少年时期的热情所在，机械学和地质学才是他的最爱，这段叙述也经常被引用。整段读下来，你会发现这也与奥登对斯堪的纳维亚神话的兴趣不无关联：

　　　　我的小脑袋瓜里装满了北方诸神，
　　　　雷神托尔、火神洛基及其行迹；

---

[1] George MacDonald，1824—1905，苏格兰作家、诗人。

> 我最爱的故事是安徒生的《冰美人》；
> 对国王和王后的关注还在其次，
> 相比之下我更喜欢去琢磨机器：
> 从六岁一直到我年满十六时，
> 我都自认为是个矿业工程师。
>
> 我经常描绘的矿山是铅矿……[53]

根据迈尔斯和福赛斯的提示，我在卡莱尔公共图书馆找到了奥登青少年时期珍藏的一件宝贝，波斯尔思韦特的《英国湖区矿井及采矿》一书[54]，当他和家人一同住在斯雷尔凯尔德时，就对这本书爱不释手。奥登在书中留下了一两个简短的旁注，还在空白页上签名，时间为1921年（当时奥登十四岁），此外有两页贴有矿井和机器的照片，很可能是奥登拍摄的。在我看来，这本书可不仅是补充说明那么简单，它让奥登青少年时期对于北国的想象跃然于纸上。书中有让他铭记于心的图片，还有让青少年的他在晚上不断念叨的矿井名字和地方。

《英国湖区矿井及采矿》附有插图，描绘的是高地地区的矿井，奥登早期诗作中的世界恰是如此。波斯尔思韦特的第十一幅插图中有一座位于偏远山间的采石场，铺设的轨道顺着谷底的溪流蜿蜒，深入山洞，远处能看到绵延的山川、飞泻的水流。若将这幅插图和奥登于 1930 年出版的《诗集》中收录的十四行诗《间谍》放在一起，就会发现两者的意境极为相似。这首诗借用了间谍故事的暗喻外壳，这个"间谍"同时也是勘测员、采矿工程师，他来到陌生的北方地区，侦查一个来路不明的组织。但"间谍"被出卖，遭到逮捕，诗的最后一句暗示对方会冲他开枪，这句话引自古英语诗《乌尔夫与爱阿德瓦克》(*Wulf and Eadwacer*)。人们普遍认为奥登的这一诗作显得压抑低落，反映诗人心理受创。值得关注的是，《英国湖区矿井及采矿》第 11 幅插图中所绘的山间采石场与诗中所描述情景之间的联系，前者是真实存在的北方，仔细观察，就会发现它正是奥登笔下间谍活动和背叛遭遇的发生地。我们能真切看到奥登所说的关隘，还有那适合构筑水坝的山谷：

> 控制这重重关隘，他明白，是进入
> 这个新地区的关键所在，但谁能得手……[55]

奥登早期诗作中出现过的位于英格兰北部的神秘冰川，也能在这本关于地质和采矿的书中找到原型，不过诗人相对隐晦的描述使得读者需要耗费不少精力去寻找对应的景致。《两败俱伤》中，描述恋爱场景的简短四行诗的结尾是约翰·诺尔心中萦绕的对灾难来袭的恐惧：

冰盖在移动,

一幢老屋将消失。[56]

神秘的冰原威胁来自山顶。同样的,在《更离奇的今天》中,高地山谷所处的位置"远离冰川"。[57]事实上,直到与他人合作撰写歌剧剧本《年轻恋人的挽歌》时,奥登仍对冰川情有独钟,剧本中出现了冰川,而主角的遭遇与冰川有着紧密联系。[58]

为了让读者能更直观地了解湖区地层的结构,波斯尔思韦特要求他们想象包括斯雷尔凯尔德在内的更为熟悉的山谷在冰河世纪的样貌。通过下面这段文字可以看到,由于使用了现代人所熟悉的地理名字,作者显然是在暗示坎伯兰中部曾经也为冰雪所覆盖:

毫无疑问,这种物质是冰川带来的,或者说是克拉夫角和狼崖的冰原不断往北移动所带来的……斯雷尔凯尔德车站西北边约四分之一英里处,伯尔河与格伦德拉马金河流过……在气温降幅最大的冰川期,格雷塔谷肯定承受了极大的冰层压力,外加从赫尔维林峰以及山谷另一侧布伦卡特拉山移动过来的冰川。此外,冰川还冲入圣约翰谷和纳斗谷。[59]

这看来有助我们理解《两败俱伤》和《更离奇的今天》中提及的冰川。爱德华·门德尔松[1]在《早期奥登》这部佳作中列举了奥登在1930年代创作的诗作中关于冰的描述（与《冰美人》以及冰川期相关）。尤其是以"弦乐渐激昂，鼓声如喝彩般骤然"开头的这首诗，最初我们能感受到诗人的叛逆冲动，到最后这股激情却冷却消退，诗人看不到改变的希望："庞大而静默的岁月，一个冰河期。"[60]

1930年代，二十出头的奥登在诗坛崭露头角，并进一步确立地位。而他在创作时，依然会为北方所吸引。《演说家》写于1931年，故事灵感以及发生地都取自悬疑小说。故事发生在苏格兰低地和奔宁山脉，这部诗集杂糅了古代英语和北方古代诗歌的风格。主人公"飞行员"带领着一帮缺乏判断力的下属，渗入一宁静的度假小镇，承担着一项孤注一掷的任务（既有巴肯惊险小说的影子，也能看到当时刚兴起、令人不安的法西斯主义），他最终的下场不是被杀，就是自杀。诗集最后的颂歌提及北方：凛冬已至的德国，位于大海和高沼地之间的一家不知名的旅店，沉寂如冥界。

《演说家》第一部分内容大多是一位时刻关注"飞行

---

[1] Edward Mendelson，奥登文学遗产受托人。

员"动向的匿名人士——"他"——的回忆,还明确提到了一些北方地名("戴尔海德""瓦迪尔""斯图巴""斯摩纳戴尔")。而日记部分中出现的"飞行员字母表"效仿了古冰岛如尼文字[1]诗作。一系列飞行技术相关的专业用语按照如尼文诗的韵律节奏排列——在"飞行员"身上,能看到托马斯·爱德华·劳伦斯[2]的影子,后者一度被认为是空军士兵罗斯[3]。这段文字表明"飞行员"不仅(至少他自认为是如此)具有惊险小说中卧底的大部分特质,还将自己与斯堪的纳维亚传说中的英雄相提并论。奥登的诗句与古冰岛如尼文诗在结构上颇为相似:关键词依照字母顺序排列,并附上三句隐喻或明喻。例如,冰岛诗原文对冰的定义是:

冰——河流的咆哮
波涛之脊
在劫难逃的灭亡
冰雹

---

[1] Runes,古代北欧文字,其字母被认为包含可占卜的神秘元素。
[2] T.E.Lawrence,1888—1935,英国考古学家、军官、外交官及作家,在1916年至1918年的阿拉伯大起义中担任英国联络官,也被称为"阿拉伯的劳伦斯"。
[3] 1922年8月,劳伦斯以"约翰·休姆·罗斯"的假名加入英国皇家空军。但1923年8月,劳伦斯的真实身份遭曝光,他因此被迫离开。

冰雹——冰冻的谷粒
铺天盖地的冻雨
蛇虫带来的疾病。[61]

奥登借鉴了这一结构,举个例子,他是这样定义"飞行"的:

老鹰的习惯
危险的狩猎
幽灵般的征程。

"无线电"则是:

信号发送者
悲伤诉说者
来自远方的消息。

诗人在定义"暴风雨"时则从古英语诗《流浪者》[1]中选择了三句,予以大致翻译。[62]这种手法的运用凸显了"飞

---

〔1〕《流浪者》是10世纪晚期手稿《埃克塞特之书》中收藏的一首古英语诗。

行员"的偏执,更难以捉摸、更让人不安。此时的奥登似乎已经意识到,可以借助北方文学及神话来影射纳粹党人。

除此之外,《演说家》中对北方的解读基本符合奥登对北方的构想:"冒险之地"——这部诗作讲述了一个离经叛道者在荒原的经历,扣人心弦。开头部分,追随"飞行员"的匿名者的回忆很有代表性:

> 牛棚后那片荨麻地,间谍就在这里遭处决……衣服渐渐变干,散发出油脂的味道,树林飘来无烟火药味,新月从枪管一头升起。[63]

所有这些回忆都与北方息息相关:

> 刺眼的阳光,从远处屋顶反射过来,让人睁不开眼,为何要这样对待我们:雪线之上,我们钟情死亡,鄙视碌碌无为,我们忘了他的意愿;他挟非凡的梦想而来,抚慰暴躁危险的马儿,在芦苇丛生的岸边迎接我们的到来。暴风雪肆虐之后,他与我们分享他自己的食物。[64]

第三部分的第五颂歌再度回到惊险悬疑主题,读者难以分辨主角究竟是学生、士兵还是间谍。结尾处主角们将北上,诗人再次描绘了冰雪和视死如归的心态。对死亡的痴迷,源自奥登在游历冰岛期间阅读的德国赞美诗集。

> 今晚所有的外出都已取消;我们须就此告别。
> 我们要乘火车立即去往北方;清晨时分我们会看到
> 注定要去攻击的海角;雪飘落在海滩的浪线上……
> 我们也会在那儿安营扎寨。[65]

《演说家》营造出了一个北方世界,其中第三颂歌的描述可谓最离奇,那番景象近乎冥界,是间谍等死之处。字里行间暗示这些聚集在偏远旅店的人们是死去"飞行员"的追随者,他们可能会发动最后一次进攻。可进攻没有发生,什么都没有发生。这是一片既有苏格兰特色,又能见到斯堪的纳维亚式地貌的土地——"冰封的峡湾""高沼地的会合点"。在这里,流亡即是永恒。透着伤感的诗句让人想起被工业化侵蚀的英国北部乡郊。

> 打发晚上时间可凭窗眺望,
> 岁末时节铸造厂的炉火正闪亮……[66]

继续往下读，我们就会发现这种寂静，对学生时代"玩字谜、嬉戏打闹"的向往源于无处可逃，"这片土地亘古不变"，"这一生会继续，当我们离去时什么也不会带走"。这首颂歌似乎是诗人对此前作品的总结，或者说是一种告别：偏远地区，悬念丛生，在描述北方时采用古老的头韵表现法。和早期诗作一样——例如"今晚，狂风暴雨包围了这所房屋"——最后，幸存的冒险家们遇到了携冰雪而来的亡魂：

> 某些下午
> 骑手们会策马而出
> 驰过积雪的小路，
> 会被铁丝网挡住，
> 那战争的多余物。[67]

这是奥登诗作中最后一次出现因战争而失去生命的父辈兄长、英勇牺牲的祖先的亡灵。不过在与他人合作的诗剧《攀登F6高峰》中，这些亡魂会再度出现。

到1935年，奥登开始排斥其早期作品中常见的元素：惊险情节和竞赛场上的英勇表现，他笔下的英雄行为变得神经质、多疑和病态。1936年，在完成《攀登F6高峰》后，奥登启程前往冰岛——诗人于1930年代创作的大部分诗作的灵感都源于此地（且奥登家族的姓氏也可能来自冰岛）。在1937年的《冰岛来信》中，奥登质疑了斯堪的纳维亚英雄传说表现出来的社会道德准则，认为这正是其对纳粹有吸引力的原因所在。不过单纯从文学角度出发，奥登依然很欣赏这些传说故事，后来还翻译了《埃达》（中世纪冰岛口头文学的笔录和集成），但在他后期的作品中，几乎不再借鉴北欧英雄史诗元素。

伊舍伍德在其1938年出版的自传体小说《狮子与影子》中对他与奥登合作的诗剧《攀登F6高峰》中隐含的极地隐喻给出了进一步阐述。他用"西北航道"[1]来指代那些不合常规的行为、无谓的英勇表现，宁愿走那危机四伏的西北航道，而非穿越地处温带区的"辽阔美国"，选择更合理的线路。

> 但真正的弱者，那些神经质的所谓勇者，他们畏惧"美国"。因此，光有贸然的胆识，可这次远征需要精力、金钱、时间和身心的无限投入。他宁愿绕道，走那更为艰巨危险的西北航道，远离人烟。若他不再归来，应当是永远迷失在暴风雪中了。[68]

---

[1] 从北大西洋经加拿大北极群岛进入北冰洋，再进入太平洋的航道，它是连接大西洋和太平洋的捷径，发现于19世纪中叶。

将"西北航道"与毫无意义的努力画上等号,伊舍伍德坚持以这种表现方式来反抗常规传统。1930年代,英国人仍然视西北航道是一条受到庇护的航线,对极地探险深有研究的弗朗西斯·斯巴福德认为:

> 事实上,西北航道本身就散发着无形的魔力,伊丽莎白一世时期的航海家们是最早出发去寻找这一航道的,他们奠定了坚韧不拔的民族传统,这正是19世纪的英国渴望拥有的。不过北极作为圆形地球的终点、切实存在的努力目标,更具吸引力。[69]

在伊舍伍德笔下,西北航道被赋予了象征意义,而《攀登F6高峰》所讲述的故事基本上也可以用这层意义来总结。《攀登F6高峰》的主角是神经质的王牌登山家迈克尔·福赛思·兰塞姆。这个名字本身就有一定的寓意:"迈克尔"源自奥登的朋友——爱好攀登的诗人迈克尔·罗伯茨。兰塞姆这个姓氏,英语本义为救赎(ransom),但主角是个失败的救赎者,头顶英雄光环,却无法给予关注他动态的读者们以帮助,或者说辜负了他们的期望。其实,主角本人才亟须"救赎"或解脱。他的中间名似乎是与去世的极地探险家罗伯特·福尔肯·斯科特的中间名半韵呼应。

1930年代，人们依然狂热崇拜斯科特。1933—1934年，赫伯特·贝克爵士[1]设计建造了剑桥大学斯科特极地研究所。这位探险家被追奉为世俗圣人，研究所因而成为纪念斯科特的圣地，标志着其死后收获的巨大声望。（如今，研究所已成为极地研究方面的中流砥柱。）研究所内部，两个穹顶绘有南北极的地图，周围则是到达过两极的探险家的镀金名字。研究所正门立有一尊斯科特的半身雕像，上方的檐部刻有赫伯特·费希尔爵士（Sir Herbert Fisher）的题词，五个发人深省、引发共鸣的单词：

QVAESIVIT ARCANA POLI VIDET DEI
他探寻极地的秘密，以期能一窥上帝的奥妙。

对于斯科特，世俗封圣无法更进一步。因为他最后一次探险以失败告终，包括他在内的探险队员付出了生命的代价：没有任何理由可以认为斯科特的死具有启发意义，或者说是令人欢欣鼓舞的。只是人们需要相信斯科特如费希尔的铭文描述的那样，整个英国需要相信有这样一位无所畏惧的勇士，义无反顾地踏上无边无际的冰封极地。

---

[1] Sir Herbert Baker，1862—1946，英国建筑师。

正是这种需求促使奥登和伊舍伍德创作出了《攀登F6高峰》,一次万众注视、灾难性的登山冒险。

《攀登F6高峰》中兰塞姆的经历很容易让人联想到斯科特的最后一次远征——他的这次攀登获得了政府的支持,因为敌对国家也向这座山峰发起了挑战。整部诗剧中都隐藏有类似的线索。登山探险队成员的目的各不相同,植物学家爱德华·兰普(最终遭遇雪崩身亡)想要找到一种名为"Polus naufragia"的罕见植物,奥登和伊舍伍德其实在这里埋下伏笔,拉丁语 Polus naufragia 的意思是"极地海难",让人想到西北航道、富兰克林的失踪谜团[1],以及现藏于汉堡、由卡斯帕·大卫·弗里德里希[2]所绘的《北极冰海遇难船》。(奥登极有可能在1929年4月欣赏过这一画作,当时他和情人格哈特·梅耶在汉堡。)

在伊舍伍德看来,攀登F6就相当于一次极地探险,是对勇气的一种浪费,所有的努力付出都是徒劳的。虽然F6峰是一座虚构的山峰,位于非洲的咖啡种植区,其所属的山脉类似于喜马拉雅山脉,还建有喇嘛寺,不过仍能看出英国人长久以来对冰的迷恋。诗剧还通过那对在英国家中

---

[1] 富兰克林,1778—1847,英国船长、北极探险家,在搜寻西北航道时失踪,其下落在之后十多年间一直成谜。直到1859年,才有船队在北极发现富兰克林及其船员的遗骸和留下的航海日记。
[2] Caspar David Friedrich,1774—1840,德国浪漫主义风景画家。

关注登山队进程的夫妻的心声,将攀登 F6 峰与北方联系在一起:

> 关掉无线电广播,我们受够了各色征途;
> 我们厌倦了英雄们的非凡成就;
> 我们不想当英雄,对四处周游兴趣寥寥。
> 我们不该闯入北极圈
> 只为目睹远在冰岛另一端绚丽的北极光……[70]

开篇部分,兰塞姆坐在湖区的柱岩山山顶,想起第一次世界大战的逝去者。和《演说家》中的"飞行员"一样,兰塞姆也有着类似于阿拉伯的劳伦斯的烦恼,只不过他在山顶上的独白更多是纪念战争中遇害的登山者。

兰塞姆的第一段独白是关于德性和知识的,从道德角度审视自己,但问题在于,他的扪心自问究竟是因为他真的高尚尊贵,还是仅仅由于处在山顶,居高临下的缘故。从"我坐着的崎岖山顶"望下去,山谷中随处可见"好奇兴奋"的观光客:

> 在马恩岛的那一边,匹尔城堡的塔楼之后,太阳渐渐滑入泛起褶皱的大海中;沃斯特湖隐入阴影中,不断有小石子落入其间……[71]

但他坐在那里，咒骂着，鄙视下面的人们，诅咒着自己的出生，意味深长地指出当孩子能喊"妈妈"时，就是堕落的开始。他诅咒自己的缺点，预言最终的结局将是他的尸体躺在山顶上，沦为野兽的美餐。独白的最后，他称自己的身体对"乌鸦虫蚁而言，仍会是一场盛宴"[72]。这是幸存者内疚感的极端表现形式，它转化为了行动的动力。

1923年，Fell and Rock登山俱乐部将海拔1500英尺高、超过1000英亩的土地赠予国民托管组织[1]，以纪念逝去的成员。此外，俱乐部还在大山墙[2]顶上立起一座战争纪念碑。兰塞姆的独白几乎就是对纪念碑铭文以及落成典礼上献词的戏仿。故事开头，兰塞姆正在这一地区登山。

在1924年的纪念碑落成典礼上，杰弗里·温思罗普·扬[3]谈及那些逝去的登山者时用词极为理想化，与兰塞姆阴郁的独白形成鲜明对比：

> 此次神圣的典礼具有双重纪念意义：这些勇士在追寻自由的过程中献出宝贵生命，这块石碑立于此，

---

[1] 英国保护名胜古迹的私人组织。
[2] Great Gable，湖区腹地的一座山，位于斯科费尔峰北侧。因山体宽阔形似一面墙而得名。
[3] Geoffrey Winthrop Young, 1876—1958，英国登山家、诗人及教育家。

就是见证。尽管随着时间的流逝,它亦会遭受侵蚀风化,但因为他们,这片山地成为自由的象征……今天我们承诺,不是用青铜像,而是凭着坚定不移的信念,他们的精神永不会磨灭,将一直启迪我们。[73]

这段致辞以及俱乐部捐赠土地的行为,使得逝去的英雄长辈成为这片岩石的守护者。这与奥登笔下随冰雪出现的亡魂截然不同。而在兰塞姆的独白中,这种自我厌恶的情绪最终演变成对幸存者或者在下面山谷享受快乐的人们的蔑视及冷漠。后来的一段独白(似乎也是有意针对大山墙纪念碑上的铭文)提到了逝者之乡,死去的登山者皆住在那里(兰塞姆在山坡上发现一个骷髅,称其为"大师"):

想象下逝者之乡的景象,在那里,对他们而言,山川就如同母亲发现的永远的游乐场……

接下去是一段枯燥冗长的陈述,逝者的名字被逐一道来(但少了备受尊崇的乔治·马洛里[1]),结尾则充满自我厌恶的情绪,"在前人成就的阴影下,我们搭起那可悲的帐篷"[74]。

---

[1] George Mallory,1886—1924,英国登山家,参与了20世纪20年代英国前三次攀登珠穆朗玛峰的征程,1924年,他与搭档安德鲁·欧文在尝试挑战珠峰登顶的过程中遇难。1999年5月,马洛里的尸体被发现。

最后是那可恶的幽灵、他那极为强势的母亲,她就在山顶上等着兰塞姆。他临死前出现了幻觉,听到了一首出自北方童话的摇篮曲:

> 驯鹿正在赶来
> 你将乘坐乌木雪橇离开这冰天雪地……
>
> 头顶上还是那片熟悉的北方星空:
> 北极星闪着光,大熊星座如此明亮,
> 猎户星座悬高空,凝视着……[75]

随着兰塞姆的死亡,奥登1930年代作品中反复出现的残酷凛冽的北方也就此尘封。在伊舍伍德的鼓励下,他逐渐脱离神话传说的影响。伊舍伍德先作出了这一决定(到最后,他对所有妨碍他自由思维的英国神话都坚决说不)。到1940年,奥登和伊舍伍德对西北航道的兴趣都已消退。1938年,奥登平静地作出了离开欧洲的决定:1939年第一天——在不可避免的欧洲战争爆发之前——他和伊舍伍德漂洋过海来到美国。

当奥登还在英国时,北方仍是其创作的核心主题。直到诗人生命的尽头,英国北部奥尔斯顿周围的高沼地依旧是其心目中的尘世天堂:"关于指南针指示的方向,我们当有正确的认知。北方必然是'好'的,能造就英雄传奇。至于南方,则代表了享乐奢靡、腐化堕落。"[76] 这段文字出自奥登在1950年代写的一篇文章,当时身在美国的他建议英国游客不妨花六天时间去探索奔宁山脉。其实在1940年代为某杂志写的一篇文章中,奥登就详细阐述过这一观点:

> 从我记事开始,北方于我就有一种特别的吸引力。虽然儿时的我在南方和北方都生活过,但斯堪的纳维亚神话远比希腊神话更吸引我。安徒生的《冰雪皇后》和乔治·麦克唐纳的《公主和妖魔》是我最爱的童话故事。早在我踏足之前,英国北部就是我心仪的梦幻岛。即使当我最终站上这片土地,这种感觉也并未消失。时至今日,克鲁岔路口就标志着充满异国风情的南方的终结,属于我的世界,北方的开启,令人兴奋。
>
> 北方和南方,风情迥异,蕴含着截然不同的情感……北方——寒冷、凛风、峭壁、冰川、洞穴、无惧危险的英雄传奇、鲸、热腾腾的肉和蔬菜、专注和产出、不受干扰……[77]

对1930年代的奥登而言,北方是如此的重要,北奔宁山脉由始至终都是他理想的天堂。(奥登在美国的书桌上方挂着一张奥尔斯顿高沼地的地图。)他对笔下的世界倾注了极深的情感,以至于部分景致、北方特色、城市风景和河流都被贴上了"奥登式"的标签:石灰岩高沼地,为石墙环绕的高地田园,孤寂的酒馆,高原农场,落寞的车站;所有的采石场和采砾坑;矗立在荒野的矿主房屋,毗邻荒原的耕地或宜居之地;衰败、死气沉沉的工厂;废弃的机器,破败的车辆;散落在奔宁山脉间的锻造厂、磨坊和工业化村落;树林中的烟囱,原石矿井的入口,高坡上的通风井;砂岩拱,冲刷层,水车;瀑布小镇的公立学校;运动场,更衣室;运河,小型飞机场,墙上钉有地图的指挥室;狩猎小屋,偏远的"运动"旅店;码头、渡船,栈桥;车站,等候室,火车;所有的离别,尤其是在夜晚;水中泛起的亮光,凛冽的黄昏时分,星火斑斓的岛屿。起航吧,向着那北方诸岛。

* * *

关于画家埃里克·拉斐留斯[1],若单从人生轨迹和作品的角度出发,我们能看到其经历与奥登在1930年代作品中描绘的幻想世界颇为相似。长相英俊的拉斐留斯擅长打网

---

[1] Eric Ravilious,1903—1942,英国画家、设计师、图书插画家、木刻家。

球，在那十年里，他将无人居住、极具英国风情的景象描摹到画纸上，这些作品引人遐想，让人难忘。战争爆发后，拉斐留斯被任命为战地艺术家，用画笔记录机场和控制室的场景。他不断往北，主动要求被派驻到最北端的行动部门。直到1942年9月，他乘坐的飞机消失在冰岛上空。在生命的最后两年里，他对北纬73度充满憧憬，他的想象力突破现实桎梏，进入超凡脱俗的北方世界。他本可以继续北上，但遗憾的是，他的生命过早画上了句号。[78]

和奥登一样，北方情结贯穿拉斐留斯成年后的人生。他对北方的痴迷源于关于北极和极地探险家的书籍——那一代英国人或多或少都会受此影响——他还积极收集19世纪及更早期极地探险相关的资料。在拉斐留斯的书本收藏中，有一套铜版画，描绘了雅各布·范·海姆斯凯尔克[1]和威廉·巴伦支[2]的早期现代航行，以及约翰·罗斯爵士[3]在19世纪二三十年代的北极远航——可能是他开始当木刻师时买下的。拉斐留斯和妻子蒂尔扎·加伍德还收藏了不少以因纽特人和捕鲸为主的北极图像。[79]

此外，拉斐留斯对北方的理解还受到弗朗西斯·唐恩（Francis Towne，1739—1816）的影响，拉斐留斯非常

---

[1] Jacob van Heemskerk, 1567—1607, 荷兰探险家、海军上将。
[2] Willem Barents, 1550—1597, 荷兰极地探险家、航海家、绘图师。
[3] Sir John Ross, 1777—1856, 英国海军军官、极地探险家。

欣赏这位高山水彩画家。唐恩创作的主题包括阿尔卑斯山脉的冰川、荒野,布局精妙,用柔和的笔触勾勒出单色的冰层和色彩更为丰富的山峦。[80] 而通过拉斐留斯画作的构图、布局,以及通过色块来展现山川的方式,我们不难看出唐恩对他的影响。唐恩在描绘雪线以上的风景时用色极为控制,拉斐留斯的用色亦属于冷淡系。在拉斐留斯的剪贴簿中,有一张唐恩在1781年创作的《阿维永之源》的黑白照片,这幅画前景为冰川,中景用粗线条勾勒出山的侧面,远处则是积雪盖顶的山峰,意境脱俗,对拉斐留斯在1940年描绘北极景象的影响尤为深远。[81] 在海伦·比尼恩(Helen Binyon)为拉斐留斯所写的回忆录中,她认为对唐恩的赏识是拉斐留斯最后要求被派驻到冰岛的原因之一:

> 从学生时代开始,埃里克就着迷于弗朗西斯·唐恩的水彩画,这位18世纪的画家热衷描绘瑞士的冰川和雪峰。这也是埃里克渴望去冰岛画画的原因之一。[82]

除了这些记录北方体验的书籍、画作外,拉斐留斯夫妇还与北极探险家奥古斯丁·考陶尔德(August Courtauld, 1904—1959)夫妇结下友谊,因此能获得北极的第一手信息。[83] 考陶尔德是个杰出的实干家,于1932年获得极地勋章。1920—1930年代,他参加了四次格陵兰岛

埃里克·拉斐留斯,《1940年的挪威》,1940年,水彩画

探险之旅,还独自一人在格陵兰岛的气象站过了一个寒冬。1939年夏,考陶尔德孤身前往挪威海岸考察,因浓雾而改道,在设得兰群岛[1]停靠,他展现出来的精湛航海技术足以媲美巴肯小说中"间谍"的表现。拉斐留斯在战争期间写下的信中数次提及与考陶尔德的碰面(在食堂打台球,一同乘坐鱼雷快艇去探险),表明这是一段温暖且持续许久的友情。

---

[1] 位于苏格兰以北约一百七十公里处,约有一百个岛屿。

弗朗西斯·唐恩，《冰海冰川》，1793年，水彩画。唐恩的高山水彩画是20世纪二三十年代的英国水彩画家的效仿典范，尤其是其描绘冰雪的技法，也激发了拉斐留斯描绘遥远北方的渴望

布莱恩·塞韦尔[1]认为，拉斐留斯后期画作中流露出的高冷就是北方特有的：

> 任何亲眼看见过为一望无际白色所覆盖的北极的人都知道，那片荒原会对人产生奇特的影响，使他们不再需要他人的陪伴，战争让人们更倾向于疏离。如果拉斐留斯没有死在北大西洋，那在看尽冰岛非凡胜景后，他还会继续北上，拜访孤寂的格陵

---

[1] Brian Sewell, 1931—2015, 英国艺术评论家。

兰冰原。[84]

在塞韦尔看来,北地的经历让拉斐留斯的创作进入成熟阶段,和奥登一样,他在凝视北方的同时找到了自我:

> 他后期的作品离奇、怪异,发人深省,那看似寻常、单调乏味的景象突然被赋予了活力,具有超现实意义,就如同海风中的哈耳庇埃[1],让人不寒而栗。他的一只脚已经踏入另一个世界。[85]

奥登和拉斐留斯的创作生涯都与他们心心念念的地方密切相关,地域是奥登创作的首要主题,对于拉斐留斯来说,则几乎是唯一的主题。在战争爆发之前,拉斐留斯画的几乎都是杳无人烟的地方,一如奥登笔下描绘的荒凉的维尔戴尔和奥尔斯顿高沼。拉斐留斯描绘的很多风景都有一种让人不安的空旷感:仿佛在画面之外有事正在发生。在当代诗人波琳·斯坦纳(Pauline Stainer)眼中,拉斐留斯看似空无的画面其实有更为深层的预示:

---

[1] Harpies,古希腊、古罗马神话中的鸟身女妖。

> 巧妙的情感转移……
>
> 空旷中涌动着活力……[86]

相比奥登,拉斐留斯的创作中少了些反抗和不安,不过,现在再看他的画作,能感受到极大的英式感伤,他描绘的是一个已经逝去的世界,在战争灾难发生之前的景象。和奥登一样,拉斐留斯钟爱重游地处偏远的原始风景:拉斐留斯所绘的白垩岩风景与奥登引用斯堪的纳维亚神话和古英语诗歌相似。对拉斐留斯而言,瑟恩阿伯斯和阿芬顿仍然保留着远古的特色;奥登则借助想象力使维尔戴尔和奥尔斯顿成为古老神话中上演血腥争斗的偏远之地。

和奥登一样,拉斐留斯对荒凉的高地(尽管他创作的主题大多是在南方)、工业化景象和废弃的机器情有独钟。他从1939年开始担任战地艺术家,描绘控制室和小型机场,如今看来,这些水彩画都极具奥登风格。《拖车上的船只螺旋桨》(现为牛津的阿什莫林博物馆所收藏)这幅作品描绘了这样的情景:飘雪的黄昏,近处是巨大的螺旋桨,远处则是一排小屋。在奥登早期的诗作中就有过类似的描写:"穿越荒野一路向北",能看到"瓦楞铁板"和"废弃的道路"。[87]拉斐留斯的画作中最常见的便是雪景。他在信中回忆过这样的经历,在战争爆发之初,1940年1月的某一天，他爬到海丁汉姆城堡的牧师家屋顶上，不时朝街道上的人们"扔雪球，就像投掷炸弹那样"。[88]同样是在那年的1月，拉斐留斯穿上崭新的海军上尉服，在白雪皑皑的花园中拍了一张照片，身后的树篱也变成了白色，树枝被积雪压弯了，这张照片得以保存下来。[89]在生命的最后两年，白雪以及荒芜山上反射的雪光吸引着拉斐留斯不断往北。[90]

战争爆发后，拉斐留斯先是被派驻到防空哨所当观察员。1939年至1940年的那个冬天，面对战争，作为地形画家的他认为，除了对北方积雪的兴趣外，自己不能、从未也没有理由离开英国。这期间，他画了一系列白垩岩相关的画作，既有最古老的史前遗迹，也有18世纪留下的图案。在成为战地艺术家后，他去的地方更多了，除了描绘后方外，他还用画笔重现了军队手术室、医务室以及小型机场的场景。1940年，拉斐留斯航行到更遥远的北方。在那里，他的水彩画技法更为娴熟，大量留白，用色克制利落，只是简单地用地名和日期为画作起名，给人感觉北方之行让其画技得到进一步升华，远超同时代的画者们。他在信中称北上探险是一种奇特的体验，他开始改变，当他回到家中时会发现自己如同变了个人，仿佛去过了另一个世界：

我们再次进入港口,但这是个极为偏僻的港口——需要大概一个小时——然后回到出发地,至少回到沿岸地区。

我们最远到达北纬70°30′,这让我很是兴奋。我画下了午夜时分的太阳以及查克利—波尔(Chankly Bore)的山峦。我太爱这样的风景了,尤其是太阳。午夜过后,阳光依旧灿烂,此时工作是美妙的享受……我爱这样的生活,还有这里的人们。事实上,这是战争爆发以来我第一次感受到内心的平静,或者说我第一次想要投入到工作当中。这里就如同世外桃源,是那么的迷人……[91]

拉斐留斯在信中提及的纬度表明,英国皇家海军驱逐舰"高地人"当时已经离开位于挪威最北海岸的芬马克。因此出现在他画中的海湾和山川——雪痕纵横交错,如白石英散落——应该是哈默菲斯特周边的海湾,这里是欧洲有人居住的最北端。他在信中提及的查克利—波尔出自爱德华·利尔[1]的荒诞诗《小精灵》,这是一首严肃且伤感的诗,回忆了一段长达20年的旅程,当主人公们归来时都已

---

[1] Edward Lear,1812—1888,英国艺术家、插画师、音乐家、作家及诗人。

经变了模样。由此可见，拉斐留斯认为自己经历了另一种人生：

> 他们去过湖泊，到过可怕的地区，
> 也曾踏足查克利—波尔的山峦。[92]

原文中"torrible（可怕的）"是个组合词，是"torrid（意为艰难的）"与更为负面的"terrible""horrible"（皆有可怕之意）组合而成。"Chankly"则由"chalk（意为白垩）"和"lank（意为平直的）"两个词组合成，Bore不仅指小浪，还有"小溪（bourne）"的意思。在利尔的诗中，留在家中的人们的反应与那些因为远途旅行而改变的归来者形成鲜明对比。从另一种意义上说，芬马克脱俗的景致与拉斐留斯对利尔诗中提及景象的想象相符，而画家的想象又受其收藏的北极探险书籍中插图的影响。

就在再度启程北上前几个小时，拉斐留斯还匆忙写了另一封信：

> 关于进入北极圈，最美妙的事莫过于能一整夜都看到灿烂的阳光，北极燕鸥伴着船儿飞翔——我沉醉其中，自战争开打以来，我还没有这么惬意过……我们终于突破浓雾，抵达港口，早上则是最先出发的。

> 我想这一次应该会有更多的惊喜……这么长时间没有见到陆地、女人和黑夜着实有点怪。真是一种奇特的体验。[93]

同一个港口,拉斐留斯在给妻子的信中描述了北部海洋的颜色:"北极圈的大海拥有你所能想象到的最美的蓝色,这是一种浓郁的蔚蓝色,有时候几乎是黑色的……"[94] 同年秋天,他表达了重返北方的渴望:

> 我提议前往冰岛,画驻扎在那里的皇家海军陆战队。能够穿上粗呢外套,可能还能看到绚烂的紫红色天空。冰岛的金发女人是最美的,所以他们说:这里全天都为黑暗所笼罩,大雪纷飞,寒风呼啸,可以二十四小时都待在床上。[95]

美丽的冰岛女人、二十四小时都待在床上,这让人想到约翰·盖伊[1]创作的《乞丐歌剧》中的一首歌。这部歌剧于1921年重演,拉斐留斯可谓是忠实拥趸。1920年代前几年,他经常会情不自禁地哼唱其中的歌曲。[96] 歌剧第一幕最后的伤感尤其让拉斐留斯难忘,麦奇思和波莉彼此

---

[1] John Gay,1685—1732,英国诗人、剧作家。

表明爱意,却被迫分离,因而肝肠寸断。在歌中,鸟儿飞向远方,寂寥悲凉:

> 我仿佛躺在格陵兰海岸,
> 手拥着我的女孩;
> 无尽浓雾中感受到暖意,
> 长达半年的长夜很快将过去。[97]

1942年初,对北方念念不忘的拉斐留斯希望被派驻到苏联,但他的要求没有得到回应。[98] 那年8月,军方决定派他前往冰岛。肯尼斯·克拉克[1]对拉斐留斯在首次进入北极时的画作给予了很高的评价:

> 克拉克想知道我何时再度启程。在得知我将再次进入北地后,他格外开心,他认为这是我所擅长的,并高度评价我画的挪威风景。[99]

根据海伦·比尼恩的回忆,拉斐留斯对弗朗西斯·唐恩的痴迷,加上其对1940年那次航行难以忘怀,最终促成了这次北上之行:

---

[1] Kenneth Clark,1903—1983,英国作家、艺术史家。

航行至北极圈的神奇体验,午夜高悬空中的太阳,这些都让拉斐留斯觉得北方是一片乐土。所以他向当局请愿,表示希望去冰岛画画。[100]

这种说法得到了蒂尔扎·加伍德的证实,她如此评价自己的丈夫:

> 早在战前,他就打算去格陵兰岛描绘雪景和山川。正是这种意愿——在战时作品中描绘同样的风景——引领他前往冰岛。[101]

拉斐留斯则预料到他将要完成的新作品会以白色为主色调,因此他带上了素色的帆布包:"这个新画包多美啊,我不应该给它上色。白色帆布是最适合冰岛的。"

在埃尔郡[1]普雷斯蒂克的机场,拉斐留斯最后看了一眼英国。1942年8月26日,他给妻子的信(邮戳为次日)的开头是这样写的:"这里风平浪静,我热切盼望着明天能成行。"这是一个已经适应飞行员生活、能看云识天气的男人的观察。在离开英国本岛的前一天,他写下了这些话

---

[1] 位于苏格兰西南部。

（他是英国本岛风景的最伟大的见证人之一）。当拉斐留斯于 8 月 30 日抵达冰岛时，他回忆起在苏格兰南部海滩看到的风景，表示那让他仿佛回到儿时成长的故土："这片海滩就像战前的伊斯特本。"

拉斐留斯踏足冰岛的第一天，呈现在他眼前的就是一番超然景象，这正是他所期盼的——"我们飞过那片如月球陨石坑一般的山地……处于极黑的阴影处，形似叶片"——并且他第一次亲手触摸到了北方出产的宝物之一，早期商人就是因为这种物品而开辟了数条北极航道：独角鲸的鲸牙，就像用于打造丹麦及格陵兰岛国王宝座的独角兽角。

> 昨天看到一根精美的独角鲸鲸牙，螺旋扭转，约六英尺长。如果我去格陵兰岛，或许能找到一根。它可真漂亮……[104]

这是拉斐留斯写的最后一封信。

在诗人波琳·斯坦纳的创作中，画家的生命得以延长，他以飞行员和北地行者的身份完成了最后的创作（也可能是他在动笔之前所观察到的景象）。诗人想象着画家的最后一次起飞——在神秘的午夜阳光下，飞机正在接受除冰——盛夏和隆冬同时出现。拉斐留斯进入北地深处，死亡让他和这片土地更亲近。

> 蓝色时分……
> 照亮为海水冲刷的化石
> 蓝色的冰川，
> 闪着光芒，
>
> 远处，
> 比冰更令人胆寒。
> 机翼叶片旋转
> 螺旋桨激起血色。[105]

9月2日，拉斐留斯随"哈德森·马克"三号出发去搜寻前一天失踪的巡逻机，就此下落不明。无线电失联，加上恶劣的天气，使得搜救行动被拖延至次日。没有迹象表明飞机遭到了敌方袭击，但北方糟糕的天气就足以让人胆战心惊。拉斐留斯似乎注定要在这个被贴上奥登标签的时代承载一定的使命：这位英俊的画家迷失在肆虐的秋风中，而后者恰是奥登最爱的天气，拉斐留斯长眠在北极汪洋和极夜中，一如诗人效仿如尼文字的诗作描绘的飞行技能和灾难：

北极之夜

渐渐麻木

冰雹袭来[106]

想象中的北国

人们在想象世界中尽情释放，勾勒出景象各异的北国。其中有两个世界的完整程度让人印象深刻：赞巴拉（Zembla）——一个沉迷于字谜和镜子的国度；内博兰（Naboland）——虽是完全虚构的土地，却被普遍认为毗邻苏格兰。这两个世界代表了人们对北方的两种截然不同的想象。在弗拉基米尔·纳博科夫（Vladimir Nabokov）于1962年出版的小说《微暗的火》中，赞巴拉是一个在欧洲北部的"遥远国度"。[107] 它位于俄罗斯以北，那里气候恶劣，任何真实的国家都难以在此生存。沉浸在妄想中的叙述者兼评注者自称是赞巴拉的国王，但是这个国家遭遇了一场革命，国王被废黜。然而这部小说的描述是如此详尽真切，以至于读者很难相信主人公的回忆都是虚构、不真实的。如果他真的疯了，那么他也为自己的妄想搭建了一个巨细无遗的舞台，读者能感受到他对那个复杂的文明小国的怀念，赞巴拉不仅具有斯堪的纳维亚国家的特色，也是纳博科夫心目中失落的俄国的镜像（在俄语中，Zembla意为"土地，国家"）。而在过去二十五年时间里，内博兰是一片未知的北极大陆,由德裔苏格兰视觉艺术家莱因哈德·贝伦斯(Reinhard Behrens)创造。[108] 它借助展览、蚀刻画、油画、出版"探险报告"等形式得以呈现。内博兰既有苏格兰北部的特色,也拥有极地和喜马拉雅山脉的风貌。这片大陆寒冷空旷,至于其真实存在的证据,唯有些来路不明的物品以及无法辨认的残存报道罢了。

纳博科夫笔下失落的国家是革命爆发前的欧洲最北部的写照。同样的,内博兰是战前北极及高山探险队的目的地。赞巴拉只可能存在于人的怀念和悔恨当中,迷惘是其属性。从天芥菜花的香气——"这种花的香味长期有效地唤起人怀念一个遥远的北方国度的黄昏,那儿花园里的长凳和一座彩漆木屋[109][1]"——到最后对回归故里的无助期盼。历史许可的话,"我"也许会乘船重返"我"那光复的王国,大声哽咽,在丝丝细雨中,向那灰蒙蒙的海岸和一座屋顶上的闪亮灯光致敬。

赞巴拉等同于悲伤、距离。(顺带提一下,世界上并不存在天芥菜花这种植物,但作家屠格涅夫在小说《烟》中,以天芥菜的花作为利特维诺夫与其初恋情人伊琳娜关系的象征,两人在巴登—巴登重遇,屠格涅夫认为天

---

[1] 本书所有出自《微暗的火》的引文均采用梅绍武译文。

芥菜花的香气引人怀旧。)小说最后的索引东拉西扯、不着边际,最末一条极为简短,那个想象中的国度渐渐消退,沦为纸面上的定义。

赞巴拉是冰与玻璃构成的、虚幻的,极有可能只存在于镜子的另一面。在《微暗的火》这部小说中,赞巴拉更像是情感的寄托。沉浸于妄想偏执中的评注者罗列了反赞巴拉的行为来表达他极度的反感:

> 全是粗俗下流或残忍无情的家伙所流传的陈词滥调——说这类故事的人,依他们看来,什么罗曼史啦,天涯海角啦,布满海豹皮一般血红色的天空啦,传说中一个王国里那种阴沉的沙丘啦,根本就统统不存在。[110]

从某些方面看,赞巴拉与斯堪的纳维亚国家颇为相似,是一个文明的君主立宪制国家,有过一段漫长血腥的过往。赞巴拉经历过相对温和的宗教改革,教会建筑矗立,且保留了教会音乐、教区戏剧这些悠久的传统。和18世纪真正的瑞典王室一样,赞巴拉不止一位国王(包括这位在1950年代遭到流放的君主)是同性恋,教养良好,有一定艺术造诣。和丹麦及瑞典王室一样,赞巴拉的统治家族出产学者、画家、剧作家。这里凛冬飘雪,夏季则太阳终日不落。贵族们住在新古典主义风格的宫殿中,不过王宫是以一座古堡为中心建造起来的。首都昂哈瓦建有新古典主义风格的广场和皇族雕像。从 1930 年代开始,赞巴拉兴起一场斯堪的纳维亚风格的现代建筑运动,昂哈瓦的地平线多出"一座小型深蓝色玻璃外表的摩天大楼",变得更多姿多彩。玻璃及镜子生产是赞巴拉的主导产业:废黜国王的革命者正是那些玻璃工厂的工人,生产浮沉子——那些装在玻璃瓶子里的小精灵(Diabdi in vitro)。这也合乎情理:20 世纪的北方国家,尤其是斯堪的纳维亚国家,都精通玻璃工艺。而书中引用的赞巴拉语(细节面面俱到,正是这部小说令人惊叹之处)更偏向斯堪的纳维亚语和日耳曼语,而非斯拉夫语。赞巴拉的海岸沿线散落着安宁的度假村,排列着天竺葵盆栽的木质走廊面对的是这样一番景象,"西边地平线像个发亮的真空吸尘器那样吮吸着人的渴望的心灵"。

赞巴拉腹地是一道为森林覆盖的起伏山峦,国王在逃离革命分子追捕的过程中翻越山岭,作者对于地形的描述是如此细致清晰,甚至让人感到隐隐的不安:

> 北面那些渐渐消融的青灰绿诸色的山峦——顶峰披雪的法尔克山啦,雪崩而呈扇形的穆特拉山啦,帕山(孔雀山)和别的山啦——都让又窄又暗的峡谷隔开,棉絮似的浮云穿插其间,好像是待在那些朝后退缩的山脊之间,不让它们的侧边相互擦着似的。越过

它们,格利特丁山便隐隐呈现在遥远后方的一片青色中,锯齿般的边沿像箔片那样闪亮;南面的薄雾遮蔽了更远一些的山脊,它们排成一列望不到头的长队,渐渐呈现不同层次、柔和地消失在天边。[112]

叙述者希望当诗人的邻居能替他写一首关于赞巴拉的诗作,用文字将这些历历在目的往事记录下来,然而这位在北美长大的诗人误遭枪杀,只留下一首自传体的双韵诗。这让叙述者勃然大怒:

> 我开始阅读这首诗……我一边快速通读,一边在咆哮,就跟一个怒火上升的年轻继承人在读一个老骗子的遗嘱一样。我那夕阳斜照的城垛在哪儿?赞巴拉博览会在哪儿?它那些山脊在哪儿?它那些长期以来透过朦胧雾霭出现的激动人心的事在哪儿?还有我那些可爱的棒小伙子啦,彩色玻璃映现的斑斓光谱啦,黑玫瑰武士啦……总之,那整个绝妙的故事都在哪儿?[113]

他大失所望,以至于精神错乱,决心做最后的尝试,想借助索引将压根没有任何关联的赞巴拉与那首诗扯在一起。这是一个存在于想象中的遗失的北国的索引,列出了一些地名(配上简短的散文诗),然而在此前的评注中,这些地

名并没有出现,长诗中更是没有提及:

> 安伯拉:一个古老小镇,拥有一座木教堂,四周由水藓塘环绕,位于雾蒙蒙的半岛最北端最孤独最凄凉之处。[114]

只是,妄加揣测、穿凿附会最终还是抵不过思乡之情与悔恨之心:

> 考巴尔塔纳:一度是上流社会人士的山间避暑胜地,靠近一些旧兵营废墟,如今是一处难以进入而并不重要的荒凉地带,但军人家属和林中城堡主人仍记得该处;文中并未出现。[115]

作为欧洲北部的写照,赞巴拉是与流放、逝去和偏远联系在一起的,它不存在于任何地图册中。和纳博科夫心目中失落的俄罗斯一样,过去时是赞巴拉的唯一时态。

不同于架空的赞巴拉,菲利普·普尔曼[1]的畅销小说《北极光》[2]则包含了战前英国的不少元素,在那个时代,

---

[1] Philip Pullman, 1946— ,英国作家。
[2] 《黑质三部曲》之一,在英国出版发行时叫《北极光》,在美国出版发行时叫《黄金罗盘》。

科学和宗教都被认为是邪恶的。在小说勾勒出的想象世界中，英国（在一个兼具19世纪后期及两次世界大战期间特色的时代）沉迷于北极探险（和现实情况一样），并且，就如同如印度之于维多利亚时代的英国一样，欧洲最北部在英国人心目中还具有独一无二的分量。小说最开始有一章（名为"北方的观念"）就以北极探险团队——内博兰的灵感来源——为基础展开、衍生。晚宴结束后，在学院休息室内，众人一同观看幻灯片，了解北部地区的最新科学发现。

《北极光》讲述的是小女孩莱拉为了拯救被英国科学家绑架的儿童们而毅然北上，前往科学家们建在北极的研究站。这本书与北方的关联简单明了，莱拉在听到北方这个词后的反应就是最好的概括：

> 莱拉觉得全身战栗起来——以前，听到北方这个词的时候，她也曾同样剧烈战栗。[116]

北上之旅往往被视作揭晓真相之旅。至少对于小说的主人公来说是如此，她找到了自己的父母，进入了严肃冷酷的父亲位于挪威最北端的实验室——这个地方的运作需要消耗大量热量和能量，是用来进行非常规实验的非常规之地。许多神话认为最北之地包含有通向另一个世界的入口，极光能提供进入另一个世界的能量。在这部小说中，与芬马克相仿的区域是披甲熊的领地，它们也曾经历动荡，像人类那样为王权展开斗争。

这一主题有意无意地与意大利画家兼作家迪诺·布扎蒂（Dino Buzzati，1906—1972）所著的一本童书相呼应。不同于其余20世纪的意大利作家，布扎蒂在作品中从更为复杂的角度去解读北方山脉象征的美德，认为生活在平原的人们会染上并屈从于一系列有害习惯。他写的儿童寓言《群熊入侵西西里》（1945年）看似是对时事的讽刺，善良的熊群原本住在山上，来到平原后，它们赶走了残忍腐败的篡位者。但结局跳出寓言结构，熊群在平原逗留的时间越久，就越堕落，最终它们决定回到山上，属于它们的道德准则也得以保留下去。[117]

在1940年出版的关于意大利北部边境的小说《鞑靼人沙漠》中，布扎蒂再度展开丰富的想象力，描绘了一个奇妙且多山的北方。[118] 意大利的南部靠海，边境线清晰，可其北部边境，因为同时与拉丁语和日耳曼语世界交界，一直在变动。面对如此错综复杂的地形，来自的里雅斯特的克劳迪奥·马格利斯[1]找了一个中心立足点，就如同步枪瞄准镜中的十字中心一样——"冷战"期间东西方的交界，

---

[1] Claudio Magris, 1939— ，意大利学者、翻译家及作家。

最后的拉丁语世界（毗邻亚得里亚海的威尼斯共和国）和日耳曼语世界（往北深入更偏远、被雪封住的城市）的分界线。马格利斯描述道：

> 边境线四处延伸，其中有一条却不为人所熟知，它介于莱提亚和诺里库姆[1]之间，隔离巴伐利亚人和阿勒曼尼人，分开日耳曼人和拉丁人……亚得里亚海和多瑙河，大海与中欧陆地，截然相反却又互补的景致。虽然边境线将它们隔绝，但只需一天的时间就能翻越，距离之近几乎令人难以察觉，就仿佛是一个小小的黑洞，引领人们通往另一个宇宙。[119]

布扎蒂的小说《鞑靼人沙漠》就利用了这一模棱两可的特性，在想象世界中勾勒出了意大利的北部边境。男主人公是个普通、谦逊的年轻军官，梦想在军队干出一番成就。小说开头，他晋升了中尉，即将告别耳闻钢琴叮咚响、与学校好友的姐妹进行无伤大雅的调情的生活，前往升职后服役的第一个地方。他出了城市，一路往北，穿过玉米地和秋天里的红色树林，远离文明世界，进入荒无人烟的山区。最后，他来到了巴斯蒂亚尼城堡，这是一座栖息于悬崖尽

---

[1] 这两者均为古罗马省份。

头的巨大建筑,俯瞰着一片空旷广袤的平原——鞑靼人沙漠。虽然这趟行程只用了两天,却是从一个世界进入了另一个世界。德罗戈是守卫城堡的边防战士之一,负责监视敌人的一举一动,做好随时应战的准备。年复一年,德罗戈年华老去,从青年进入中年,然而鞑靼人始终没有出现。他就像是活在梦中,几乎没有留意到时间的流逝,沉湎于军队日常生活散发出的"凄凉的优雅"中。最后,当鞑靼人突然发起猛攻时,垂死的德罗戈却被抬离了城堡。

这部小说其实是在影射 1930 年代的意大利。在当时,意大利是个四分五裂的国家,缺乏影响力,饱受蹂躏,尊严尽失,仅剩文化遗产和日常礼仪去对抗经济灾难、内战梦魇以及奥地利帝国侵占时期留下的阴影。与此同时,小说延续了一个自古以来的主题:脱离文明,进入未知领域,来到未开化的世界边缘。对于小说主人公来说,从米兰到沙漠,意大利北部边境线始终显得模糊不清。从象征意义上看,北方边境线可以延伸至亚洲,直至世界尽头。

两位现代类型小说家同样极尽想象,刻画出他们心目中的北方世界。M. 约翰·哈里森(M. John Harrison)的《心之历程》(1992 年)以容易受到另一个世界侵袭的英国北部区域为故事背景。厄休拉·勒古恩(Ursula Le Guin)的《黑暗的左手》(1969 年)则描述了一个与众不同的世界——冬星是一颗气候寒冷的行星,如同极地探险家考察的冰封世界。

《心之历程》是一部雄心勃勃且难以归类的作品,围绕北方展开丰富的想象。某个夏日清晨,几个好友聚在一起,完成了一次神秘而危险的实验,而这次经历成为他们一生挥之不去的阴影。故事就发生在哈德斯菲尔德和曼彻斯特之间的奔宁山脉段,在这片自然风光和城市风景的衬托下,主角们的情况越来越糟糕——这个地方容易出现灵异现象,让人产生幻觉,充斥着令人不寒而栗的氛围。故事的叙述者从南方出发,来到阴郁荒凉、气候恶劣的英国北部,发现两个好友已经生病发疯。一开始,当他们打开那个不应开启的入口时,似乎只有叙述者从中受益(后来他也付出了代价)——奔宁山脉雪霜铺天盖地,他在小村口遇到一个睿智的神秘人。在叙述者眼中,北方开始展现出其最不可思议的面貌,12月,广场上的飘雪变成洁白的玫瑰花瓣,风声呼啸,空气中充满了"拜占庭"玫瑰油的香气;遗失的心王国(只存在于想象中,隐含在叙述中)幻化为"人",

> 从柔和的玫瑰花瓣雨中缓缓走来……如鲜花般的女子。她仿佛是雨后向绿荫打开的窗户……[120]

另一个世界如昙花一现:山楂树篱围就的花园、白色野兽在远处的绿野出没。但小说随即直奔凄凉的结局,叙述者本人也被毁了——家人被害,房屋被弃。

和许多想象中的北国一样,厄休拉·勒古恩笔下冬星的灵感源自梦境。在《在世界边缘起舞》一书中,她透露这些梦是受到极地探险相关书籍的影响。作为美国人,她自认能保持中立,不用背负任何文化包袱,因为她"没有经历过英国那股斯科特崇拜热潮,以至于如今嘲讽斯科特反成为一种时尚"。相反,前辈的探险经历帮助勒古恩勾勒出她心目中的第二个世界。

> 我跟随着他们的脚步——脚趾都被冻僵了——越过罗斯冰障[1],攀上比尔德莫尔冰川[2],来到那动人心魄的洁白高原,再回来,太多次了,以至于我对他们的经历铭心刻骨,甚至渗入我的写作。《黑暗的左手》的故事发生在一个名叫冬星的星球上,来自地球的黑人男子与双性同体的外星人拉着斯科特的雪橇,穿过萨克里顿曾经历的暴风雪。[121]

冬星是一个寡头统治的双性人星球,这里的居民住在积

---

[1] 南极洲罗斯陆缘冰的前缘部分。
[2] 南极冰川,长200公里,最宽处达40公里,是世界上最大的山谷冰川之一。

雪覆盖的塔楼和堡垒中，类似英国版画家 F. L. 格里格斯（F.L. Griggs，1876—1938）描绘的"冬城"。石屋内，壁炉里火焰熊熊，但对地球人而言无济于事，他仍然感到刺骨的寒冷。小说中有大段关于冰雪之旅的描述，一个来自地球的使者与一个身为政治家的冬星原住民在跨越雪原和冰川的过程中达成了一定程度的相互理解。普尔曼小说中的北部科学考察是邪恶的，而厄休拉·勒古恩描绘的冬星之旅则是对一个虚构、没有夏季的世界进行探索，整体基调更为压抑。相比之下，在莱因哈德·贝伦斯创造出的内博兰大陆，探索之旅更为光怪陆离，也更显温和，时不时散发出忧郁气息，引发人类的脆弱感怀，这正是北方给人留下的印象。

内博兰似乎没有常住人口，只有一两座与世隔绝的藏传佛教寺庙，不过常有类似萨米族的人在大块大块浮冰上走动，他们足智多谋。这片大陆没有城市，也可能曾建起城市，拥有过文明，如今却只剩下坟冢可证明。在内博兰，你能看到南北两极的动物，聪明的企鹅无处不在。这片土地上还有不少石阵，其中一处是在一夜之间突然出现的，困住了一驾早期探险队的拖车，这些石阵包含着解密内博兰的信息。[122] 内博兰极地的冬季令人生畏：从不停歇的降雪、冰封的海洋，在极少数画作中，我们能看到海岸线依稀可见夏季苔原的迹象。

关于内博兰，其设定定格在1939年之前的欧洲。它是人类的探险目的地，拥有所有战前探险家（例如拉斐留斯的朋友奥古斯丁·考陶尔德）考察过的雪域（南北两极、西北航道、世界屋脊）的特色。（在大战爆发之前——在审视这片大陆时，这一背景是极为重要的，因为怀旧是内博兰存在的本质意义。）在内博兰所存在的平行世界中，欧洲的地理格局有所改变。威尼斯与圣彼得堡处于同一纬度，大雪纷飞，运河总是结冰，小广场出现冰雾，而贝伦斯那艘具有护身符意义的潜水艇就停在贡多拉中间。绿色冰山在朱代卡运河上漂浮，在安康圣母教堂穹顶的映衬下闪闪发光。内博兰与现实世界唯一的交集就是西藏和冰岛。[123]

贝伦斯创造这一平行世界的灵感来自其在波罗的海海岸发现的一个中式金属玩具：一艘潜水艇，艇身上有"鱼雷快艇"字样，艇内有一个微笑的领航员。战争爆发前，描述冒险者或探险家闯荡奇特世界的英国小说深受男孩们的喜爱，而这艘小巧的潜水艇正是那些正派人物的象征。当贝伦斯在汉堡美术馆第一次见到卡斯帕·大卫·弗里德里希所绘的《北极冰海遇难船》时，他就开始憧憬冰雪山川，展开想象的翅膀。弗里德里希为了勾画他能想到的最偏远的北地，特意去观察易北河的水流移动和浮冰状态。同样的，贝伦斯为了完整其心目中的北方大陆，选择在冬季去苏格兰爬山，收藏各种奇特的物品，从关于帝国和冒险的古代小说中寻找灵感。

他的彩绘《出发的快艇,冬日航行》描画的就是典型的内博兰探险场景,给人以神秘感。荒凉的雪地、破损的船体(几乎就是参照弗里德里希《北极冰海遇难船》画出的)、散落的物品,都在暗示一段发生在远方的故事——就发生在那一瞬间。这更印证了一点,即贝伦斯所描绘的"北极"风光其实也存在于真实世界中,苏格兰福斯河洛锡安沿岸,只不过抹去了所有的人居痕迹。

当贝伦斯还是个考古制图员时,偶然间在一份土耳其报纸上读到一篇关于船只和潜水艇相撞的报道,那艘船就叫内博兰。之后,贝伦斯就为其想象中的大陆起名内博兰(挪威语意为"毗邻的土地")。从画风看,他的作品在很大程度上受到严苛考古制图训练的影响,并且他还师从维也纳的导师,进一步学习"虚幻超现实主义"的绘画技巧。

当还是学生的贝伦斯第一次踏足冰岛和挪威时——遥远的北国土地,冰雪与火山并存——因语言不通而感到孤单。对于贝伦斯所畅想的北国风情,当地人亦无法给出他想要的答复。相反,他发现苏格兰倒是与自己心目中那个世界颇为相符。1979年,贝伦斯搭上从汉堡开往纽卡斯尔的渡船,就在抵达目的地后不久,他看到的第一块英国路牌上只是简单写着"北方"。不同于欧洲大陆那些注明公里数的路牌,如此简明的路牌一下子就打动了贝伦斯。

很快,他就在苏格兰找到了想象的原型——就在凯恩戈姆斯山脉的雪域高原。1979年至1980年,贝伦斯辗转苏格兰各地爬山,思索探险的意义,将寒冬时节的凯恩戈姆斯山脉想象成喜马拉雅山脉和北极。而他在爱丁堡大学登山俱乐部"Monroe-bashing on Mars Bars"的同伴们是一群大胆无畏、装备充分的人,在登山的过程中不愿意停下哪怕片刻去欣赏眼前的风景。在贝伦斯的想象中,这些人化身为维多利亚时期探险家、诸如《冰雪世界历险记》或《北极地区探险》等童书中的主角的后人。

贝伦斯总是以"远征报告"的形式详尽展现内博兰,配有纪实画和装置展品——都是借助他在偏远地方(碎石坡、偏僻的峡谷、海滩)发现的物品完成的。画家经过细致的科学调研,准确清晰地画出这些物品,并以插图的形式附在由内博兰探索协会提交的报告中。当它们成为贝伦斯展品的组成部分时,往往不带任何感情色彩,并且有极具真实感的证明文件。如同纳博科夫在《微暗的火》中用炉火纯青的写作手法营造出赞巴拉国一样,贝伦斯在打造内博兰相关的物品时尽心尽力,技巧娴熟,达到了以假乱真的程度。

在贝伦斯所搭建的探险家小屋中,那些收集自各地的物品起到了极为关键的作用:体现男性特色的杂乱或整洁的内景,粗略地分门别类的待办事项清单。通过这样的展示,独立在荒芜冰原的小屋显得如此脆弱,不堪一击。贝伦斯在小屋周围铺上人造雪,无线电在发送摩斯密码,还原出静电干扰声、呼啸的风声,还有孤寂的声音。

贝伦斯的精心布置使得这些收集来的物件、样品、鸽巢中发现的骨头都具有更重要的意义:它们成为"令人叹为观止的东西"。它们都来自"其他地方"——海滩和山上发现的物品变成来自冰原、高原这样极为艰苦环境的宝贝,属于考古和地理发现,它们被摆放在画板旁,在灯光的照射下,准备供人研究——这也成为贝伦斯设置的展品中常见的特色。

贝伦斯很多画作的布局就像是考古或科学论文的配图。野外找到的物品总是会附上认真描绘的雪景图,或者被笼罩在迷雾中的农场废墟图——这些物品正是从此类地方搜寻得来的。贝伦斯刻意模糊了自然物体和人工制品的差别。这种科学纪实性的展现方式吸引观者探究物品之间的联系,进而是物品与偏远寒冷的地域之间的关联。就在这个过程中,关于内博兰的故事应运而生。既然配图是报告的一部分,这些物品必然与内博兰这个地方相关(或者出自此地)。它们获得了足够的关注,足以证明其价值和重要性。观者自然而然会认为,配图是探险故事的组成部分,归来的行者试图用其阐明这片未知区域的重要性。

从另一方面看,这些物品(刀片、钥匙、生锈的盖子)

其实是真实世界的考古发现，证实英国"最原始"的乡野也曾有人居住，直至人口减少——往往是被迫的。贝伦斯一度自称是"专门照管失落物品的人""决定了它们的最后命运"。这些鞋子、生锈的刀片和经海水冲刷的玻璃碎片还被赋予了超自然的意义：它们来自内博兰，是两个世界交会那一刻产生或者遗留下来的。它们带有内博兰的痕迹，是内博兰的信使，能证明其切实存在。

1982年，爱丁堡举办了名为"远行至内博兰（北方）"的展览，这是贝伦斯关于内博兰的早期展览之一，在探险家小屋中有一件非常特别的物品：一个盖子镶有镜子的木匣子里，装着一颗山毛榉果实，里面被小心翼翼地塞满了雪。这个人为创造出来的物品使参观者可以对"第二世界"尽情展开想象，在那里，雪可以像玻璃那样被包装好，可以送到大城市总部进行分析。那些配有精美插图的深奥作品以不同种类和质量的雪为主要研究对象。

贝伦斯的创作有趣，别出心裁，能以假乱真，但脆弱、转瞬即逝才是它们隐含的真正主题。内博兰的古老文明只能从遗留下来的那些物品中去寻找，展现探险家辉煌成就（大学照片、波斯地毯）的小屋摇摇欲坠，经不住风雪考验。蚀刻画《冬夜》就凸显了小屋的孤寂和脆弱。我们能看到小屋的内部，看似整齐有序（画板上方悬着灯，那些摆放在原始木架上的物品将被逐一记录下来，以便在未来出版），然而，相比空旷冷寂的夜空，这一建筑显得如此渺小。屋外，勘测仪仍架在三脚架上，屋内灯光透出来，照亮雪地。我们在画中没有见到小屋建造者的身影，只剩下不断呼啸的冷风。他是否会回来完成画板上的任务，我们不得而知。除非未来的探险家能找到他的研究成果，否则他的这次经历只会剩下一些零散无序的物品，让后人难以捉摸。

为了找寻答案，这个孤单的探险家还有漫长的冰路要走。如何解读这些物品所蕴含的意义，取决于探险家能否活着归来。《内博兰最新发现》（1986 年）这本探险日记字

莱因哈德·贝伦斯，《冬夜》，1985 年，蚀刻画

迹模糊，压根就无法阅读，只有极少数手写词句可以辨认，对那些描绘探险船只、游牧民族、聪明的企鹅的画加以说明。内博兰还是围绕帝国、无人文化、缺少逝去文明迹象的空旷之地这些念头展开的。从这方面看，内博兰就相当于史前的冰岛，火山上覆盖着薄薄的岩层，荒原上散落着屈指可数的人类定居点。无论内博兰看起来有多么的纯净，它总是蕴藏着一丝悔意，一种探险家无法真正传达的情感，无论他们的绘图技术多么娴熟，无论他们的"证明文件"是多么的细致，他们始终无法将真正的北方彻底呈现出来。并不是每一个探险家都能安全归来。没有他们的守护，一切又归于无序、混乱。

北方夏日

北方的夏总是太短，变幻无常。慵懒的风吹过敞开、没有帘子遮掩的窗户，松树、湖水、金雀花、欧石楠、海岸——各种气息混杂在一起，随风穿过白色走廊。在北方，为黑暗所笼罩、家家户户屋门紧闭的时间远远超过日暖风静的日子。

北方的夏，太阳肆意挥洒光芒，而北方的冬，阳光变得难能可贵。北方之所以给人以忧郁感，在很大程度上是因为面对逐步逼近的黑暗，这片土地始终无法留住哪怕一丝的光亮。南北方之间其实还存在一条看不见的分界线，只要在世界地图上将所有盛夏时节至少有一个月是日不落的地区的纬度连接起来就行了。北极圈以内的地区,每年总会出现极昼和极夜现象。对很多人而言,真正的北方一定会出现极昼,有"夏日微光",艾伦·斯彭斯[1]就借助俳句表达了对富丽的极光的喜爱:

> 盛夏午夜
> 北海之上
> 满月悬于苍白天空 [124]

这样的夜晚,山脚下芦苇和睡菜荡漾,小小的蛾子在其中飞舞,荆花冠毛如同拥有生命一般旋转。即便到了午夜,撕裂的天空中仍然会泛着昼光——仿佛1930年代的水彩画,松树林后的北方沉浸在暮色中的天空。凯思内斯郡[2]上方持续的亮光、伯赛[3]那昏暗但并非漆黑一片的天空、设得兰群岛明亮的夜空,皆是如此。在阿伯丁郡和莫里郡的北海岸,初夏的夜晚10点会出现一道诡异的光,你能看到在遥远的北方,凯思内斯山脉盘踞于空旷的洋面之上,沐浴在阳光下——仿佛静止的水面上出现了另一个

---

[1] Alan Spence,1947— ,苏格兰作家。
[2] 位于苏格兰东北角。
[3] 位于苏格兰奥克尼岛西北角。

世界。

有那么片刻,这一幻影是如此清晰,令人难以置信,似乎北方诸岛和挪威海最偏远地区都会出现在这干燥清澈的空气中。在北极圈内,海市蜃楼现象更为栩栩如生——幻象时隐时现,患上雪盲的探险家们用远在南方的君主的名字为那些其实并不存在的冰川"山脉"命名。

鲜少有北方作家觉得这里的夏季是单调乏味的,也没有人嫌夏日过长。他们笔下的夏季与酷热、干旱和令人倦怠没有丝毫干系。畜牧群季节性移动——将牲畜赶到夏季牧场是古老的北方传统,从一定程度上看,加拿大人以及斯堪的纳维亚人在夏季迁到夏日别墅或木屋的习惯也是受此影响,他们的夏日住所往往位于冬天不适宜人居的偏北方,或者除了夏季之外终日遭受暴风雨侵袭的波罗的海小岛。在斯堪的纳维亚地区的湖泊和峡湾沿岸,此类夏日小屋林立。这种度夏方式是北方主要的习俗,甚至可以说是北地人的特点之一,是乡野与城市融合的纽带的重要部分。在斯堪的纳维亚地区建在临湖花岗岩上的锈红色木屋,或者挪威海岸沿线海湾附近的偏僻小屋,都是最具北方特色的夏日景象。假日迁移,前往更为偏远的北部,这与格伦·古尔德在《北方的观念》这一广播节目阐述的看法相似,古尔德认为北方国家其实是以其国境线内的荒原为基础开拓出来的。冰霜巨人从未离开,只是隐居到更远的地方，留下这些临水营地，一如胡利奥·梅德姆（Julio Medem）执导的电影《北极圈恋人》中出现的木屋。这部影片于1998年上映，故事颇为纠结，主人公安娜正是从这座木屋中望出去，在湖泊和常青林的尽头，整个夜晚，太阳都沿着地平线起舞。这样的夏夜在影片中只是惊鸿一瞥。由始至终，《北极圈恋人》中的北方是极端的，是一种执念——一系列荒唐、令人难以置信的巧合——导致这对情人在盛夏时节的芬兰北部离散，再未相见。

塞缪尔·泰勒·柯勒律治[1]在其未完成的关于吸血鬼的叙事长诗《克丽斯德蓓》中，就准确描述了北方春季的姗姗来迟和冬季的赖着不走。这首诗以想象的北方为背景，是柯勒律治本人在搬到坎伯兰郡之前虚构出来的。诗的开头描写了变得越来越亮的寒冷春夜，克丽斯德蓓离开城堡，去林中祈祷：

> 晚上冷是冷，黑倒不黑。
> 薄薄的灰云摆开架势，
> 遮住了天空，却遮不严实……
> 晚上冷飕飕，云彩灰沉沉，

---

[1] Samuel Taylor Coleridge, 1772—1834，英国浪漫主义诗人、文学评论家、哲学家及神学家。

> 五月还没来,还是四月份,
> 春天正在慢悠悠走近。¹²⁵〔1〕

这样的描述给人感觉春天是无助的:强势的冬天拒绝轻易离开。春天并不完整,光线和气候多变。叙述者显得犹豫不决,营造出一种梦幻而不幸的氛围,拒绝说出可怕的真相。寒冷不会放弃,它不会就这样缴械。

在柯勒律治之前,18世纪的苏格兰-盖尔诗人阿拉斯代尔·迈克迈斯特·阿拉斯代尔(Alasdair MacMhaighstir Alasdair,即亚历山大·麦克唐纳德,1695/1698—1770)在《夏之歌》中对活跃的高地春天进行了描绘,它紧跟着安宁洁白的冬天而至。最让麦克唐纳德感到开心的莫过于彻底解放,能在户外待上一整天——漫长的冬季将人困在屋内,生活也变得乏善可陈。静默的冬日终离去,一切事物都恢复了活力,露水打湿白桦树,户外响起风笛声,蜂蜜、灯芯草、蜜蜂、浆果、野蒜、细雨、桶装牛奶,冬季的积雪退回到山巅,沐浴在晨光中。

> 五月,迷人的月份,
> 带斑点的小牛犊呱呱坠地,

---

〔1〕 此处引用杨德豫译文。

交配和产奶的时节。[126]

万物蜂拥而至度夏:

> 鲑鱼跃出水面
> 它们成群结队,银白腹部、鳞片闪耀,鳍尾扑腾,红色斑点……

麦克唐纳德对春天充满了期待:带斑点的蛋、摇曳的叶片、带斑纹的棕色动物、河里的鱼群和经历数月衰黄后重新复苏的草地。唯有山顶还残留着积雪,在高地,只有遇上最热的夏天,积雪才会全部融化,因此苏格兰高地的夏季给人的感觉是,冬季只是暂时后退,并未离开。

北方的夏日正是如此。有一年的6月,我乘坐飞机从奥斯陆到卡姆岛,飞机飞越挪威内陆山脉,飞过呈白色和灰绿色的冰封山谷。即便是在抵达海岸,见到摇曳生姿的白桦树以及火山石另一边明亮的大海后,我也难以忘记在飞机上见到的那番阴沉景象,这里的夏季始终处于在山间徘徊的冬季的阴影之下。

芬兰作家乔尔·莱赫托宁(Joel Lehtonen)的短篇小说《快乐的一天》就捕捉到了北方夏日蕴含的哀伤,它收录于其1918年出版的作品集《死亡的苹果树》中。[127]《快乐的一天》对富有的斯堪的纳维亚人如何尽情享受夏日时光进行了详尽的描述。男主人公阿佩利·穆特嫩是个殷实的书商，退休后带着妻子来到临湖别墅享受休闲时光。初夏时节，天气温和，时光仿佛停滞一般，秋季显得遥不可及：

> 夏季刚开始那几天是最美的，人可以完全放空。夜晚，金色月光清澈无比，他感受到一股暖意，沉浸在无言的幸福中……他懒懒地站起来，打开通往阳台的门……前方旧式乡村风格的围栏之下种满了稠李树，树枝蔓伸，白花盛放，尽吐芬芳。夏日晨光闪耀，透过稠李树叶间的空隙洒下来，热情洋溢。[128]

当他们漫步走向停在湖畔的小船时，看到花园栽种的丁香和绣线菊同样怒放：

> 他们来到开阔的塞马湖，慢悠悠地划向对岸的陆地，远远看过去山地呈现模糊的淡蓝色。岸边的白桦树刚刚长满绿叶，长长的枝条垂下来，柔和，仿佛鸵鸟羽毛一般。在海湾口可以看到更远的风景：夏天总是为蓝色雾霭所笼罩，模糊一片——如梦一场。[129]

他们继续前进,开始野餐,躺在阳光下,不知不觉间,一天就这样过去了,包括光线在内,周围的一切都放缓了脚步:

> 他们默默走过草坪,翻过山丘,在牛铃叮咣和杜鹃啼鸣声中来到另一边。一路走来,他们时不时在发烫的花岗岩上坐会儿,歇歇脚,水面波光粼粼,晃人眼目,就这样无所事事,养足精神。尽管彼此依旧无言,但他们为更大的满足感所包围。小树枝落在莉贾温暖的胸部上,渐渐干瘪。[130]

他们划船回家,路过教堂和墓地,途中还见到一座岩石嶙峋的岛屿,这让他们想起阿诺德·勃克林[1]在1880年创作的那幅《死之岛》。《快乐的一天》最后,伤感再度弥漫,短暂的夜已逝,穆特嫩凝视着阳光在花树间投下的斑驳影子,听到妻子在房间里抽泣,因为他们膝下无儿女,无人能共享这美妙的时刻。

这种念头就如同山谷中常年不化的冰霜,提醒着你现实生活中的不幸:

---

[1] Arnold Böcklin,1827—1901,瑞士象征主义画家。

哈拉尔德·索尔伯格（Harald Sohlberg），《夏夜》，1899年，帆布油画

"幸福的日子总是转瞬即逝，就像初夏的一天那样短暂。成熟，腐化……"对穆特嫩而言，快乐的时光少之又少，以至于他觉得自己无权将生活的重负传递给下一代，毕竟生活充斥着太多的罪恶，令人痛苦不堪。[131]

《夏夜的微笑》（1955年）和《野草莓》（1957年）这

两部经典电影都是以斯堪的纳维亚夏日为背景，不过在大师英格玛·伯格曼（Ingmar Bergman）的镜头中，这个季节就要宜人得多。北方夏日更是成为《夏夜的微笑》剧情展开的支点。女主人及其当演员的女儿策划了这出喜剧，古堡晚宴结束后，正是敞亮的夜空赋予矛盾纠结的男女（律师和他的小新娘、律师的儿子、关系疏远的伯爵和伯爵夫人）足够的时间，找到莎翁式的解决办法。到了早晨，女仆和马夫在厨房开心地喝起咖啡，伯爵和伯爵夫人和好如初，小新娘则与律师的儿子一同私奔了，律师则意识到自己对女演员的爱。在似乎漫长无尽的白夜中，当众人在最为华丽的枝形吊灯——一盏具有典型瑞典风格的璀璨水晶灯——的照耀下享用过盛宴后，这出闹剧辗转于公园、花园和卧室间，最终结果是皆大欢喜。

在这个几乎不见黑暗的夜晚，黎明紧随黄昏而至——整部影片中只出现了一个暮色镜头，通过长镜头，我们看到立于城堡中的一座小木亭——光从窗中透出来，照亮周围的树丛。时间仿佛静止了，长夜永不会没入黑暗，似夜非夜，剧情交织，在黄色木亭中喝咖啡，唱民谣，玩俄罗斯轮盘赌，时间充裕。没有人睡觉，几乎没有人到床上去。年轻人驾着马车沿椴树林立的林荫道离开，午夜刚过没几个小时，阳光已经在这条道上洒下斑驳光影。仆人们在公园和收割过的田间漫步，赞美北方夏日的自由自在。可以这么说，白夜促成了这部喜剧。

相比之下，《野草莓》要更为沉重，瑞典的夏天、精英人士的夏日生活成为这部影片的核心主题。盛夏时节，主人公伊萨克·伯格坐车从斯德哥尔摩前往隆德接受荣誉学位。随着故事的展开，伯格与自己达成和解，在一定程度上也是与其关于夏日的回忆达成和解。在影片开头，伯格做了个梦，在梦中，他身处一座诡异的城市，烈日当空，街头空无一人，仿佛被时光遗忘了，钟表没有指针。而当伯格乘坐的小汽车在清晨离开斯德哥尔摩时，街头同样是空荡荡的。伯格陷入了回忆，他回到了儿时住过的避暑别墅，其他人都穿着白色衣服，只有他套着略显邋遢的深色服装，没有人看得见他。木屋风景越美——白色家具，摆满丰盛早餐的餐桌，穿白衣、戴学生帽的少年们，悦耳的钢琴声，孩童清脆的歌声——就越显伤感，伯格就像是个不受欢迎的鬼魂，穿梭其中。随着漫漫夏日的展开，通过伯格的梦、闪回片段和回忆，我们了解到，老人孩提时代钦慕的姑娘嫁给了他的哥哥；他的婚姻并不幸福；他的儿子与儿媳关系疏离。隆德参加完典礼后，在葱郁的花园里，年轻人（由饰演伯格初恋情人的女演员带领）为伯格奏起小夜曲，他的儿子和儿媳重归于好。最后，伯格心满意足地进入了梦乡，他再度回到梦中如天堂般的夏季。初恋情人拉着他的手来到河边，他不再是那个邋遢的鬼魂，这一次,我们是从他的视角出发。他的父母正在岸边垂钓、读书,看到他,迟疑片刻后认出了他,向他打招呼。水波闪闪,家庭游艇扬起了红帆。[132]

在伯格曼的电影中,北方夏日往往具有疗伤、治愈心灵的效果,但在亨利克·易卜生(Henrik Ibsen)的《培尔·金特》(1867年)中,北方夏日则代表了男主人公所失去的一切。在培尔闯荡地中海的过程中,作者插入了一段关于其家乡挪威的梦幻描述。置身于炎热的荒漠中,这个背井离乡者记得的家乡并非白雪皑皑的北地,而是处于温和夏季的北方,尽管这个季节是如此短暂。被培尔抛弃的爱人索尔维格在牧场门口纺纱,吟唱着逝去的时光以及她忠贞不渝的爱。[133] 在培尔理想化的记忆中,夏季的山野才是北方真正的精华。

斯堪的纳维亚人关于北方夏日的描述,亦有例外,这个季节可以是黑暗的:在埃里克·斯柯比约格(Erik Skjoldbjaerg)执导、于1997年上映的电影《极度失眠》中,远北地区的盛夏具有毁灭性,是极为反常的。电影主角是一名瑞典警探,他被临时调派到挪威北部的特隆姆瑟,去协助侦破一起谋杀案,结果却沦为海雾的牺牲品,北方夏日与他为敌。在雾中,焦虑的主人公失手开枪打死了自己的搭档。极昼让他难以入眠:无情的不落日光其实具有象征意义,预示着他模糊真相的企图终将白费。他找到了谋杀案的真凶,却遭到后者的胁迫。

夜复一夜,他尝试遮住明亮的窗户,想方设法睡上哪怕寥寥几个小时,但北方盛夏的强光始终刺眼。缺乏睡眠的警探身体疲惫、精神虚弱,甚至走向疯狂,他开始变得残忍。凶手在他眼前溺亡,他却无动于衷。明晃晃的午夜,他总是能看到被自己误杀的搭档。当他自认已成功掩盖罪行、了结了谋杀案,打算回到瑞典南部时,这场折磨似乎能告一段落了。可影片最后几分钟,负责调查其搭档之死的女警探找到了现场留下的弹壳,并将它交给警探,这表明他栽赃陷害的诡计被拆穿了,反而是女警探出于同情,决定隐瞒真相。盛夏之夜是站在她这边的,与他对立。这部影片从邪恶角度对北方夏日进行了解读,与那些体现北方夏日欢欣特质的电影形成了鲜明对比。

在荷兰的极北方,从海岸线到德国边境的半小时车程内,你能看到这样一片存在已久的风景——农场,密林,用冰川砾石堆积而成的史前坟冢,差不多是所有低地国家仅存的天然石冢。8月,夏季来临时,这里尽显纯朴自然,高大的白桦树在石冢上投下影子。骑行爱好者蹬着自行车穿过田野间的小径;村旁的小公园里,一群年长者在亭子里用歌声表达心中的愉悦,全然不顾是否有听众。白桦树间,每座史前石冢为溪流环绕,旁边还有堆放整齐的自行车,仿佛敬神一般。

如此的 8 月让人心满意足，以至于变得慵懒，我们谈论着要去欣赏格罗宁根华丽的巴洛克建筑，可计划总是一再推迟。离开农场，去到步行或者自行车难以轻松到达的地方，实在是对这大好时光的浪费。北方夏日极力挽留我们，每个温暖舒适的夜晚，白桦树下成为享用晚餐的最佳地点。熏鱼、沙拉、来自荷属东印度群岛的香辣泡菜。没有风，空气如静滞般，树叶也保持静默。暮色以极为缓慢的速度变浓。每晚，我们都被屋后的风景所吸引，欣赏月亮从田野间升起。它很快就窜到了空中，8 月的圆月静静地照亮田间的谷物，是如此明亮，引人入胜。

卡斯帕·大卫·弗里德里希的"观月者"系列画作定格了人们凝望升月的那一刻。[134] 画家旨在表现望月沉思这一主题，当月亮升起时，时间如同被凝固了，画中的人物仿佛被月光冻住，给观者以宁静之感。（柏林国家艺术画廊以及纽约大都会艺术博物馆收藏的版本中出现的是两位男子，而德累斯顿近代大师画廊展出的版本则是一男一女。）女子将手搁在丈夫的肩上，可见夫妻情深。他们漫步林中小径，一同停步，抬头望月，生命的这一刻，他们共同度过。另外两幅以两位男子为对象的画作则更注重对人物姿态的捕捉：较年轻的男子朝身着披风的男子半转身，手肘搭在对方肩上，一同赏月，画面就此定格。弗里德里希在这一系列作品中所描绘的季节结合了两个季节的特点：秋天的植被以及春天的月光。不过画作想传递的安宁则属于北方夏日，8月渐近尾声，满月升起，宁静悠然随着月光洒在大地上。

《夏日书》（*Sommarboken*，1972年）是芬兰作家托芙·扬松为成人创作的作品，非常有名，围绕时光流逝这一主题展开。主人公是位老奶奶，从6月到7月，再到8月，她的健康状况逐渐恶化。[135] 故事发生在芬兰湾奥兰岛上一栋典型的带围栏的斯堪的纳维亚夏屋内。和伯格曼的电影一样，夏季带着往昔的回忆而来。奶奶给孙女讲述这座岛上发生的事。而鳏夫父亲成日忙着写作和工作，空余时间都用于照料花园。奶奶和孙女走遍海岛的角角落落，一起探险，孙女好奇心十足，奶奶慢慢变老，动作越来越迟缓。一场超大暴风雨袭击了小岛。可雨后，岛上一切照旧。北方给人的感觉就是如此：每一座小岛专属于一个家庭、一栋房屋、一艘船。住在岛上的人通过船只与内陆保持联系，他们心灵手巧，自力更生，享有独立自由，就像季节性移动的畜牧群那样。

酷热袭来，与世隔绝和滚滚热浪让岛上三个居民难以忍受。惹人厌的爬虫随处可见，牛奶变质，孤寂和过于安静使得人焦躁不安起来：

　　三伏天，所有的船都离开了。海里钻出些硕大怪异的东西,起起伏伏的,牛奶变酸了,蜻蜓绝望地起舞。蜥蜴倒是不怕。当月亮升起时,红蜘蛛在杳无人迹的碎礁上交配,这些狂热的小家伙密密麻麻聚在一起,仿佛给礁石铺上一层毯子。[136]

这一章部分出自越来越歇斯底里的孩子索菲亚之口,她惶恐不安,倍感无助。在索菲亚眼中,夜幕降临之后,这座夏日小岛就变得不再友好:

> 森林里到处都是不祥的符号和预兆,那是属于森林的秘密文字……地上能看到非人类留下的脚印,树枝交错……满月升起,悬在杜松子丛上。现在轮到那些无人操纵的船只驶离海岸了。[137]

《夏日书》最后一章是沉重的,描写了北方的8月,此刻,人们已无法再假装夏日会一直延续下去,冬天的第一个信号悄然而至。

> 每年,灿烂的斯堪的纳维亚夏之夜都是在不知不觉间消失的。8月的某个晚上,你跑到屋外办点事,突然发现外面漆黑一片……现在仍是夏天,但夏天已经名存实亡。树木尚未枯萎,秋天还未来到……收在

地窖的煤油罐被重新拿出来,摆在门厅里,火炬被放回到门口的架子上……不是现在,但渐渐地,夏天将让位。物品摆放的位置开始变动,想要跟上季节的更迭。日复一日,那股寒意逐步逼近小屋。[138]

接下去就是关闭夏屋,为即将来临的冬季做准备:给木头上油,将船拖上岸,挖出并储存土豆,用海藻将所有花坛盖起来。小岛得为那些因暴风雨而被迫来此暂避的人做好准备。所有东西都不会上锁,厨房里备有油和盐。北方特有的气候条件造就了这种态度——没有比天气更为残酷的敌人了。窗户用纸遮起来,这样能避免迁徙的禽鸟撞到窗玻璃上。因此,《夏日书》中的奶奶在8月末的夜里起来,步履蹒跚地来到屋外,坐下来,不无满足地听着海浪拍打小船的声音,她明白自己即将离开这个世界——这一幕也是在情理之中。

托芙·扬松更为人所津津乐道的儿童作品同样以夏屋为背景(她笔下的人物有冬眠的习惯)。她创作的很多故事都发生在带走廊的木屋里,家具都漆成白色,屋内挂着油灯,一切如同被笼罩在光环之中,像极了《野草莓》中伯格回忆中出现的夏屋。小屋与森林之间,漫长迷离的黄昏时分,任何从暮色中走出来的人都可以在扬松虚构的世界中开启新故事。可以采摘蘑菇了,这预示着夏天已接近尾声,进出山谷不再轻松。扬松笔下的人物能在第一时间分辨出四季的变换:当姆咪谷的居民冬眠时,其他人物会迁徙到别处。只有愚钝的循规蹈矩者在整个冬天都保持清醒,组织冬季运动,吹响驿车号,扰乱清静。

在《姆咪谷的夏天》中,扬松对透过树木间隙、闪烁的斑斓光线进行了生动的刻画,在这个季节,天空从未全黑过。[139] 故事最后,停靠在湖畔的漂流戏院上演了一场表演,观众们乘坐可爱的小船来到河湾旁,踩着厚厚的苔藓,走过松树林,来到岸边——多么宜人的芬兰湖区。

在真实世界中,我们可以找到盛夏时节的姆咪谷的原型,就是斯德哥尔摩附近的利丁斯伯格乡村别墅。[140] 橡树在赭色木屋和白色窗框上投下影子。白昼漫长,圆形日晷通过影子报时。私人剧院最能体现北方夏日的乐趣,历史可以追溯到1841年。剧院规模很小,每一排只能容纳四五名观众,但舞台和布景仍保留了19世纪的原汁原味,以其小巧规模而言,堪称富丽堂皇。舞台的色彩令人联想到18世纪水彩画中的灰绿色森林,或是文艺复兴时期壁毯中出现的叶纹。而剧院只是夏屋的组成部分之一,整幢建筑物更为宏大,是专门用于休闲娱乐的。除了剧院外,夏屋还有一个装饰了全套帝国风格家具、精美枝形吊灯和枝状大烛台的舞厅。方形钢琴能演奏方阵舞曲。所有物品都由普通材料制成:上了漆的软木、帆布和颜料。不炫耀,不张扬,反而让人觉得简单质朴。整幢建筑洋溢着波罗的海夏日的欢欣氛围,上漆的木屋,有一个足够大、可举办夏季休闲娱乐活动的房间,乘船就可前往城区。伯格曼的《野草莓》中,早餐派对就是在这样的宅院内举行;弗拉基米尔·纳博科夫笔下的主人公们也不断回想起这样的场景,他们中的很多人都是被迫流亡至美洲的北部欧洲人。尽管细节不尽相同,但回忆中总是会有一座临水而建的城堡、宫殿或别墅,树丛掩映,遥远而完美。

扬松在《魔法师的帽子》这部童话作品中描述了一个令人不安的场景,8月的夏天,花园里突然来了一个不速之客——凛冬的代表,来自这个幻想世界的最边缘。若扬松笔下的小家伙们会生气,也是因为格罗克,"都怪格罗克","格罗克那模样一看就让人讨厌"。古怪的格罗克(古老北方神话中冰霜巨人的化身)之所以来到姆咪谷,是为了拿回属于她的红宝石。有那么一瞬间,原本安稳的世界变得脆弱,甚至陷入危险。格罗克与沉浸在欢快夏日中的北方山谷是对立的:她代表了冬天,她不爱与人打交道,浑身上下散发出悲伤的气息。

> 忽然,草地上掠过一阵冷风。太阳躲到了云层后面,花园变得暗淡……格罗克坐在被冻住的草地上,瞪着他们……她开始咆哮,摇摇摆摆地慢慢逼近。[141]

最后，格罗克被一顶有魔法的帽子所吸引，这顶帽子能变出各种东西：它将水果变成了红宝石，成功打动格罗克，她拿了帽子离开了。夏日浆果变成了冰冷的宝石——这是格罗克唯一喜欢的东西，从鲜活到没有生命力，从温暖到冷冰冰，从片刻的快乐到死气沉沉的永恒。

> 接着，她一把抓起帽子，什么话也不说，像个冰冷的灰影般，溜进了森林。这是她最后一次出现在姆咪谷……很快，大家的脸色变得红润起来，花园里再度充满了夏天的声响和香味。[142]

不过自从这位来自冬天的客人造访过姆咪谷后，接下去的故事发展就始终摆脱不了这个阴影。就连结尾部分，大家在户外举办的 8 月派对也隐隐散发着哀伤感，夏日已临近尾声——"他谈论着 8 月夜短，大家应该尽情狂欢，接着他开始讲起小时候的情景……"[143]——此时的夜空足够黑，烟花变得清晰可见，那些有迁徙习惯的人已经离开姆咪谷，前往南方过冬，离别的季节开始了。

在另一部童话作品《姆咪爸爸海上探险记》中，托芙·扬松同样准确捕捉到了夏日逝去的那一刻。当姆咪妈妈在阳台上点亮一盏灯时，就意味着夏天结束了。8 月将尽,夏日凋零,从现在开始,白夜变短,脾气变得暴躁,森林大火蔓延。虽然这是为儿童创作的童话,但作者并没有刻意淡化季节更迭时的感伤情绪,也没有做进一步的说明。

"天色暗下来了,我想是时候点盏灯了。至少今天晚上应该这么做。"姆咪妈妈说。

姆咪爸爸回应道:"你这么做就表示夏天结束了。在夏天真正过去前,我们不该点灯。"

"好吧,那么就该是秋天了。"姆咪妈妈平静地说。

灯燃烧时发出咝咝声。灯光让一切都变得那么亲切,充满安全感。这是个大家彼此熟悉且信赖的家庭小圈子。圈子外面则是陌生和骇人的东西,黑暗似乎越来越高、越离越远,直到世界尽头。

"在一些家庭里,什么时候点灯是由爸爸决定的。"姆咪爸爸看着他那杯茶,嘟哝道。[144]

在埃玛·坦南特的苏格兰幻想小说《狂野之夜》(1981年)中,那位父亲是这么做的:

他不得不点亮灯,如此一来,他结束了夏天。他将那些漫长的日子——三伏天,青草在烈日的炙烤下泛黄,干草堆倾斜一边——都捆绑起来,塞进那张巨型桌子的一个抽屉里。[145]

再回到扬松的《魔法师的帽子》,季节交替之际,以及姆咪家内部的不和谐之音引来了冬天、孤单的象征格罗克,她拖着步子来到花园里,但在灯光所及范围之外,她坐过的地方,地面被冻住了。而坦南特的小说中出现了两位冬季女巫,齐塔阿姨是不辨是非的化身,对能驱散冬日黑暗的吊灯发出的光芒情有独钟,而塞尔玛阿姨代表了肃穆的冬天,屈从于严苛的宗教和冰天雪地。[146]

盖尔人的日历将夏季放在前面。在阿拉斯代尔·迈克迈斯特·阿拉斯代尔描绘夏日的诗中,5月和6月为夏季。凯尔特人的卢纳萨节(约在8月举行)是为了纪念夏日结束,丰收、剪羊毛的季节将至。苏格兰语将一年分为五季:四旬期、夏季、丰收、秋季和冬季。8月白昼变短,当第一股寒意袭来时,标志着夏季告一段落,丰收季节来临。

道格拉斯·邓恩[1]的诗集《北极光》(1988年)对夏秋更迭进行了描述。《75°》这首诗突出了"万事万物皆会凋零"这一主题,但不乏幽默风趣,开头部分是为来自南

---

[1] Douglas Dunn,1942— ,苏格兰诗人、学者及评论家。

方的客人(当然了,他们只能在夏天来到如此遥远的北方)送上拥抱和问候,这些客人解释了迟到的原因。从"巴伐利亚的芦笋"到"德文郡的形成",他们将南方的诱人之处娓娓道来。这首诗的第三部分,斜体字出自他人之口,而非诗人的家人或客人,是魔术师发出的邀请,引领他们进入北方明亮的午夜:

> *品尝着蕨孢子,隐身行走……*
> *……眼前出现白桦树*
> *悄然无息,留心,*
> *北方完美呈现,*
> *绿草茵茵,月光挥洒而下……*[147]

接下去的这段文字体现了白夜给人带来的喜悦和满足:

> 整夜沉醉于欢愉中。
> 在月光的映衬下,每家每户的石板瓦呈现出不同的色泽,
> 蝙蝠穿梭飞行,
> 在月光编织的梦中沉睡……[148]

但冬天只是在等待时机罢了,诗的结尾部分,不可避免地

变得暗淡。北方进入初秋时节，夏天让位于丰收季，作者借助古老神话来表达惆怅之情，冰霜巨人离开雪线之上的约顿海姆，女巫对着农作物呵气，这个美好的季节结束了：

> ……北方回来了，
> 披着毛皮的冰岛隐士，
> 顺着石冢一路南下……
> 浮云和突如其来的寒意诉说着，
> 苹果、李子和梨将要成熟落地。[149]

最后，邓恩思绪交织，感慨万千：他将回家砍柴，准备过冬，尽管满怀感恩之心，可他同时也意识到北方的夏季只剩寥寥几日，不禁联想到其他伤心之事。

邓恩并非唯一关注夏秋之交的北方作家。早在7月，青木树上就落下第一片黄叶。8月，锦葵、鸢尾花和风花（日本银莲花）盛放，可原本漫长的白夜突然变短。当入夜之后，北方的天空不再有亮光时，当呼吸的空气变得冰冷时，当8月午后，天色变灰，薄雾弥漫于丰收之前仍显贫乏的田地间的时候，夏天已逝。北方的作家们将这些变化悉数记录下来，以诗与歌的形式长久传诵。

盛夏时节的山间牧场也成为苏格兰传统歌谣的主题。

对于牧民而言,快乐的夏季是短暂的,剪过羊毛后,他们就要重返低地的农场。

> 剪完羊毛,秋天也来了。[150]

这些歌谣表达了这些随季节迁徙的牧民心中的哀伤,他们只能听命于短期用工市场,无论多么留恋高地,都无法随心留下来。丰收时节意味着他们得回到山谷,在秋季招工市场重新找一份工作。因此,丰收季节意味着离别,不舍之情充斥着整首歌:

> 你是否看到那为白雪覆盖的高山,
> 　它们拆散了很多真心相爱的人,很快也会让我俩分离[151]

——冬天的脚步难以阻挡,积雪无情地盖过夏日牧场,情人被迫分隔两地。有意无意间,上文引用的第一句歌词与民谣《魔鬼情人》中魔鬼带着情人起航,见到的第一眼凛冬地狱的情景如出一辙。[152]

英国水手号子《无畏的莱利》也表达了同样的离别愁绪——出于经济需求,为恶劣气候所迫。[153] 这些被雇主认为早已麻木的工人爆发出极为强烈的感情,歌声悲凉,令闻者动容。工人和士兵的歌中总是会出现此类表达被迫迁徙之无奈的歌词,事实就是,他们"痛恨离别"。

根据《无畏的莱利》的歌词,我们得以了解由于大环境急转直下,人们被迫分离——伴随着秋天和北风,人们即使再不情愿,也只能离开英国西北部。副歌部分极具感染力,反复呼唤失去的领袖,最后一个正派的人、最后一个公正的船长。每一段歌词的第二句都是"无畏的莱利,哦,无畏的莱利",而每一段的最后一句都是"无畏的莱利,他已一去不复返"。在一首描述艰苦航程和痛苦离别的水手号子中反复出现这样的歌词,就是在企盼、呼唤一位无动于衷的已经死亡或缺席的守护者。

> 大雨滂沱,持续了一整天
> 无畏的莱利,哦,无畏的莱利
> 北风无情地呼啸
> 无畏的莱利,他已一去不复返

莱利究竟是何人,无人知晓。不知何因,在讲述水手远航和归来的传统歌曲中,经常会出现"约翰·莱利"这个名字。死在岸上的情人或者被误认为已死的归来者往往叫作"约翰·拉里(John Rally)"或"约翰·莱利(John Riley)"。[154] 水手号子中提到的莱利没有听到、回应水手们的祈求：对于悲伤的歌者，他根本无能为力。情况是如此恶劣：寒冬将至，莱利的离去使得风开始往北吹。随着歌词的重复，这种无助绝望感进一步加剧。最后，水手们无奈接受冷酷命运的安排。跟随守护者一同消失的还有北方夏日象征的自由，船驶入秋分的疾风中。正是这种极端的天气夺走了拉斐留斯的生命，将画家永远留在了遥远的北方，冰岛附近的汪洋中。

流放北方

对那些非自愿来到北方的人而言，笼罩这片土地的严寒和昏暗无疑是最为沉重的打击。

> 可当哀伤的冬天铆足劲时，
> 冰霜将世界变成白色大理石。

这段话出自奥古斯都时代的流浪诗人奥维德，被流放至北方——世界尽头，黑海边——期间，他写下了一首又一首绝望的诗。他的诗集《哀怨集》——上述诗句出自第三卷第十首挽歌——在之后数世纪里都成为西方作家以流放为主题的创作的典范，类似古代中国官员被发配到遥远驻地时表达哀怨的诗。其实相比较而言，奥维德的流放地、黑海边的托密斯位于欧洲南面，可在将罗马和地中海视为世界中心的奥维德看来,托密斯是令其绝望的极北之地。

另外,北方人总是让人难以捉摸。流放期间,奥维德曾想象与他人通信,后者询问其在托密斯过得如何,那是个怎样的地方。大卫·斯拉维特[1]以奥维德的口吻,给出了答复:

> 此乃荒诞之地,居者野蛮,
> 气候恶劣,民风粗鲁,话语让人抓狂,
> 如病羊肠子发出的声音……155

流放北方给人以悲凉的感觉:冻雨,深灰色大海,阴沉天空,都衬托出流放者的孤寂凄楚。北方的寒冰冻结希望,扼杀幸福,将只有在南方才会灿烂的真实内心封锁起来。对以地中海为中心的奥维德来说,现今保加利亚所在的位置就是世界尽头,天涯图勒(ultima Thule),仿佛已毗邻北极:

> 吾心与你同在。仅躯壳来此。
> 天空结霜。连繁星也因寒冷而暗淡。

---

[1] David Slavitt, 1935— ,美国作家、诗人、翻译家,尤其擅长希腊语和拉丁语的翻译。

> 远处是博斯普鲁斯海峡、顿河、西徐亚人的沼泽地,
> 更远只剩冰雪、荒无人烟的旷野,
> 令人晕眩的世界边缘……[156]

奥维德觉得自己来到一片蛮荒之地,置身于野蛮人中间,而这些蛮子又被那些更为粗鲁的野蛮人所压制,

> 食人族自北方荒野来,
> 骨瘦如柴,骑着同样消瘦的马儿,
> 穿过空旷之地,饥肠辘辘,
> 箭筒装满箭,眼中喷出妒火和恨意。[157]

公元前105年,细君公主远嫁西域,丈夫年老体弱,两人语言不通。[1]和奥维德一样,她发现自己的新生活如噩梦般,因为这片陌生的地方与其家乡没有一丝一毫的相似之处。

> 吾家嫁我兮天一方,

---

[1] 细君公主为汉武帝刘彻侄子刘建之女。乌孙王猎骄靡表示愿与西汉联姻,汉武帝遂命细君公主下嫁猎骄靡,与乌孙和亲。

> 远托异国兮乌孙王。
> 穹庐为室兮旃为墙,
> 以肉为食兮酪为浆。
> 居常土思兮心内伤,
> 愿为黄鹄兮归故乡。[158]

从字里行间,我们可以感受到细君公主内心的哀怨,甚至是绝望。《悲愁歌》不同于中国古代描述北方的诗词,关于后者,我将在"地形"这一章做更为详尽的阐述。

若不是永久流放,北方给人的感觉就会有所不同——奥维德和细君公主之所以悲伤,是因为他们不可能再回到熟悉的世界。若流放有确切的时限,那个由冰雪与黑暗铸就的可怕监牢就会瞬间变为接受考验和重生的地方。格伦·古尔德主持的《北方的观念》这档广播节目聚焦那些在北地生活虽艰苦却始终保持坚定信念,且并非永远被禁锢于此的人:他在马斯基格特快列车上采访过的人都有回程票。他们或许会在杰克·伦敦的这段话中找到自己的影子:

> 当一个人动身前往一个遥远的国家,他必须做好准备,忘掉学到的许多东西,然后习得那个新地方的固有习俗;他必须放弃原先的理想和此前信仰的神灵,

> 往往还要颠覆之前一直遵循的行为准则……倘若此人不能适应新习俗,最好回到自己的故乡去;一旦拖延的时间过长,他注定会死去。[159]

古尔德采访的旅客以及杰克·伦敦笔下的大多数行者都拥有回来的选择。在北方,真正的绝望源自那些无望回归故里的人、被流放者和囚徒,还有温迪戈——他们跨越了位于北方的那道人与非人之间的隐形分界线。

可即便是短暂地被流放到北方,也令人痛苦不堪。17世纪,加拿大的耶稣会神父们置身于陌生的北国,被迫忍受严酷的天气和当地土著的敌意。1634年,传教士保罗·勒·热纳(Paul Le Jeune)与休伦人一起过冬,饱受严寒和营养不良折磨,差点丧命,他写道:"迈出门口那一瞬间,寒风吹到脸上之前,对寒冷、冰雪和迷失密林的恐惧会让你立马转身。就这样,你被困在一个不上锁也没有钥匙的地牢之中。"[160]

20世纪,苏联国内出现流放潮,受害者包括诗人奥西普·曼德尔施塔姆,他自视为奥维德的传承者。他的诗集《哀怨集》(1922年出版)与奥维德的作品集同名,不过曼德尔施塔姆心心念念并哀悼的城市、他心目中的"罗马城"位于欧洲北部,是圣彼得堡。在与诗集同名的诗中,曼德尔施塔姆表达了和奥维德当初离开罗马前夕一样的哀伤:

"我已学会离别的学问……"[161]

在《哀怨集》收录的其他诗作中,诗人回忆了圣彼得堡特有的魅力:绿意盎然的如春气候,恢宏剧院内璀璨的灯光及天鹅绒帷幕

> 剧院内灯火通明,
> 发出沙沙响声,
> 一个年轻的姑娘喊道:"噢——"
> 在克普莉丝的手臂中,
> 有一束永远不会凋零的玫瑰……[162]

英国当代诗人大卫·莫雷在其作品《曼德尔施塔姆变奏曲》中围绕曼德尔施塔姆的流放经历展开了想象。在《沃罗涅日,曼德尔施塔姆的初次流放》中,这位俄国诗人看到了似曾相识的景象和希望,

> 这里并非总是冬天:
> 冰雪消融,
> 小小的田野正焕发新姿。
> 树像极了黑色的珊瑚,
> 关于这点,我能说上好久。[163]

最后,莫雷想象诗人在一定程度上接受了被流放至北方的命运安排。在结尾的诗《白,白》中,曼德尔施塔姆的死亡被描述成他来到了严冬之都。北方流放地的积雪都源于此地,它仿佛由冰雪皇后统治,寸草不生:

> 积雪王国……
> 她邀你来冰雪节,
> 你会学着爱上冰霜和夜雪,
> 是她在这不见阳光之地收养的女儿。[164]

这首诗还暗示这是个告密者和耳语者随处可见的地方,秘密警察带着发烫的刑具来折磨主人公,唯有在冰天雪地中,感受到死神的逼近,才能解脱:

> ……冰冷的双手攫住你,
> 冰水当头浇下。
> 想跳舞吗,跳舞?
> 只是要慢慢地。一切都在融化,融化。[165]

第二次世界大战期间,意大利战俘被流放至奥克尼群岛的小霍尔姆岛,修建丘吉尔屏障。(对于英军而言,此地同样是条件极为艰苦的驻地。)对于意大利人而言,这座小岛必然意味着超出想象的极北之地，外加重重磨难。不过当时的指挥官富有同情心，甚至颇有想象力，且岛上居民都很友善。在一位曾接受正式艺术培训的战俘的带领下，意大利人用尼森小屋[1]、石膏板和废旧金属建起了一座小型天主教堂（是唯一得以保存下来的战俘营建筑）。看似不起眼的废品摇身一变，成为一座如梦如幻的简朴的意式乡村教堂。从风格上看，教堂并没有因为材料和地理位置的限制而做出妥协：内部的一切都含有意大利元素。尽管规模很小，可比起诸如伦敦肯辛顿地区的布朗普顿圣堂那样庄严、坚守传统的教堂，这座小教堂更具有南方特色。它凝结了意大利战俘的心血，在战争结束时完工。1945年，主要设计者自愿留下来完成圣洗池，使之成为一座完整的教堂。他的这一举动足以说明对当时被流放至此的意大利人来说，这座小教堂在一定程度上就相当于他们的家。

如今，这座教堂孤零零地坐落于小霍尔姆岛明亮的山坡上，显得有些怪诞，仿佛教堂内外的空气都不是连续的。相比哈德良长城上刻的阿拉米语铭文，这座教堂更令人动容，它更为形象地展现了战乱造成的后果，人们被迫分离，被流放。不过相较之下，它没有古罗马帝国北部边境立起的军团士兵坟冢那么伤感和沉重。这座教堂与周围环境格

---

[1]"二战"期间一种钢铁建成的临时掩体。

格不入：一座地中海乡村教堂被流放到了北极航道沿线一座荒芜的小岛上。

曼德尔施塔姆的遭遇清楚表明，即便对于那些原本就住在北方的人而言，被流放至更北之地同样难熬。威廉·帕顿·科尔[1]认为最早移居冰岛的先民（难以忍受挪威国王哈拉尔一世的征服战争而来冰岛避难的人）在语言方面仍然给人以他们是从挪威流放而来的感觉，且这种用语习惯保持了数个世纪之久：

> 冰岛人认为自己来自挪威……奇怪的是，这座殖民岛屿似乎从来不是冰岛人真正的归属：他们始终心系挪威。冰岛属于外面：去冰岛是"出航"，而去挪威才是"起航回家（fara útan）"。在指南针方位名称上，他们沿用了颇受欢迎的老式挪威说法，用 NE 和 SE 指代内陆地区（"北方"和"南方"），对于面积更大的挪威而言，这种说法很合理，可冰岛压根就不具备这种地理条件。[166]

离开北方，被流放到其他地方则截然相反，也相对少

---

[1] W.P. Ker, 1855—1923, 苏格兰文学学者、散文家。

见。出于健康原因,罗伯特·路易斯·史蒂文森[1]来到热带,他在《银矿小径破落户》中刻画了思念北方的矛盾心理:

> 都说人心难测,它恐怕是最难以捉摸的。这个灰色的国家没有惊艳的美景。岛上雨水不断,海浪不停冲刷,山峦昏暗,房屋为煤炭熏黑,几乎没有树,只有散发出酸臭味、让人气馁的玉米田。灰色、带城堡的老城,周日钟响,大风肆虐,带着咸咸的大海味道。我甚至不知道自己是否还想继续在这里生活。仔细听,远方传来一个熟悉的声音:"噢,为何要离开我的故乡?"那一刻,无论这天堂有多迷人,这里的人是多么睿智友善,都无法弥补离开故土在我心中留下的空缺。[167]

去年冬天,我做了好几个与流放有关的梦。只有在被大雪围困,无法出门的时候,我才会做这样的梦,梦中出现了一系列熟悉但没有关联的地方,感觉很糟糕。我存在于另一个人的意识中,他是我的朋友,不折不扣的伦敦人。对他而言,流放到北方意味着危险重重,是个大不幸,可

---

[1] Robert Louis Stevenson,1850—1894,苏格兰小说家、诗人、散文家、旅行作家,代表作品有长篇小说《金银岛》《化身博士》等。

对我来说，北方其实就是我生活的地方，是"此地"。在最清晰的那个梦中，一开始出现的是为冬日暮色所笼罩的偏僻荒原，大风裹挟着雪粒，打在脸上生疼。小溪蜿蜒流经山谷的松林。云层压得很低，与昏暗的群山连成一片。当云层散开或移动时，就能瞥见沼泽地以及为白雪覆盖的高地山坡。梦中的流放者进入森林，看到一座规模不小的房子，可能是维多利亚风格的狩猎石屋，也可能是斯堪的纳维亚特色的木屋。有一间房亮着灯，他走近看：壁镜、蜡烛、松木燃起的火堆，散发出忧郁和雅致。壁炉前的地毯上趴着一条狗，正开心地玩着球。这个梦的可怕之处在于，透过窗户看到的那个漂亮房间是"家"，只是这个家安在了错误的地方。

我还做过一个类似的梦，同样是在凛冬，夜幕降临，流放者依然是站在生起壁炉的房间外，透过窗户往里看。不过这一次是位于彭特兰湾[1]最偏远小镇的边缘地带，在一幢石质别墅内。这是一间墙面为绿色的客厅，挂着用实木框架精心装好的高地水彩风景画，有华丽的家具，扶手椅旁立着一盏灯，整个房间散发着家的感觉。椅子扶手上搁着一本以伦敦为背景的犯罪小说。这是小镇图书馆唯一一本提及流放者的家乡的书。多年来，他忍受着呼啸的海风，

---

[1] 位于英国苏格兰北端和奥克尼群岛之间。

在内心深处,他清楚应该在别处展开人生,可此时的他却成为自己的鬼魂,在错误的地方徘徊。

亡灵

欧洲人认为鬼魂都来自北方。南方人总是谈之色变:鬼会在中午出现,烟雾弥漫,突如其来的恐惧、忽然生气全无的山坡——盛夏正午,汉普郡锡尔切斯特的罗马遗址就是如此让人不寒而栗。自从罗马人离开后,留在英格兰境内的罗马遗迹就成为灾难和不祥的象征。这些是南方人在北方留下的痕迹,或许可以这么说,是它们导致了人们对南方恶魔的畏惧。但相比吸血鬼和恶魔之眼——都可以直接追溯到古罗马文明——鬼魂并非南方信仰的特色产物。亡灵和吸血鬼也出现在东南亚人的想象中,雨季结束之前,它们栖身于雾气弥漫的丛林中。在远东地区,关于鬼魂和变形者的故事往往发生在雨季或者日本雾气弥漫的秋天。在中国传说中,鬼讨厌晴朗的冬天,冰灯发出的光会让它们逃之夭夭。

但本质上看,鬼故事源自北方,是冰封万里的恶劣气候以及担心死亡命运的产物,阴森恐怖。宗教发展的过程中,尤其当人们对来世存疑时,鬼故事尤为盛行。在中世纪冰岛的英雄传说中,鬼故事大多发生在该岛皈依基督教后,其中最可恶的鬼是夹杂在基督教中的异教徒。同一时期，北欧的宗教改革简化了繁缛的丧事礼仪，大量鬼故事随之涌现。17 世纪初，虔诚的信徒试图将加尔文观念引入英国教会，即在沉睡中死去的人会被永远禁锢起来，直到最后的审判日来临，任何想要与这些逝者沟通的举动都是被严格禁止的，违反者会遭到惩罚。这种神学论使得人们无法再通过仪式与逝者保持联系，得到慰藉，因此，人们根据回忆和潜心研究，打造出大量鬼故事，填补官方宗教出现的新空缺，也就不令人惊讶了。维多利亚时代的英格兰（鬼故事最为盛行的时代及地方）十分忌惮死亡这一话题，极力打压那些指出英国死亡神学论破绽的信仰。[168]

约翰·奥布里[1]编撰的《异教及犹太教遗迹》（始于 1688 年，当时会巫术者会遭到极刑处罚）则表现出与那个时代截然相反的冷静沉着，对幸存下来的信仰理念进行了客观的记录。[169] 这其中有一首讲述灵魂旅程的民谣，在 1620 年代之前，约克郡（"粗俗乡村"）葬礼上，人们经常会唱起这首歌。《守灵歌》(*Lyke Wake Dirge*) 唱的是死后的灵魂去到另一个世界的经历。灵魂要翻过荒凉危险的奔宁山脉、荆棘遍布的高沼地，越过野火和狭窄的桥。只有那些生前乐善好施的人死后才能通过如此炼狱。这与挪威

---

[1] John Aubrey, 1626—1697, 英国古董收藏家、自然哲学家及作家。

民谣《梦之曲》类似——9世纪初期在泰勒马克地区流行,不过后者所描述的历程更为艰苦,灵魂还得跨过冰川,蹚过冰湖,到达高沼地和窄桥。[170] 同样的,生前向穷人伸出援手的死者能顺利通过考验。《梦之曲》歌唱的死后世界与斯堪的纳维亚信仰中的冥界保持一致,异教是冰岛英雄传奇中鬼故事的基础。

《明君海德里克传奇》中穿插了一段叙事诗,即《唤醒安甘图尔》(*The Waking of Angantyr*),故事发生在一座燃烧的近海岛屿上,贵族死后都被葬于此,对于活着的人而言,上岛是极为冒险的。赫尔薇尔不顾一切来到岛上,要求去世的父亲安甘图尔交出陪葬的神剑。和绝大多数发生在北方的鬼故事一样,寒冬季节,光线开始变弱的那一刻至关重要。诗的开头,生死相隔,女主人公与一个牧人之间有一段简短的对话,牧人讲述了在这样一个地方,一旦夜幕降临就意味着危险的到来:

> 孤身一人,
> 来这阴暗之地实属愚行,
> 沼泽尽头,火苗蹿升,
> 墓穴已开:吾等当快走。[171]

可赫尔薇尔无所畏惧:她诅咒、威胁被吵醒的亡魂,直到对方屈服，交出陪葬的神剑，但是她的父亲警告称这把剑将"毁了你所有的亲人，将他们杀光"。

得到神剑的赫尔薇尔压根没有把父亲的预言放在心上。在这场争执中，两人的态度都极为强硬，让人感觉不到这是生者与死者之间的对话。赫尔薇尔最终如愿以偿地离开：

> 此刻，吾将愉悦离去，
> 驾驭这翻腾的海浪：
> 全然不顾今后之事……

当她离开时，只是心不在焉地愿父亲及其狂暴战士们安息。

根据16世纪传下来的一部游记描述，遥远北方还有一片亡灵聚集之地，就在冰岛的火山区：

> 船顺着强风驶离冰岛，经过一艘极速前行的船……它径直往大风中扎去。他们喊道："你们从哪里来？"船长回答："不来梅大主教那里。"他们又喊："你们要去哪儿？"对方回答："赫克拉火山，去赫克拉。"[172]

在冰岛英雄传说中，生死之间并没有明确的界限：在农场能看到坟冢，埋葬在那里的人说话用的是现在时，他们更像是打盹儿，而不是已经死了，他们随时会醒过来，说话唱歌。鬼魂的举动显得如此稀松寻常，以至于活着的人在面对鬼魂时，也不会表现得惊慌失措。以《尼贾尔传奇》(Njal's Saga) 第78章为例：

> 一天，牧羊人和西利达伦德家的一个女仆一同放牛，他们经过贡纳尔的坟墓。贡纳尔的心情似乎不错，他正在墓中吟诗。[173]

这出悲剧的两个主人公来到贡纳尔的墓前：

> 突然，坟墓好像打开了。贡纳尔转过来，看着月亮。墓中燃着四个火把，照亮了整个墓室。看得出来，贡纳尔很开心。他大声吟诗，声音是如此响亮，就连远处的人们都能清楚地听到。

他吟诵的是一首鼓励年轻人、让他们永远不要放弃的诗，并产生了致命的效果，这个围绕血腥争斗展开的故事最终以所有角色都死亡而告终。

到最后，尼贾尔和家人在家中被烧死，他的儿子斯卡佩特辛在生死边缘发表了一通言论。这一幕突出了北欧英雄传说对待生死的态度：尼贾尔和妻子、孙子最后成为基督徒，画着十字，顺从地躺在牛皮下，等着被烟熏死。他们死了，再也不会发出声响。斯卡佩特辛则相反，他像信奉异教的维京人那样，抗争到最后一刻，并且似乎在死亡中获得了重生。（尽管他的身上最终也有烧痕，后人认为这是他用十字架打上的烙印。）大厅被焚毁后，他理应和其他人一样死去，可当行凶者上前察看时，他还会讲话：

> "你觉得斯卡佩死了吗？"格伦问道。其他人回答说他肯定死了有一段时间了。火还在断断续续烧着，忽明忽暗。
>
> 他们听到火光中有人吟道：
>
> 勇士最后的战斗
> 竟是如此结局
> 会让女人泪如雨下
> 情难自禁。[174]

这一诗节余下部分含混不清，不同译者的解读也不尽相同。有可能是一段鬼语，出自斯卡佩特辛之口，只是这时的他已经死去，介于异教徒和基督徒之间的模糊地带。"格拉尼·贡纳尔松问：'斯卡佩特辛吟诵这首诗的时候究竟是死是活？''我不知道。'弗洛斯回答。"

在北欧英雄传说中，生死间没有明确界限，死者的形态与生者几无二致。接下去这个例子说明，想要不再被鬼侵扰，就必须杀死鬼。《格里特传奇》(*Grettir's Saga*) 中，一个农场工人（他是异教徒，且是个外来者）被害，变成了一个巨怪，有点类似《贝奥武甫》(*Beowulf*) 中的格伦德尔。和格伦德尔一样，冬季漫漫长夜是格拉姆能力最强的时候：

> 没过多久，人们就发现坟墓中的格拉姆不好对付。很多人都受了重伤。有些看见了格拉姆的人被打得失去知觉，有些人变得痴痴傻傻。……有些人觉得在自己家中看到了格拉姆……后来，他开始在晚上爬到屋顶上，几乎将整个屋顶掀掉。整个地方陷入恐慌中。[175]

主人公格里特来到这里，直到第三个晚上终于和格拉姆展开决斗。那家伙的肉身异乎寻常地强壮，邪恶无比。好在格里特在身形上还占优。接下去的叙述不同于19世纪的鬼故事——往往略过具体的细节——读者被告知死者的眼睛盯着月亮，那情景是如此可怕，以至于格里特的人生也被改变了。

当格拉姆倒下的时候,月光照过来,格拉姆的眼睛直愣愣地盯着。这一幕让身经百战的格里特也不禁抖起来,这可是头一遭。

格拉姆在第二次死去前念出的诅咒令人不安,是不公平的,和 M. R. 詹姆斯[1]鬼故事中的幽灵一样让人不寒而栗。

从今以后,你将不断面临邪恶与争斗,你的行为举止将变得恶毒,你将不再拥有守护者的勇气……此时此刻我发誓,我的双眼会永远注视着你。[176]

格拉姆对格里特的诅咒似乎无法解除,除非是用詹姆斯笔下针对鬼魂的驱邪方法。不过在詹姆斯的《坎农·阿尔伯里克的剪贴簿》中,梦淫妖之所以逃走究竟是因为基督教的驱邪圣物——耶稣十字架受难像,还是因为仆人无意中闯入被吓跑了?作者并没有给出明确的解释。在冰岛神话中,异教和基督教可以并存,所以信奉异教的鬼魂的

---

[1] Montague Rhodes James,1862—1936,英国作家、中世纪史专家,以写作鬼怪故事闻名。

诅咒是有效的，即便格里特降伏恶魔是一种善举。[177]

斯堪的纳维亚人的亡灵情结也出现在芬兰当代诗人伊娃－利萨·曼纳（Eeva-Liisa Manner）的作品里。在潮湿的空气、昏暗的光线中，说话者一会儿是以造物者自居，一会儿又变成鬼魂，总是在季节更迭、昼夜交替时出现。

> ……日子都去哪儿了？
> 阴暗的冬天，灿烂的夏日，都在树中沉睡，
> 树叶回到大地怀抱，
> 我已厌倦改变，应何时归去？
>
> 树已光秃秃，
> 秋天骑着小马，
> 顺着溪流，携雾气而下。
>
> 远处传来狗吠声。
> 一辆小马车穿过狭窄的门，
> 落寞，没有车夫，他消失了。
> 人们说，这是鬼在驾车，
> 愿逝者的心在冬青木下安息。[178]

古斯堪的纳维亚的鬼故事是在信仰并存的基础上发展

起来的。而在维多利亚时代,英格兰鬼故事盛行,这一定程度上也与类似信仰体系的民间观念的逐步形成有关。

19世纪初期,英格兰上流社会出现一种精英异教信仰。由于不屑大众表现出来的宗教狂热,一部分受过教育的人通过相对温和的自然神论,发展成为坚定的不可知论者。在百科全书和革命出现的年代,启蒙运动进一步动摇了原有的信仰基础,即反对所有不合逻辑的解释和宗教愚昧。因此这些所谓精英人士在一定程度上退回到旧时理念,也就不令人意外了,这恰恰是他们所受教育的本质。

在摄政时期的英格兰,约翰·斐拉克曼[1]为上流社会的逝者打造的纪念碑颇有几分复古味道,经典的花饰与新希腊风格的着装相吻合,代表了非基督教的信仰。到了1840年代,随着牛津运动[2]的天主教化神学论抬头(《三十九条信纲》指出,罗马天主教中关于炼狱的教理是虚构的,但《信纲》并没有明确告知信徒应该信什么),这个问题再度浮现,鬼故事也随之出现。典型的维多利亚时期鬼故事源于人们对死亡的未知,对死亡的探索被严格禁止,信仰体系中也缺乏相应的解释,可与此同时,整个社

---

[1] John Flaxman,1755—1826,英国雕塑家、插图画家。
[2] 19世纪中期在英国牛津发起的宗教复兴运动,提倡恢复罗马天主教教义和早期传统。

会注重公开哀悼逝者、举行纪念仪式，以显示虔诚。

约翰·米德·福克纳（John Meade Falkner）所著的鬼故事《失落的斯特拉迪瓦里小提琴》（*The Lost Stradivarius*）——1895年首次出版——就展现了这种尴尬的意识形态变化，从坚定的新古典主义到维多利亚时期的笃信的宗教派别。小说见证了19世纪的文化变迁，主人公是一位维多利亚早期的绅士，名叫约翰·马尔特拉维斯，他发现了一把古老的小提琴，为之吸引，到了不可自拔的地步，整个人变得越来越神秘。最终他死了，在更崇尚道德修养、强调虔诚却缺乏文明熏陶的维多利亚兴盛期来临之前。可以说这是一篇矛盾的悼文，兼具哥特小说和詹姆斯一世风格悲剧的特色，将堕落和被禁止的知识与信奉天主教的欧洲南部联系在一起。另一方面，这部小说是在哀悼维多利亚时期英国为了设定宗教道德规约的框架而放弃的种种自由和想象。（小说主人公的名字其实也有一番深意：马尔特拉维斯，Mal-travers，mal 有邪恶、不幸的意思，travers 则有横贯之意，可以指时间跨度，也可以是地理跨越。）

19世纪的鬼故事，尤其是 M. R. 詹姆斯的作品，喜欢让知识阶层——他也属于这一阶层——置身于孤寂的环境中，承受相当的压力，因为在这种情况下，知识分子往往是最为脆弱的，容易受到恶魔和鬼魂的侵扰。而最终他们得以获救，鲜少是因为自己或者基督教圣物、驱邪法的缘故——通常是由于他人及时闯入，吓跑了鬼，这种转折在意识形态上保持了中立。不同于约翰·奥布里不受干扰的古物研究，詹姆斯笔下的古玩研究者总是面临危机四伏的局面，被迫与亡灵打交道。他的作品沿袭了哥特小说中源于欧洲天主教的多疑倾向。两位天主教神职人员——《坎农·阿尔伯里克的剪贴簿》中的坎农·阿尔伯里克以及《阿伯特·托马斯的宝藏》中的阿伯特·托马斯——毕生都是黑魔法师，《哦，哨子，我会找到你，小伙》中那个不祥的哨子以及它召唤出来的东西都出自圣殿骑士团遗址。[179] 可以说，M. R. 詹姆斯借助鬼故事表达了格外凄楚的世界观：即便是在氛围最为惬意的大教堂或大学校园，一次道德过失也会导致让人成为罪人——谋杀犯或者从古墓中顺手牵羊的业余考古爱好者——他会与恢复生命力、一心想要复仇的尸体单独被困在一起。又或者，对古文物有过专门研究的人会大声念出手稿中不吉利的咒语，吹响在遗址中找到的哨子。让人不解的是，当鬼魂被召唤出来后，受到侵扰的人找不到任何能够驱邪的方法，他们通常是被那些不经意间闯入鬼魂显灵地方的人所拯救。

M. R. 詹姆斯鬼故事深奥莫测的结尾总是令人不安：他忽略人类情感中的某些特质以及其他可能性（包括除知识阶层外其他人拥有的不同信仰），他笔下的主人公在面对邪恶力量时总是显得彷徨无助。詹姆斯本人就容易焦虑，在公开场合下总是格外注意自己的言行。他创作的这些故事表面看只是圣诞消遣读物,其实是对一直保持理性形象的神职精英的焦虑的剖析,和16、18世纪的人一样,他们惧怕一无所知。

阿瑟·柯南·道尔晚年沉浸在唯灵论的信仰中,可以说完全颠覆了其从小就受到的天主教教育,与托马斯主义截然对立(同时也是对其笔下那位著名侦探的否定,夏洛克·福尔摩斯借助托马斯式的方法来破译种种现象),但他创作的鬼故事不如詹姆斯的作品那般令人忐忑。柯南·道尔于1883年创作了鬼故事《北极星号船长》,故事发生在一艘船上,寒冬将至,水面已经结冰,十分危险。不过它更像是19世纪初期的浪漫芭蕾舞剧,船长逝去的爱人显灵,引领着他,两人最终消失在冰天雪地中。

美国作家亨利·詹姆斯(Henry James)则很擅长渲染英国北部的阴郁氛围(有时类似于丁尼生诗中所描绘的哀伤景象),以此为背景创作出来的鬼故事很吸引人。但他笔下的主人公往往有些神经质,是他们自己一手导致了鬼魂的出现,其中最有名的故事当属《螺丝在拧紧》(1898年)。主人公是一位家庭女教师,她来到偏僻乡间宅邸任教,却被鬼所困扰,其实雇主家的孩子与男管家、前任家庭女教师之间的交合都是她自己臆想出来的。

整个19世纪,鬼故事盛极一时,且多以北方为背景,在很大程度上是因为那里的光线,诡异的气候使得北方的光线变化更为莫测。与世隔绝,空气湿润,这样的氛围至关重要:水雾弥漫,午后雨水来袭,天色变暗,紧挨着湖泊池塘静滞、黑色、起雾的水面。在闹鬼的乡村宅邸内,死去的前任女教师出现在湖的另一头。维多利亚时期闹鬼的城市,迷雾是一大特色。北方的气候和光线缺一不可:漫长的黄昏,雨水不断,变幻无常的黎明,稀疏街灯上残留的积雪。在M. R. 詹姆斯的《塔木德律书》中,东盎格鲁的田地为雾气所笼罩。M. R. 詹姆斯笔下让人心惊肉跳的恶鬼来访常常发生在雾天。(10月的一个清晨,我在苏格兰北部也观察到了类似的现象。就在树下,一座维多利亚时期坟墓旁,出现了一团如人大小的雾气,静止不动。什么都没发生。接着山谷吹来一阵风,雾就消散了。)

很少有诗专门描写这种黑暗、恶劣气候以及鬼魂的逼近,当然也有例外,A. E. 豪斯曼[1]的诗集《最后的诗》中就有这么一首抒情诗,反映了19、20世纪之交英国人的心态。

在十一月的一个个半夜,
当亡灵市集即将来临,

---

[1] A.E. Housman, 1859—1936,英国古典主义学者、诗人。

> 山谷里充满了危险,
> 空中弥漫着怨恨。
>
> 在拥挤的家园四周,
> 光秃秃的树木在呼啸,
> 亡灵在召唤垂死者,
> 用手指轻轻把门敲。[180][1]

"亡灵市集(Dead Man's Fair)"是其中的关键词,最初是指彻奇斯特雷顿每年的最后一次市集,正值严冬,返乡之路因而更为艰苦。但后来这个词逐渐脱离本义,开始指代11月的最初几天,生者与死者的分界线最模糊的时候——也就是万灵节,一年一次,只有亡灵才能参加。[181]和中世纪异教观点compagnie des morts(死者成群结队)一样,黑暗冬夜,一群亡魂走在路上,这种集会也让人不安。豪斯曼还写道,年轻的农场工人去拉德洛市集,他们中的有些人将会在帝国战争中丧命,但彼时的他们并不知道。日后,他们的亡魂会来敲门,身体却留在非洲和印度。在诗中,豪斯曼以这些未受过教育的年轻人的朋友自居。这种对"粗鲁士兵"的同性情结让他写出了这一诗作。因此当

---

[1]《最后的诗》采用刘新民、杨晓波译文,下同。

屋里的人不理会敲门的亡魂时,

> 他们无情义的友伴正伴睡,
> 弃他们于阴冷坟丘,

从很多方面看,豪斯曼就是那个"无情义的友伴"。他对年轻早逝的男子的渴望发展成为一种幻想,而来到门口的亡魂恰是这种幻想的产物。只有在鬼故事中,人们才能去到遥远未知地域。豪斯曼渴望随这些亡灵去到他们尸体所在的地方,但唯有和他们一样变成亡魂才行:

> 紧随狂风大雨而去,

他抵制着这种诱惑,诗的结尾部分开始反转,他拒绝追随这些逝者,拒绝进入他们所在的那个充满刺激和危险的世界。在弗拉基米尔·纳博科夫收藏的《最后的诗》中,这是唯一一首他做过记号的诗——在其创作的小说《微暗的火》中,那个不断改变身份、精神错乱的叙述者就引用了豪斯曼这首略带同性恋倾向的诗,也算是其小小的成就之一了。[182]

19世纪中期,约克郡的画家阿特金森·格里姆肖(Atkinson Grimshaw,1836—1893)则用视觉表现方式来呈现维多利亚时期的想象世界中鬼气阴森的一面。他专注光线的运用和表现，原本可能只是画家习惯在月光下或秋日暮色中作画，描绘各地风景（多在英国北部），可后来他的画就被解读为幽暗阴沉且可怖的。他的画作往往以约克郡西部城市的安静街道和工厂主建造的豪华别墅区为主。他能敏锐地捕捉到寻常郊区夜晚的意境，远处亮着灯的窗户、月光映照下的花园围墙，这些都被重新解读，令人毛骨悚然。人们普遍认为格里姆肖描绘的地方，会有幽灵出没——就和 M. R. 詹姆斯小说开头看似宁静的描写那样，很快就会被可怕的鬼魂所占据。但这在很大程度上与北方的气候特色有关：雾气渐浓，空气潮湿，酷寒中就连光线也变得诡异。

荷兰诗人马丁努斯·奈霍夫（Martinus Nijhoff）写过一首十四行诗，关于莎士比亚创作的《冬天的故事》（在这出戏剧中，有一段未讲完的鬼故事）。诗作就英国人对已故之人的想象进行了解读。奈霍夫在诗的开头形容"这是个关于早夭小王子的故事，在冬日渐微的火光中构想出来"，对寒冷天气的形象描述进一步衬托出这出戏剧的凄凉和哀伤。

> 冬夜寂静无声，
> 白色的静默中升起银雾，

颤抖,渐高,

只为在黎明到来前赎罪。[183]

值得一提的是,半明半暗中雾气凝结,这个容易被忽略的现象就相当于莎士比亚戏剧中萦绕于心的梦魇。

在詹姆斯·普赖德(James Pryde,1886—1941)的室内画中,房间都拥有令人难以置信的层高,且光线昏暗,已经被鬼所占据:大床上破烂的布帘被寒风吹乱,心怀不满的亡魂将现身。沉重的家具、阴暗的镜子、撕裂的帘子总是让人心生畏惧。1925年,西尔维娅·汤森德·沃纳[1]给大卫·加尼特[2]写了一封奇怪的信,她回忆了在废弃农舍的遭遇,认为在如此偏僻空旷的地方存在着不可名状的东西:

> 我正想着我受够了……我看到一条带着筒形屋顶的拱道,通往类似地窖的地方。我走近些,想看看那个屋顶,结果差点掉进一口井里。这地方太黑太滑了。这时我有种感觉,我觉得这座屋子空着很可惜,而它想必很失望,因为我没落入它设好的陷阱中。它应该

---

[1] Sylvia Townsend Warner,1893—1978,英国小说家、诗人。
[2] David Garnett,1892—1981,英国作家、出版人。

等了很久，在冬夜里，一个溺死的女子在树林中游荡，应该是个不错的秘密。[184]

20世纪前二十年，鬼故事不再受维多利亚时期传统的限制，有了进一步的发展。彼时，虽然西方对日式版画和漆器的推崇已经有数十年时间，但日本文学和戏剧的译文才刚出现。1900年代，美国诗人埃兹拉·庞德（Ezra Pound）得到先锋学者欧内斯特·费诺罗萨（Ernest Fenellosa）留下的大量遗稿，他在这个基础上编译了《日本能剧》一书（1916年出版），使得西方鬼故事在传统基础上有所借鉴，多了几分异国风情。

几乎所有的能剧都以生者与死者的互动为主，最终亡灵得到超度，不再眷恋往事。其中最典型的故事发展就是驱魔成功。能剧通常有三个主要演员：主角往往是鬼魂，第二位则是鬼魂的同伴，第三位则是遇见鬼魂的行游僧人。这些剧的故事背景常常设置在闹鬼的地方：此地曾发生不幸，或者是还有未了的情缘。在诸如《锦木》这样的能剧中，行游的僧人（配角）通过念经等仪式让鬼魂显灵，讲述其生前的遭遇，并得以完成未了的心愿，从而获得安息。[185] 有时候，武士之灵会愤而起舞，或许是生前因为宗教原因与爱人分离，起舞算是死后的宗教诡异事件，又或许是在弥补生前未能告白的遗憾。最后，亡灵总是能获得超度。正是配角发自内心的同情在生死两个世界之间架起桥梁，让鬼魂不再执着于过去。这份同情不仅让鬼如愿以偿，也让闹鬼的地方重归平静，不再有各种流言蜚语，给予亡灵足够的尊重。而日本地形不同的地区，其间形成的民俗传统也可以看作是对亡灵的纪念和敬畏。

庞德还指出，能剧的另一特色就是对季节和天气的精准刻画。《锦木》尤甚，整出剧的氛围（只有通过读剧本才能体会，而不是看剧）都是通过反复的环境描写来烘托的，10月的夜晚，落叶、湿润的草地、被风吹乱的松林，一切都显得那么孤寂，表达了已变成鬼的这对恋人的悔恨。

> 秋意凉，
> 夜来临⋯⋯
> 骤雨至，落叶飞，
> 秋！露水浸透叶丛
> 吾寸步难行。[186]

在这出能剧的第二部分，当这对鬼魂恋人以原先的样子现身时，他们彼此诉说着迷惘，风吹得雪花乱飞，这些都表明他们被困在这个地方，是那么的无助。

> 吾心遗落于积雪深处，

> 茫然不知，
> 汝能告知，
> 此中几分幻象……
> 吾等亦将消失。[187]

随着行游僧人开始念经，鬼魂恋人有机会实现生前未了凤愿。此时，雪花再度被提及，不过这一次与跳订婚舞时挥起的衣袖相关联。

> 订婚夜前夕，
> 吾执杯而饮。
> 挥袖起舞，
> 如雪花旋转。[188]

天光渐亮，故事进入尾声，忧伤又一次袭来。秋天渐渐过去，这些地处偏远的神龛再度为悲伤所笼罩。此前，行游僧人已经告诉观众，这个故事发生在日本遥远的北方：

> ……一切终将成泡影。
> 此地唯有这一洞穴。
> 今日风吹松林，
> 荒野之地暗淡，空旷。[189]

西方鬼故事从能剧中汲取灵感：叶芝的《白骨之梦》就借鉴了这种"悲伤且愤怒的慰藉"——这出剧参考了日本能剧传统的表现手法，只是在高潮时做了改动，即配角并没有原谅将英格兰人带到爱尔兰的贵族亡魂。北方的气候与结局的情绪相呼应，悔恨无尽，可历史还未完待续——去年秋收时的种子已经干瘪，但在3月寒冷的田野中依然能生根发芽。

> 我们运气不再，
>
> 穗鸥身上的麦粒已干瘪，
>
> 风将它吹向远方……[190]

偏远之地在渺无人烟的时节总是弥漫着伤感，与日本鬼故事的意境是如此贴合。十年后，在奥登的想象中，那些流荡在冰岛的亡灵变成了英国的运动员，在风雪交加时，徘徊于北部高沼地的石屋前。[191]

第三章 地形

斯堪的纳维亚

旧世界对北方的想象在极大程度上是建立在斯堪的纳维亚地区、"失而复得"的格陵兰岛的影像（在这方面，本书几乎所有章节都有所提及），以及这些北方国家的艺术和文学创作的基础上的。由于涉及面太广，我们很难对斯堪的纳维亚国家的地形有清晰全面的认知，所以我决定从源于这些北方国家的看法中选取几个能够体现北部特色的来展开深入阐述。就格陵兰岛的历史而言，这片位于斯堪的纳维亚北部边缘的土地可算是人类失而复得之地。克努特·埃里克·延森（Knut Erik Jensen）的电影，都与挪威北部的芬马克有关。威廉·莫里斯（William Morris）在1870年代完成的冰岛文学和艺术朝圣之旅。（莫里斯是19世纪的浪漫主义者之一，对具有斯堪的纳维亚特色的英格兰丹麦区情有独钟。）同时，这一部分还会介绍两位斯堪的纳维亚画家，他们都对故乡的北方特色有独到的理解：

冰岛画家约翰内斯·卡瓦尔（Johannes S. Kjarval, 1885—1972）和丹麦画家威廉·哈默休伊（Vilhelm Hammershøi, 1864—1916）。

格陵兰岛极具魅力，是最引人向往的北方目的地之一。在斯堪的纳维亚人眼中，它是真正的天涯图勒——一如《冰雪谜案》刻画的，有一半因纽特人血统的主人公斯米拉回到格陵兰岛，对她而言，这是一段完全陌生的历程。[1]而历史事件又让格陵兰岛更添神秘感。中世纪，围绕着格陵兰岛上令人惊叹的定居点——包括一座多明我会修道院，修道士们被土著因纽特人奉为神明——有很多传言。修道院建在凝固的熔岩上，靠温泉水取暖生活，修道士们将密封的铜器放入沸腾的水中，用这种方式来烹煮食物。甚至还有传说称当地有一座花园，在北极的隆冬时节，花园里依然是暖流潺潺，冰霜中一派鲜花盛放、绿草茵茵的美丽景象。[2]12世纪，格陵兰岛成为维京人的殖民地，但到了1300年，寒潮席卷欧洲，导致生态悲剧的发生。格陵兰岛的夏天越来越短，最初是无法种植谷物，接着就连草地也慢慢枯萎，无法满足牲畜的需求，与此同时，贸易航道上的浮冰越来越多，使得船只难以靠近。生活在岛上的维京人由于近亲婚配和营养不良，人口慢慢减少。1930年代，丹麦人在格陵兰岛上发掘出早期人类定居点遗址，他们发现了最后一代维京人的遗骨，这些维京人死于哥伦布横跨大西洋期间,身高都不超过 1.5 米,且曾疾病缠身。[3] 神秘的是,他们发现的残迹还表明格陵兰岛和北美洲有过频繁接触。在一处位于阿梅拉利克峡湾源头的农场遗址中,考古人员在原以为只燃烧木材的壁炉最深处发现了一块煤:从地理角度分析,它极有可能来自美洲,就像前荷马时代的特洛伊考古遗址中发现的中国玉器一样具有说服力。就在这个遗址旁,考古人员发现了一个石英岩制成的箭头,它不属于格陵兰岛,可能是插在一个挪威人的尸体上,而这具尸体后来被人从美洲运回来,埋葬在圣地。[4]

或许是因为地理位置实在偏远,格陵兰岛成了神话传说的发源地。早在 7 世纪初,不来梅的亚当[1]就称,格陵兰岛人得此名是因为他们长期生活在海洋中,全身蓝绿色。"那里的人来自深海,通身蓝绿色,这片地区也因此得名。"[5]

1427 年,一位丹麦地理学家绘制了一张地图,将格陵兰岛标注为侏儒、狮鹫、野人和独脚人出没之地。奇怪的是,文兰[2]传说中也一本正经地提到了与独脚人相遇的经历(但所谓的"独脚人"更有可能是站在滑雪板上的人)。[6]

---

[1] 德国中世纪编年史家。
[2] Vinland,传说中位于格陵兰岛以西的一个大岛。

格陵兰岛还盛产各种令人心动的自然珍宝，例如罕见且美丽的白隼，以及独角鲸的鲸牙，因此一直以来，以神秘陌生形象出现在世人面前的格陵兰岛，同时也成了可供人们聚敛财富的目的地。最初，栖居在岛上的北极熊成为斯堪的纳维亚人的目标，如同文艺复兴时期的犀牛一样，北极熊成为统治者间交换的具有异国特色的礼物。中世纪早期，一个名叫奥顿的冰岛人倾其所有买了一头北极熊，将它送给丹麦国王而成功致富。[7]1252 年，挪威国王送了英王亨利三世一头白熊，大多数时候，它被关在伦敦塔内的兽栏内，但时不时会有人带它到泰晤士河抓鲑鱼（用链条锁着）。[8]

18 世纪早期，丹麦人前往格陵兰岛，相关的记述给人留下深刻的印象。传教士汉斯·埃格德（Hans Egede）来到岛上，想改善原住民的生活，却没有发现哪怕一丝挪威人曾在此定居的痕迹。[9]北方恶劣的自然条件展现出无与伦比的破坏力，先是玉米田颗粒无收，接着是燕麦田遭殃，然后是黑麦田，最后整座岛为冰雪覆盖，再也没有移民能够生存。

当代挪威电影人克努特·埃里克·延森也对遥远北方荒凉的定居点格外钟情，不过他最喜欢的芬马克——他最著名的影片都是以芬马克为故事背景——之所以被遗弃，是因为纳粹军队在撤退时毁掉了这一地区的定居点。纳粹对北方的破坏、留下的满目疮痍以及芬马克战后的重建，都是延森作品的主题。

《被霜冻灼伤》（1997年）是延森最耗费心力的电影，主角是一个间谍，在挪威—苏联接壤处活动。渔民西蒙生活的地方被纳粹占领，加上异常寒冷的冬天，大批当地人被迫离开。西蒙被苏联游击队员逮捕，当起了苏联人的间谍。后来他的身份被曝光，被投入挪威的监狱。获得假释后西蒙选择了投水自杀。在北方夏日神秘的钴蓝色黄昏中，船载着西蒙的遗体漂在其家乡的峡湾中（这一幕反复出现在电影中）。

西蒙的妻子莉莲总是在问"为什么"，仿佛她丈夫的回答可以揭开芬马克的真实内心以及其所承受的苦难。有一幕是关于西蒙受审的，莉莲是审判室中唯一的观众，就在早些时候这里还坐满了人。这属于侧面刻画，而这部影片中有很多类似的场景，而导演始终没有给出明确的解释。"北方"这一主题反复出现，将整部影片凝聚起来。面对从哪里来这个问题时，西蒙的回答是"科斯峡湾，外面的大海"。在狱中，当西蒙在照料一朵玫瑰时，有狱警夸他那"绿色的手指"。这个狱警得到的是一个凄楚的回答："我们那里的人，手指煞白，而且冰凉。"在苏联军人举行的宴会上，西蒙被称为"来自寒冷北方的朋友"。

和延森另一部关于芬马克的电影《北极星》（1993年）

中一样,《被霜冻灼伤》没有明确的时间线,数十年过去了,可片中的角色看上去并没有变老。镜头中,极北之地的风景也始终如一,初夏之夜,西蒙和莉莲在布满岩石的海滨相见,不远处可以看到低矮的岛屿,朴实无华;到了秋天,西蒙就在同一个地方,拿着望远镜,对着大海找寻北约潜水艇的踪迹。有时候,镜头会长时间固定在一处风景上——平静如镜面的峡湾,暴露在风中的岩石——仿佛导演是在刻意布下谜团。每一次,观众都得格外留心,才能发现微不足道的迹象——几乎不动的划艇或地平线上泛起的涟漪。

这部影片为一个不顾一切想要保护自己家园和爱人而做错事的男人谱写了一曲挽歌。由始至终,延森通过镜头向我们展现出芬马克最质朴的一面,观众会为其纯粹的美和陌生所吸引,情不自禁想象倘若自己置身于这样的偏远之地,拥有这样一段刻骨铭心的爱,又会是怎样的情景。这些伤感的场景极具感染力:长镜头中,莉莲的脸静止不动,雪花在她面前轻轻落下。接着就是梦(或许是莉莲的梦,延森的电影总是在主人公的梦境和现实中切换),在深冬,西蒙回到了他爱的北方。他冒着雪走近经历风吹雨打的木屋,屋里发出的亮光欢迎他回家。但接下去的一幕给出了答案,莉莲独自在外面,周围灰蒙蒙的,她透过窗户往屋里看。他孤身一人站着,往外看,他的身后慢慢出现黑影，穿着军服的人进来了。

我们一次又一次地在片中看到这样一幕：夏日暮光中，一艘船穿梭于两旁群山林立的蓝色峡湾中。反复出现。可事实上，这是载着西蒙遗体的船乘着漫长的黄昏回到小村庄，对一个如此深爱着北方的人来说，他终于要回家了。

延森早些时候拍摄的电影《北极星》也是一部思索芬马克及其自1930年代以来历史的电影。这是一部很梦幻的作品，主角是一个在医院处于麻醉状态的年轻女子，而影片几乎都在她的梦中展开。全片台词寥寥——出现了德语、俄语、英语，偶尔还有挪威语发出的命令或警告——但大多数时候，镜头中的人们总是沉默无语。

故事发生在挪威最北部一个偏僻渔村，除了开头一组镜头外，在梦走的行走，穿过曾经壮观、两旁矗立着新古典主义风格石屋的街道——没有窗户，残破不堪，几成废墟——几乎就是这部影片唯一的动作戏份。主人公和儿时好友——后来成为她的丈夫——在木屋、渔棚间跑来跑去，夏天在金凤花间、葱绿草地上玩耍，冬天在雪雾笼罩的海岸边嬉戏。与此同时，成年后的他们也现身，有时候跟随着童年的自己，不过从1940年代后期到1960年代或者1970年代，他们都以成人样貌出现，没有明显的变老迹象，且身上穿的简朴的工作服都没有变过，让人很难推测时间。

由于影片以梦境为主,因此孩子和长大成人后的他们可以并存,导演也没有进行解释,且他对时间线的切换和变动也没有给出说明。这两人孩提时代和青年时期的经历都是他们对一个地方的回忆,也是住在这里所有人的共同记忆。

和《被霜冻灼伤》一样,这部影片也有很多反复出现的场景——透过窗户或者隔着一段距离看起舞的人们,船来船往,下锚时发出当啷的声响。片中最痛切的一段始于一艘载满德军的炮艇驶近,他们占领了渔村,将所有牲畜和房屋都焚烧殆尽,最后将所有村民都赶到另一艘船上(船上刻的似乎是挪威语Norge,即"挪威"的意思,镜头一闪而过)。

到了1940年代后期,当渔村开始重建时,两位主人公都长大成人(关于他们的婚姻关系,影片中只是出现了一段在海湾另一头举办婚礼的场景——夏日草丛,点缀着光滑的灰色礁石)。20年后,他们依然没有变老,而此时的渔棚实现了机械化,原来的木船也被拖网渔船取代。

影片中有大量细节铺陈,悄无声息地展现北方特色,代表了斯堪的纳维亚人对北方的看法。当小船驶离海岸时,船首分开水花,十分清澈;夏季茂密的草地上,时而孩子快乐玩耍,时而大人赤身裸体躺在上面;隔水相望,阳光洒在峡湾两侧的峻岭上;与外界的往来只能通过海路,因此而产生孤寂感。在影片中，经过修整的木屋里，有时候有人在工作，有人住着，有时候被德国人破坏殆尽，有时候则变成战后重建的模样。在梦中，女主人公站在被损毁的码头上，平静的水面散落着木头残骸，渔棚变成废墟。这一刻，镜头中的一切都变得极为缓慢——整整一分钟时间都用来展现一条穿过蔓生野草和罕见夏花的小径，最后呈现在观众眼前的是：孩子在逗小猫（后来德国人杀了小猫），赤裸的大人躺在废弃的船肋拱下面，距离大海还有不远的一段距离。可爱的花朵贯穿影片，例如在开头的夏日场景中，床边的玻璃瓶中插着几朵金凤花，因为稀有以及所属季节的短暂而显得格外宝贵。清澈的水在片中也有特写镜头，有两幕船离岸时，镜头都对准船首位置，水如此清澈，可以看清峡湾底部的石头，接着水纹开始荡漾，颜色呈现蓝灰色。片中最慢的一个镜头是从波光粼粼的水面慢慢推进，直到抛下锚的拖网渔船出现为止，远处能看到连绵的北部山脉。（这是一艘老式的木船——这一幕的构图和拉斐留斯1940年创作的水彩画《挪威》如出一辙。）

女子来到已成废墟的村庄边缘，透过村会议厅的窗户往里看，里面的人成双结对正在慢慢起舞，却没有发出任何声响，这里本会成为撤退德军破坏的目标。影片最让人不解的一幕是当村民被赶到那艘名为"挪威"的船上时，仍然有人在留声机的伴奏下起舞。这让人不安，这一刻，起舞者所代表的美好与怀旧突然变了味,导演似乎在暗示他们与那些毁灭村庄的敌人是一伙的。

在这个关于北方的梦中——偏远的渔村,有时候是废墟一片,有时候则是村民安居乐业——主人公总是穿着白衣游荡,类似的镜头不断出现。有迹象表明,当她往渔棚里看或者透过村会议厅窗户看时,所处的时代与现实世界中的不同。船上方的北极光指引着人们回去重建渔村。接近尾声,梦的基调变得更加黑暗——丈夫出轨了,晚上,他跌入了外海。影片结局有意将两个相矛盾的关于北方的观点展现出来:北方是美丽迷人的,是家之所在,远航的目标——船驶入静谧雪山脚下、亮着星星点点灯光的村庄,回到了理想中的北方避风港,这正是住在偏远地区的人们所渴望的;然而梦终究会醒来,让人如坠冰水。

但到后来,影片似乎开始往积极的方向发展。主人公被注射了镇静剂,因为她即将生产。最后一幕是新生儿被举起,背景则是最深的蓝色。镜头对着那片蓝色,这是最清澈的夜空。钴蓝色的天空中,北极星就像钻石、灯塔一般,下面有两颗星守护着它,仿佛什么都没发生过,一切都是那么纯朴美好。延森又一次以电影的方式表达了对北方那绝对且艰辛的美的爱。

冰岛画家约翰内斯·卡瓦尔对家乡质朴纯粹的美也抱有同样的热情。和延森的电影一样,卡瓦尔的作品静谧安宁，是对北方的冥想之作。他是个细节大师，擅长呈现灰色和阴影的渐变效果，用以描绘连片积雪和挥洒而下的阳光。为了更好地描绘冰岛风光，他坚持实地写生，甚至会待上很长一段时间。天气恶劣的时候，他会找个地方躲起来睡觉，任由雨水浇在他还未完成的作品上。他会在熔岩中寻找裂缝和隐蔽的地方（这一点表明卡瓦尔对自己所要画的地方了解至深），专门存放绘画材料。[10]

卡瓦尔于1959年创作的《二月的埃夏山》充分说明他与这片土地是如此亲近，对它的过往是如此熟悉。这幅画体现了画家精湛的技艺，冬天的大海，沿岸是雾凇、零散的岩石，远处是高耸的山峦，山脚则冰雾弥漫。卡瓦尔极简的布局和利落的笔锋让人印象深刻，观者能感受到巨大山川正在逼近，有一种阴森感。画家用数笔勾勒出散落在山间的雪痕，干脆准确。这幅画其实还隐藏了一层——积雪的崖壁，事实上是勾勒出山顶的流畅灰色线条，仔细看，你会发现隐藏其中的巨人守护者，在卡瓦尔后期的作品中，总是将人物形象和景色合而为一。

而威廉·莫里斯之所以在1870年代开启前往冰岛的远航之旅，是因为他渴望了解这片土地的现状，对冰岛的历史过往，他早已了如指掌。莫里斯的这次经典航行在人类探索北方的过程中具有相当重要的意义：这无疑是一次朝圣之旅——在他眼中，冰岛拥有令人敬仰的文化。他认为

约翰内斯·卡瓦尔,《二月的埃夏山》,1959年,帆布油画

这是一片"圣地"——他写过一首诗,将整个冰岛比作一座庄严的灰色大教堂。就这样,莫里斯乘坐的船离开苏格兰,一路北上,在法罗群岛登陆,这里由于英雄传说而变成神圣北地的最南端。

莫里斯对法罗群岛的印象与其亲身体验维京式冒险——在一定程度上可以这么说,不过毕竟他乘坐的"黛安娜"号是一艘重达两百四十吨的蒸汽动力船,有舒适的舱房,而不是敞开式的"长蛇"号维京海盗船——后的感

苏格兰赫布里底岛外围，希恩特群岛，2010 年 12 月

受密切相关。可尽管如此，这依然是英雄传说以及古英语诗歌中描述的那片寒冷、雾凇正盛的大海：

> 我们航行在奥克尼群岛和设得兰群岛之间。昨晚同伴说，我们会在今天赶上，这是我们第一次看到大西洋的海浪……我来到船尾的小甲板上，躺在那里看着海浪翻滚，眼看它们涌上来，就要将我们吞没，然后又慢慢退去——对于我这样的伦敦东区人来说，这是非常刺激且陌生的体验。[11]

对莫里斯来说,法罗群岛是他第一次感受到的真正的北方。

> 我承认,在寒冷阴沉的清晨,第一次看到一座真正的北方岛屿时,我情不自禁颤抖起来。山不是很高,尤其是临海一侧,没有海滩,而是直接插入灰色的海水中。草是灰色的,从更为灰暗、凹凸不平的山石间冒出来。这里看上去并不原始,但空旷贫瘠,弥漫着悲伤的气息,云在山顶徘徊,或静滞在山谷上方,成为唯一有别于草、岩石和大海的东西。[12]

这段文字描述了一派阴郁的景象,不仅因为作者反复提及"灰色"这个词——和卡瓦尔一样,莫里斯钟爱灰色,堪称行家,他关于冰岛的记录也充分体现了这一点。他的言下之意似乎是他原本期待更为蛮荒、更为有趣的景色——或许至少比当时他眼前所看到的空无再多些。不过后来,莫里斯带着歉意(甚至是悔意)补充道:"见过冰岛后,我认为,法罗群岛是美好且温和的。"

主岛留给莫里斯的首要印象是淡淡的惆怅,仿佛被时间遗忘了,甚至让人感觉不真实:"你恐怕要住上一百年,才有可能看到船驶进这里的海湾,似乎昔日的英雄传说时代逝去,而现代生活又从未来过此地。"如他所见,这里显得死气沉沉,仿佛永远不会再有波澜。[13]

当船驶近冰岛时,莫里斯做好了被震撼的准备。还在船上的他兴奋不已,试图记录下自己的感受:"我已无法用文字来形容,但它确实满足了我对陌生之地的最高期望,这个世界上没有地方可与之相提并论。"[14]和此前前往北部探险的人一样,莫里斯盼望找到另一个世界,他最欣赏的文学故事都发生在这里。最终,他发现了一个远远超过预

索拉林·索拉克松,《辛格韦德利》,1900年,帆布油画。辛格韦德利是最早来到冰岛的移民举办议会的地方,是19世纪改革派旅行者心目中的圣地,他们认为这片"议会平原"是社会民主主义的摇篮

期的世界。

莫里斯的冰岛来信描述了北欧英雄传说的诞生地：当冰岛初露真容时，他就留意到一道为冰川覆盖的山脉，接着"晚上9点左右，我们发现对面就是尼贾尔的领地"——《尼贾尔传奇》发生的地方。莫里斯就像个朝圣者，虔诚地参观这一圣地，连犄角旮旯都不放过，这是"弗洛斯之谷"，"卡利就是在这里跳进水中，想扑灭着火的衣服"。[15] 他为这片土地展现出来的荒凉美所深深吸引，不过只要有机会，他就会尽可能在1870年代的冰岛寻找大约1000年前发生的传奇故事留下的痕迹，他会自我暗示："我又去了一次贡纳尔的坟冢。"——这里说的是《尼贾尔传奇》中最奇特又迷人的场景之一：斯卡帕丁和霍格尼在晚上经过此地时，看见贡纳尔的坟墓打开了，死去的贡纳尔正在唱歌，脸上洋溢着喜悦——

> 和昨天一样，这里弥漫着阴郁哀伤的气息，一切看起来比之前更枯燥乏味……直到我从坟冢那里回来，独自一人在据说是贡纳尔大厅的地方闲逛，眺望这片广袤的灰色平原，我才体会到这个故事的美丽。[16]

法律岩让莫里斯着迷——

熔岩有一道极深的裂缝，分了叉，如两条手臂般，围出一座小岛。与外围相连处极窄，仅可以容纳两人并排通过。到了岛上，你会发现空间更开阔，地势越来越高。顺着斜坡而上，就来到了裂缝分叉处，一道陡峭的悬崖直插黑色裂谷，深入冰冷的水中……这无疑是冰岛最动人心魄的地方之一。[17]

同时在莫里斯看来，这里也是欧洲民主制度的发源地。有意思的是，他几乎没有提及同时代的工艺，不过对于冰岛古老的习俗，他倒是颇感兴趣。在发现冰岛人和其想象中的截然不同时，莫里斯有些沮丧：

冬夏两季，"孔雀"奥拉夫[1]忙着照看牲口，割晒牧草和钓鱼，和现在这个大鼻子的牧师没有差别……可老天哪！这个曾经热血而暴力的地方怎会变得如此无助和渺小。[18]

冰岛人居然如此平凡，且大多数生活穷困，这让莫里斯难以释怀。

不过冰岛本身淋漓尽致展现了极北之地最真实的面貌，

---

[1] Olaf, 938—1006，商人、早期冰岛联邦领导人。

让莫里斯觉得不虚此行。他来到了英雄传说发生的地方，领略那无与伦比的风光和气质，他对这片土地倾注了极深的感情，可能比同时代的冰岛人更为沉重。真正的北方已难复昔日荣耀——抱有这样想法的并不是只有莫里斯一个。

> 你们跨越重洋，来这灰色大教堂朝圣，
> 这里的地板是逝去光阴的坟墓，围墙出自逝者之手。
> 昔日英雄传奇发生的地方如今已成废墟，
> 在这座坟中，究竟谁长眠于此。[19]

19世纪，英国人对古代北方情有独钟，安德鲁·沃恩（Andrew Wawn）对此深有研究。不过他指出，至少有一位现代冰岛人不认可这首诗字里行间流露出来的怀旧情绪："我们或许还记得，琼·西格松并不喜欢这首诗第一段所描写的场景。冰岛被比作'一座坟墓'（出现了三次），与'死亡''逝者之手''废墟'……联系在一起，冰岛是'灰色的'。"[20] 说到灰色，不妨让我们来深入研究下莫里斯对冰岛呈现出来的各种灰色的理解。

> 在他的冰岛日记中，[灰色]……出现的次数过百，用来形容熔岩、苔藓、溪流、云朵、悬崖、平

原、天空、大海和山坡。这些都是"灰色的",但在莫里斯眼中,灰色并不是阴郁的颜色,它构成了他心目中的冰岛,是那么的重要……我们看到了"灰色""深灰色""不那么深的深灰色""让人厌恶的深灰色""淡灰色""深灰白色""浅绿灰色""比灰色略暗的灰色""淡灰蓝色""泛黄的灰色""粗粝灰""墨水灰""凄凉的灰色""斑点灰""边缘是白色的深灰色""浓灰色""冷灰色""亮灰色"……[21]

从莫里斯对冰岛熔岩地貌呈现的不同层次的描述,可以看出他是如何逐步陷入对这座岛屿的痴迷中的。他的观察是如此细致入微,就如同卡瓦尔熟悉熔岩缝隙,延森用镜头捕捉到盛放的金凤花或结霜的绿草一样。这片土地是如此引人注目,因而被莫里斯奉为"北方的大教堂"。1878年,正是回忆起在北方所见的层层灰色,莫里斯在给朋友乔治亚娜·伯恩-琼斯(Georgina Burne-Jones)写信时突然哭泣:"我想念灰色石墙和灰色屋顶,在北方,我们称那为屋子。"[22]

提及斯堪的纳维亚,就不能不说那里的暮色,初冬的幽暗、漫长的夏夜。延森的电影一再出现最后那道钴蓝色的光。18世纪瑞典的房屋内、尼尔斯·克罗伊格[1]的秋季风景画以及威廉·哈默休伊笔下神秘昏暗的房间，都染上了黄昏特有的灰色。[23]

在这些描绘昏暗室内风景的画作中，"各种灰色交织在一起，如一曲交响乐……""就连家具也似乎有了灵魂"[24]，这是对北方印象的精准还原：在昏暗朦胧、镶嵌护墙板的房间里，灯光幽幽，宁静而忧郁。这些画面富有感染力，让观者产生离开大都市的仪表风度、各式活动和运动，前往偏远、与世隔绝的安宁之地的念头。芬兰人有一种说法，夜幕降临时分适合静坐沉思——"pitää hämärää"，意为"守住暮光"[25]。

哈默休伊擅长描绘室内渐渐变暗的光线，其画作中通常会出现并列的房间门，渐渐退去的光在护墙板上留下阴影，抛光过的地板上还依稀泛起光泽。檐口和画镜线反射出微光，天花板很高，角落已隐入黑暗中。并排的房间若隐若现，还有靠墙的椅子。这些画散发着浓浓的复古气息，大多绘于1900年代，画面中几乎所有的物品都属于一百多年前那个年代。在创作于1901年的《屋内女子》中，天光渐暗，街上已经亮起煤气灯。这是一间镶嵌有护墙板的房间，高高的天花板，一个女子（哈默休伊作品中极少出现

---

[1] Nils Kreuger，1858—1930，瑞典画家。

这样面朝观者坐着的人)来到窗前继续做针线活,这样她就可以晚些时候再点亮屋里的蜡烛或灯了。这是一幅质朴优雅的画作,充满哈默休伊所欣赏的 17 世纪荷兰油画的气质——安宁的北方小屋,一种平凡之美。在高纬度的北方,冬季夜幕早早垂下,却无法阻挡美的散发。

威廉·哈默休伊,《屋内女子》,1901 年,帆布油画

日本和中国

中国和日本的文化博大精深,因此在这里我仅仅选取了部分关于北方的观念进行阐述。人们常常忘记这两个国家都拥有大片的北方领土,而意识到这一点往往能让你对两国的本土文化有更深入的了解。

日本很容易被认为是与朝鲜半岛对望,文化上与中国有千丝万缕的联系。但就地理上说,日本列岛从中国东海的琉球群岛——约北纬25度——开始,往北到超过北纬45度的北海道。北海道最北端与俄罗斯库页岛之间隔着一条狭窄的海峡,北海道和堪察加半岛间则分布着千岛群岛。日本人口主要集中在南部,北部不仅在地理位置上远离权力中心,而且极易引发争议,北方方言与日本其他地区有明显的差别。

日本文化有着博采众长、兼容并蓄的传统,与北方联系紧密(有时候相互矛盾)。日本有句谚语:"睡觉的时候不要将枕头放在北面。"因为死人停尸的时候都是头朝北的。这个忌讳应该来自佛教——释迦牟尼入灭后,弟子将他的头部朝向其家乡(位于喜马拉雅山脚下的国度)的方向。据说睡时头朝北的人,毒物会流入他们的脑中。虽然如今的日本几乎忘记了古老的四方之神——源自中国神话——但在保留传统神社屋顶的相扑场,仍然可以找到这些神的形象。相扑场的每个角落都会悬挂彩色的丝质流苏：绿色代表春天（东方），红色代表夏天（南方），白色代表秋天（西方），黑色代表冬天（北方）。[26]

8世纪末，日本首都迁至京都，看中的就是其得天独厚的地理位置：京都北面有山，东面有河，南面临湖（现已消失），西面则是一条康庄大道。虽然在西方，北部和西北部被认为危机四伏，但在日本人心目中，东北方才是最不祥的方位，他们称之为"鬼门"（没有具体的指代，泛指邪恶之物）。因此，京都东北部建有寺庙，用于保护这座城市，使之不受邪恶势力和恶灵的侵扰。

在西方人看来，最能表现日本和北方密切联系的莫过于诗人松尾芭蕉[1]及其纪行之作《奥之细道》。从1689年春天开始，松尾芭蕉开始了为期两年半的北上之旅。启程之前，他卖掉了在江户的房子，因为他并不指望自己还能活着回来。"奥之细道"的英译为"通往内陆的小径（The Narrow Road to the Interior）"。"内陆"这个译法容易引起歧义，其实指的是位于本州岛最北部的封建采邑陆奥（今属于东北地区）。陆奥以及芭蕉一路行经的地方都具有重要的文化和历史意义，不过这些意义与北方本身的定义关系不大。

---

[1] 松尾芭蕉，1644—1694，日本江户时代著名的俳句作家，被称为"俳圣"。

无论如何，在人们的想象中，北方还是一片几乎无人探索的土地，对于芭蕉而言，这是全宇宙最神秘的地方。换言之，在芭蕉眼中，《奥之细道》本身就具有生命，和其他人一样，这次的游历是芭蕉人生中短暂的一段时光——他在注定会老去的事物中寻找永恒。[27]

中世纪的日本人认为，一个地方重要与否在很大程度上是由其历史决定的，也就是它在人类时空中所占据的位置，它的记忆重要性远大于地理意义。[28]但在芭蕉的作品中，我们能找到与西方人对北方理解的联系，即在经历千难万阻后，才会对置身于此地的人的心绪有切身的体会。

> 数日心绪不宁，来到白川关之际，方始平定踏实。古人吟咏"托人捎信告京都……"今来此地，实感古人之心情也。此关乃三关之一，文人雅士，心系情恋。秋风之声犹响耳边，红叶之景若浮眼前，今见绿叶枝头，亦别有情趣。遍地溲疏白洁，兼以野花缭乱，仿若踏雪过关之感觉。[29][1]

这样的表达很容易让我们联想到西方人对北方的理解，

---

[1] 此处采用郑民钦译文，下同。

路过地标,越过边境,大风起,宣告着秋季的来临。更值得一提的是,日本的北部和其他北方地区一样,相较而言都人烟稀少、物资贫乏——只能让人的精神更加富足。

> 雄岛突伸海中,海滩多石,与陆地相连。有云居禅师之别室遗迹、坐禅石等。偶见松荫下有遁世者之草庵,燃烧松叶、松球之轻烟缭绕,未知何人悠闲居住。然亦感亲切,趋前造访。不觉月移海上,与白昼情趣迥异。回岸投宿,客栈二层,临窗面海,仿佛卧寝于大自然之中,心情舒畅,不可思议。[30]

和欧洲人一样,日本人对北方的解读包含了超自然因素。位于本州岛最北部辖区最北端的恐山有一个湖,被认为是死者灵魂的聚集之地。卡门·布莱克(Carmen Blacker)在关于日本萨满教的著作中这样写道:

> 山坡上有一道白色裂口,硫黄泉汩汩流出,仿佛地狱。再走远点,你会发现一片灰色的石滩,这里就是西谷河原,干枯的河床隔开生死两个世界。在夜里,你能听到幼童的亡灵一边堆石头,一边抽泣。再走远些,你就来到了三途河,生界与死界的分界线。[31]

生死界限被具象化带到现实世界中,让人想到维吉尔将地狱入口设在意大利南部,苏格兰边境伊耳顿丘陵亦能通到另一个世界,还有中世纪早期宇宙志学者认为地狱就在冰岛。恐山的火山湖沿岸摆放着儿童玩具、纸风车、鲜花以及地藏菩萨像,用来告慰被困在此地、等待机会渡过三途河——相当于西方神话中的冥河——去到阴间的亡魂。据信地藏菩萨能救度滞留在生死两界之间的孩童及其他人的亡灵,让它们脱离困难。很多来到此地的人还会往幼童亡灵搭起的石堆上添加石头,以帮助这些受磨难的灵魂。只有在远离尘嚣的北方,我们才能找到能满足人们关于神秘冥界所有想象的确切地方。

芭蕉也提醒我们日本北部曾经饱受战乱困扰,纷争不断:

> 沿长沼,一路心神不安,于户伊摩宿一夜,至平泉。其间似觉二十余里。三代荣华一梦中,大门遗迹在一里之外。秀衡之遗迹已成田野,唯金鸡山犹存。先登高馆,北上川收入眼底,乃流自南部之大河。衣川环绕和泉城,于高馆下注入大河。泰衡等之遗迹在衣关之外,似镇固南部门户以防夷。择忠臣义士,据守此城,思功名显赫,过眼烟云。国破山河在,城春草木青。[32]

这又是一曲似曾相识的挽歌。芭蕉看着北方藤原家族的旧府遗址（这个家族在 12 世纪遭到肃清），肯定感慨万分，他想到了遭到背叛的名将源义经，这个日本历史上的传奇英雄的一生带有悲剧色彩，即使是五百年之后，依然为后人所铭记。

> 夏天草凄凉，
> 功名昨日古战场。[33]

7 世纪，一位爱尔兰诗人面对被英格兰人毁坏的爱尔兰贵族城堡，有感而发：

> 世界崩塌，狂风呼啸，如草芥般——亚历山大大帝、恺撒大帝所有的追随者们。塔拉山杂草蔓生，特洛伊如今又是怎样的面貌……

不过芭蕉所到的北部属于边缘地带——无论是从经济角度，还是社会或文化角度看，都是如此。权力中心往南移，在北方留下了居住过的农场、古老的城堡遗迹，这些永远都不会再重建，因为这里已经不值得守卫。

日本还面临一个问题，那就是与土著文化剪不断理还乱的关系，不列颠群岛对此想必是深有体会。自古以来，日本就自认为一个高度同质化的社会，日本人类学家佐佐木高明认为，日本人就是那些"以日语为母语，保留日本传统文化且认为自己是日本人的人"[35]。但住在北部北海道的阿伊努人就完全不符合这一标准。

判断一个人是否为日本人，就跟区分一个人究竟是英格兰人还是英国人一样，在外国人看来，英国人和英格兰人是可以画等号的，能互换，但对于威尔士人或者苏格兰人来说，这两个词的区别就大了。

在这方面，本州岛就相当于英格兰，它们都是本国面积最大且政治影响力最大的地区（虽然日本本州岛是完全独立的岛屿）。阿伊努人（和冲绳人及其他民族）是现代日本国的公民，但他们的文化和民族特性与本州岛的日本人（倭人）有显著差异。并非所有日本人都是倭人，就像并非所有英国人都是英格兰人那样。（当今泰国也面临类似的问题：南方文化占据主流地位，而北方两个地区都曾宣布独立。西北部被认为更浪漫且狂野，像苏格兰；与柬埔寨接壤的东北部贫穷，没有得到足够的重视，就如同当年英格兰对爱尔兰那样。[36]）

关于日本人的起源，虽存有争议，但普遍认可的观点是，日本人的祖先为更新世来到岛上定居的东南亚古人类，他们被称为绳文人。后来日本进入弥生时代，人们开始大范围推广从亚洲东北引进的稻作技术。和不列颠群岛上凯尔特人以及撒克逊人的发展史一样，日本不同种族间开始通婚，坚守本族文化特色的绳文人被赶到了遥远的北方，他们就是现在的阿伊努人——除了日本外，在库页岛（今属俄罗斯）上也住着阿伊努人。

日本最早的传说称，第一代天皇神武天皇从最南端的九州岛开始，率军征服整个日本，沿途的原始部落都臣服于他。日本建国纪念日（2月11日）就是庆祝神武天皇在公元前660年2月11日建国即位的。因此，日本的民族特性是在南部确立的，到北部就变得含糊起来。中世纪，日本的意识形态由南至北可以用内部团结、一致对外、邪恶不纯来形容。那个时代有不少文字将生活在北海道的人与各种恶魔、居住在青森县外滨町边缘地带被污染区域的贱民联系在一起。欧洲人也有过类似的想法，他们认为北方地区不仅是原住民和蛮族的居住地，还有巨人、魔鬼和巫师出没。在如今的日本，北海道依然略带异国风情：这里栽种了一些原产欧洲且在本州岛见不到的植物，还有不少奶牛场，所以千岁机场的购物中心才会自豪地摆出当地特产——例如土豆、类似布里奶酪的奶酪和薰衣草，供来自南方的度假者选购。札幌给人的印象就是与主流背道而驰，这里更注重生活质量，散发着独特的魅力，没有拥挤的南部城市会有的巨大社会压力——从这方面看，它和苏格兰高地、威尔士、爱尔兰西部有几分相似。

虽然中世纪时期就建立了贸易关系,但到 17 世纪,生活在城市的日本人对阿伊努人依然了解甚少,后者被遗忘了,如芭蕉所言,即便本州岛北部也显得过于偏远,远离权力中心。[38] 直到 19 世纪后期,北海道才被日本殖民化——不可思议。19 世纪,当殖民化这个话题被提及时,那些投赞成票的人认为"既然他们是神武天皇的后裔,那就和我们一样,属于同一个民族"。可当日本人与这些北部邻居直接接触后,立马改变了这个看法,他们越发相信阿伊努人和自己截然不同。

日本人与阿伊努人接触的时机很重要:明治维新时期。此时的日本开始向西方学习,发展教育,遗憾的是,这也是西方科学界种族歧视最严重的时期。(受西方科学观的支持)日本人视阿伊努人为低等人,这种观点带有明显的种族歧视;同时,他们认为既然阿伊努人是被神武天皇赶到北方的原始土著,就不是日本人,可以被上等种族剥削。而阿伊努人为了家族延续收养倭人婴儿——且持续了很多代——所以不可能单一歧视这个民族。针对阿伊努人的问题,最新的方法就是强调同化的必要性(不可避免地遭到了部分阿伊努人的强烈反对)。[39] 明治时代出现了一卷描绘阿伊努人住处和习俗的精美画卷,现为大英博物馆所珍藏。画家是平泽屏山(1822—1876),他为这卷作品起名《虾夷日常》。他的画作真实记录了阿伊努人的生活面貌，十分精美，甚至可以说具有人类学研究的意义。除了房屋和饮食器皿外，他还记录了一座寺庙，中间摆放了一具用于祭祀的熊尸，周围是献给熊灵的祭品。

日本和西方对阿伊努人的看法与西方对其余生活在北方地区的人的观点相似，包括苏格兰高地人、萨米人和因纽特人，这些非农业的游牧民族生存在一个以农耕为主的世界。由于阿伊努人的收养模式，从遗传学角度看，很多的阿伊努人在一定程度上其实是倭人。阿伊努人和日本人通商数个世纪：阿伊努人想要米、棉花、铁和铅，而日本人渴望买到皮毛、做箭用的鹰羽、海带和鱼干。13、14世纪，日本物质文化大量渗透到阿伊努人居住的北海道。阿伊努人开始使用日本铁器、漆器和瓷器。而考古人员在南

平泽屏山，《熊祭》，约1870年，出自彩墨画卷《虾夷日常》

方的广岛县草户千轩发现了鲑鱼骨和鳕鱼骨。尽管关于两地长期往来的证据板上钉钉，但阿伊努人仍然被视为被封存在时光胶囊中，这个狩猎民族自更新世以来就基本没有改变过。[40] 同样的，凯尔特人给人的印象——甚至是在新时代之前——主要是保留早期原始的文化传统，而像坎贝尔的《苏格兰盖尔语歌谣和祷词集》这样的作品集获得了意料之外的成功，让人觉得高地人和爱尔兰人可能真的是基督教之前欧洲历史的见证者。如同加拿大以及斯堪的纳维亚国家一样，日本北方与其土著的关系再次发生了变化。

和很多其他北方地区一样，如今的北海道开始借助冬季魅力发展旅游业。像芬兰和加拿大那样，北海道也会举办一年一度的冰雪节。不过不同于芬兰罗瓦涅米冰雪节期间出现的复杂精巧的冰雕艺术，北海道冰雪节的雕像则展现出更为独特的雪雕技术，还原著名的建筑，看上去，它们仿佛是被最耀眼的稀石灰粉刷过一般，被色彩斑斓的矿晶碎片装点着（布里斯托尔曾经有一部分房屋建筑也是如此）。

* * *

中国北方，长城之外，入侵者就是从此而来，这片广袤无际的苦寒之地让人闻之色变。不过,自从来自北方的马上民族占领了一座北方城市,并由鞑靼大汗统治后,长城外的土地就成为自由的象征,被视作更为质朴的家乡、历史悠久的狩猎场。当第一批西方旅行者抵达北京时,鞑靼大汗"思念其孩提时代驰骋的干草原,下令在皇宫庭院内栽种野草"[41]。这种熟悉而模糊的观点——北方既是危机四伏之地,又是纯朴的幸福来源——已经存在千年之久。

一方面,在清朝,长城外意味着自由和满足。史景迁[1]在关于康熙的研究著作中描述过当时的皇家狩猎场:

> 蒙古人、满人于塞外狩猎之时,其骑射之技令人叹为观止,哑口无言。精于骑射者,如云屯风生,人马合一,上下如飞,磬控追禽,发矢必中。观之令人心目俱爽。[42][2]

另一方面,长城仍然是一道分界线,荒凉的北方潜伏着各种不幸和灾难。关于这片未知领域的传说有很多,这里诞生各种奇迹——传说中国古代历史上最富传奇色彩的帝王之一周穆王到过北方(可能是西伯利亚),见到了青

---

[1] Jonathan Spence, 1936— ,又名乔纳森·斯宾塞,美国历史学家,著名的中国史研究专家。
[2] 《康熙:重构一位中国皇帝的内心世界》引用温洽溢译文。

鸟。这是一种神鸟，在当地，青色的羽毛在空中纷飞，这和雪原上北极光闪烁倒是有几分相似。

有一首中国古诗（创作于基督教诞生前两三个世纪），描述了魂魄在凶险怪异的北方的经历：

> 魂乎无北。
> 北有寒山，逴龙艳只。
> 代水不可涉。深不可测只。
> 天白颢颢。寒凝凝只。[43][1]

彼时，人们已经将北方与另一个世界挂钩，那里是鬼魂聚集之地，就像日本北方深色的湖泊和干枯的河床。

长城成为分隔南北方的界线，并被赋予了情感色彩——它既是一道心理屏障，也是一道切实存在的物理屏障。虽然长城上仍有士兵巡逻，以防鞑靼人入侵，但中原地区开始出现以长城为主题的诗歌，表达对长城背后苦寒之地的畏惧和内心的忧郁。

诗人李贺（791—817）所作的《塞下曲》就是典型的代表作。诗中描写了边塞的陌生景象、驻扎在长城外的敌寇大帐，这个北方好似天涯尽头：北风呼啸，胡角响起，

---

[1] 出自《大招》，为《楚辞》中的作品，相传是屈原或景差所作。

霜色浓重，就连甲胄也被冻住了。神秘胡人的甲胄像蛇鳞——在这首诗中，敌寇已近在眼前。但诗人难以想象敌军的身后竟然还存在一个世界，因为长城就像是世界尽头了。

> 帐北天应尽，
> 河声出塞流。[44]

岑参写过一首关于士兵对抗入侵匈奴的诗[1]，描述了这片蛮荒地的可怖，秋末时分，狂风怒号，河床上斗大的石头都被吹得乱走，风吹在脸上如同刀割一般。诗的最后，寒冷来袭，战争一触即发：

> 马毛带雪汗气蒸，
> 五花连钱旋作冰，
> 幕中草檄砚水凝。[45]

在另一首诗中，驻扎北庭的岑参抒发了送客之情，告别踏上归途的友人。[2] 诗的开头部分描写了突如其来的严寒：8月竟然飘降大雪，覆盖大地，仿佛一夜之间春风吹

---

[1] 指的是《走马川行奉送封大夫出师西征》。
[2] 这里指的是《白雪歌送武判官归京》。

来,树上有如梨花竞相争艳,雪花飘入帐中,狐皮袍也无法保暖。诗的结尾部分,友人往南走,驻地已是一派初冬景象。浩瀚荒漠结了百丈冰川;红旗被冻住,无论风多大,也纹丝不动;黄昏时分大雪纷飞。夏天异常短暂,相聚时相谈甚欢,音乐助兴也到了结束的时候。[46]

在中国古代,统治者派将士驻守北部边疆,他们不得不远离家乡,正因为此,描写边塞情怀的诗歌开始发展。长城周边的区域更是成为荒芜凄凉的代表:贫瘠缺水,狂风肆虐。远在他乡,使得人们将北方的严寒与孤寂联系在一起。以陆机(261—303)所作的一首诗[1]为例,诗的开头描写了一位思夫心切的女子,夜深人静,皎洁的月光透过窗户照着床帐,双手却无法捧起这光亮。凉风侵袭,寒蝉在柳树间哀鸣。最后四句诗则刻画了一个游子的形象,他为了升迁去往南方,可能是派驻。丈夫表示归期遥遥无望,而秋天已临近尾声——因此至少接下去的这个冬天,他们仍得两地分离。[47]

江总(519—594)的《闺怨篇》也是一首关于流放至北方(或者从北方被流放到其他地方),关于转瞬即逝和离别的诗。野生鸿雁迁徙有着重要的象征意义。诗中描写的场景发生在北方,大道旁,闺房寂静无声,白雪纷纷,沾

---

[1] 此处应指《拟明月何皎皎》。

湿了窗帘。丈夫在黎明时分离开,去到更远的北方。少妇——或许她就是北方人——在诗的第二部分表达了自己的情感。或许她是从更远的北方来到此地,回忆往昔,孤枕难眠。鸿雁代表了少妇对远在他乡的丈夫的思念,希望后者能早日归来,共度短暂的青春时光。

> 辽西水冻春应少,蓟北鸿来路几千。
> 愿君关山及早度,念妾桃李片时妍。[48]

18世纪,袁枚(1716—1797)——在其记述奇闻逸事、奇人鬼怪的笔记小品中[1]——记录了一段前往未知北方,深入今俄罗斯境内并发现中国祖先遗迹的旅程。

1732年,在圣彼得堡执行任务期间,清朝大臣、蒙古正黄旗人伍弥泰听说从俄国可以前往北海,遂请命出使西伯利亚。尽管最初遭到国人反对,但他还是在随从的陪伴下,携带极北之地所需的生存必需品——指南针和燧石——以重毡裹车,乘坐骆驼出发了。

伍弥泰此次北上的所见所闻给人感觉他们一行人进入了另一个世界。或许更为准确的说法应该是,北方对他而言显得如此陌生,以至于他只能用这样的说法来记录这

---

〔1〕 这部作品应是《子不语·黑霜》。

次经历。在北行六七天后,他们见到了第一个奇观,一座冰山:

> 北行六七日,见有冰山如城郭,其高入天,光气不可逼视。下有洞穴,从人以火照罗盘,蜿蟺而入。[49]

他们花了整整三天才穿过这座巨大的冰垒,它隔开了已知世界和另一个奇怪陌生的世界,就像中世纪欧洲人对北冰洋的印象那样。伍弥泰和随从们从冰山(类似将中原地区与北方未知领域隔开的长城)另一头出来,发现自己置身于北方的地狱中。天色暗淡"如玳瑁",黑烟吹来,吹到人身上感觉如沙砾(洋人称之为"黑霜"),眼前所见令人难以忍受:

> 每行数里,得岩穴则避入,以硝磺发火,盖其地不生草木,无煤炭也。[50]

如梦似魇,又行五六日,他们看到了又一奇观,令人费解的纪念碑:

> 有二铜人对峙,高数十丈,一乘龟,一握蛇,前有铜柱,虫篆不可辨。洋人云:"此唐尧皇帝所立,相

传柱上乃'寒门'二字。"

到了这里,洋人拒绝再往前走。他们告诉伍弥泰再行三百里可以到海边,但沿途过于可怕。海边被笼罩在永恒的黑暗中(他们似乎将之想象成奥德修斯召唤亡魂的浓雾弥漫的北部海滩),海水黑色如漆,寒气逼人,一旦肌肤破裂就会导致死亡。夜叉怪兽会从海中现身。洋人问伍弥泰,难道现在的处境还不够糟糕,难道寒门本身不足以证明他们此行的危险与可怖吗?"至是水亦不流,火亦不热。"伍弥泰尝试用火把点燃其所穿的貂裘,果然没有烧起来。他同意撤退,这次北上之旅以伤亡惨重告终:"五十人冻死者二十有一。公面黑如漆,半载始复故。"[52]

据说寒门由尧帝所立,这位远古帝王"统管天下"。因此,中国人认为他可能在西伯利亚这么遥远的地方立起纪念碑。

中国人始终认为北方是不稳定且危险的,等同于陌生及不值得信任,尤其是长城以北地区人口大量流失后,丝绸之路沿途出现了很多鬼城。1920年代的旅行者发现:

> 布隆吉乡曾经至少有五万居民,现在这里只留下散乱的废墟,寥寥几家破败的小旅店,一道城墙,可以看出此地曾经规模不小。接下去几天,我们发现

了十余座被废弃的城镇和村庄……戈壁沙漠悄悄逼近……四周一片荒芜,言语实在难以形容,让人想到月球,只不过这里没有陨石坑,而是死气沉沉、被遗忘的城市、乡镇和村庄。[53]

不过假如是自愿流放,那么中国北部又被赋予全然不同的意义。1935年,毛泽东领导的共产党被迫放弃江西山区的游击区,撤退到偏远的西北部,但他创作的长征相关的诗并没有提及撤退或者经历的艰难险阻,反而洋溢着乐观精神,坚信共产党能够回来,最终走向胜利。在写于1935年10月的咏怀之作《清平乐·六盘山》中,毛泽东通过对南飞大雁的白描,表达了流放至北方者的归乡情切:

> 天高云淡,望断南飞雁。
> 不到长城非好汉,屈指行程二万。[54]

如今,中国东北地区就像日本北部一样,通过在哈尔滨举行的冰雪节重新定位,成为旅游目的地。北海道冰雪节有积雪堆成的建筑,哈尔滨冰雪节则以半透明的冰雕和冰建筑(有些具有相当规模)出名,雪雕则拥有独立的展出区。这种规模的盛会在中国北方有着悠久的历史,其前身是每年元宵节举行的冰灯节。1950年代的冰灯体积相对较小,没有那么复杂,有些是彩色的,晶莹剔透,还会装点刚刚萌芽的绿色种子。

  有些灯堪称杰作,例如人形"冰灯"——将冰块雕成人形,挖个洞点上蜡烛。有些灯很复杂,表面覆盖有刚刚冒尖的麦芽,这是在冰块凝结前就放好的。麦芽的青翠与透过冰层发出的冷白光完美融合,使得冰灯更加美丽。[55]

哈尔滨冰雪节起源于冰灯节,于 1963 年创办[56],规模逐步扩大。它从新年开始,一直持续到 2 月中旬,充分利用了这一时间段的气候优势,即温度保持在零下 30 至零下 20 摄氏度之间。

  今天的冰灯结构更为复杂,用松花江取上来的天然冰,经过切割,再由能工巧匠加工创作。有些用来制作冰城,专门在冰封的江上展出,可以白天参观,例如冰廊、透明的冰柱,以及类似玻璃质地的帕尔米拉古城遗迹,在冬日浅阳的照耀下,熠熠发光。到了晚上,主角变成冰墙内霓虹灯闪耀的建筑,五光十色,如梦如幻,除了传统的宝塔和宫殿外,还有超级好玩的冰滑梯、发出蓝光的冰迷宫——中间的红灯不停闪烁,发出的光透过冰墙,靠近中心位置,就会发现冰墙被染上了些许紫色。

这些斑斓的透明宫殿虽然生命短暂,但规模之盛大,就连巴洛克时期的欧洲也从未尝试,表明人类的心灵手巧,让曾经冰封的荒漠变得适宜居住,而不再遥不可及。它们与日本北部辖区——每年都会点起小巧的雪灯,微弱的烛光只能通过雪晶折射变得更亮,在冷冷的月光映衬下则显得黯淡——形成了鲜明的对比。

加拿大

1631年的一个夜晚,在法国图尔,一个名叫玛丽的寡妇做了个梦(她不久前刚成为修女)。

> 一个女信徒拉着她的手走进一片广袤静谧之地,浓雾在悬崖、山谷间弥漫。雾气上方有一座很小的大理石教堂,屋顶上坐着圣母和耶稣。圣母正在和孩子讲话,玛丽认为圣母想让她去这片土地传教。随后圣母的脸上露出了灿烂的微笑,在女信徒的注视下,亲吻玛丽三次。[57]

这次逼真的梦境成为最早被记录在案的关于加拿大北部的描述之一。正是在梦的感召下,玛丽(后来被称为"道成肉身的玛丽修女")横渡大西洋,在苏圣玛丽成立了第一个女性传教团。玛丽欣喜地发现圣劳伦斯河谷与梦中的那片土地极为相似，只是没有那么雾气朦胧。彼时，来加拿大定居的人逐步增加，有几百个法国殖民定居者。当玛丽在三十年后去世时，加拿大定居人口已发展到数千人。毛皮商和耶稣会会士的活动更活跃，与阿尔冈昆人、易洛魁人做交易，向他们宣教。

相比之下，早期法国人对加拿大的另一种描述就显得更为黑暗：在探险家雅克·卡蒂埃（Jacques Cartier）看来，加拿大是"上帝赐予该隐的土地"[58]——永远被诅咒的地方、流放之地。随着时间的推移，越来越多的人物形象出现，构成了加拿大的荒野文化：加拿大皇家骑警（Mounties），诸如"老鼠河畔的疯狂盗猎者"[1]这样的悍匪或淘金者，印第安人，狼，温迪戈。与此同时，加拿大的人口数量就如同淘金者淘盘中的沙金一样不断减少，最终人口主要聚集在距离美国边境100英里的范围内。继续往北则是一片空旷的领地，大多为冰雪覆盖，唯有想象中的生命才会居住在那里。

实际上，荒原对大多数加拿大人的人生都或多或少有所影响。这里有脍炙人口的关于白桦树、河狸和驼鹿的诗文，虽说生活在北纬60度的动物并不会经常受到人类的侵

---

[1] 原名艾伯特·约翰逊，1932年，加拿大政府为了追捕这名盗猎者，出动皇家骑警，在零下40摄氏度的极寒天气中历时八周，甚至首次动用飞机，才将其击毙。

扰。整个加拿大,即便是最南端,其实也属于北方。这一事实使得加拿大——尤其是在生活在加拿大的苏格兰人看来——被赋予欧洲北部拥有的道德价值。在约翰·巴肯的《病态的心河》中,一位美国公司的律师在看到北部地区的荒芜辽阔后,如此说道:"美国正变成一个极其聒噪的国家……在我们当中的一部分人看来,加拿大就像是中世纪的修道院,一旦事态发展超过忍受限度,我们就可以来这里隐居。"[59] 将加拿大荒原视为逃避现实的遁世清修之地,这种观点无疑是那些不需要全年与北方打交道的人才会有的。

北方之于加拿大,就像西部之于美国人一样,是未知的边缘地带。

> 加拿大北部就像美国西部,拥有自己的特色,是人类的自我投射。要通过画作来表现北部,和美国西部一样,需要使用新材料和新方法。[60]

北方是陌生、令人难以捉摸的,像温迪戈——前文中讲述过这种冰雪怪——那样无法无天和疯狂,尤其值得一提的是,19世纪拖延时间最长的悲剧之一也发生在这里。1845年,探险家约翰·富兰克林爵士在寻找西北航道的过程中失踪,人们为了寻找他及其他队员的下落,展开了长达数年的搜索。有一首流行民谣，类似古苏格兰民谣《帕特里克·斯彭斯爵士》，想象遇难的探险队员们在冰封的坟墓中继续航行，如生前那般。

> 百名水手与他一道，
> 在5月出发前往冰洋，
> 只为寻找那隐于北极的航道，
> 我们那可怜的水手去过不止一次……
>
> 在鲸出没的巴芬湾，
> 富兰克林的命运无人知晓，
> 富兰克林的命运无人能说，
> 富兰克林爵士和他可怜的水手们长眠于此。[61]

比起其他任何国家——俄罗斯除外——加拿大北方给人的感觉恐怕是更为悲凉，意味着背井离乡，因为这里从一开始就被认为是"该隐之地"。大多数来加拿大定居的人都不是自愿的，拥有"道成肉身的玛丽修女"的法国定居点是人们出于自愿建立的，相对而言算是成功的，但苏格兰和爱尔兰移民都是被迫来此的，他们是高地清洗运动或爱尔兰大饥荒的受害者。这些人所掌握的技术知识不足以让他们安稳度过加拿大的寒冬，摆在他们面前的只有两个选择，尽快逃往南方，或者原地等死。小说家罗伯特森·戴维斯（Robertson Davies）是来自萨瑟兰郡的苏格兰高地人的后裔，按大多数人的标准来说，萨瑟兰郡本身就属于荒凉的北方。戴维斯的祖辈们在詹姆斯湾岸边登陆，这里是加拿大东北部哈得孙湾的最南端，要生存，他们就得放弃这片理论上"属于他们的"土地，继续往南。戴维斯评论道："今天当我回看祖父的照片时，即使过了一个世纪，我仍然能从他脸上看到那些早期移民的悲伤。"[62]戴维斯家族在加拿大历经曲折磨难，因此，他很难将荒原视为身心游乐场。在后来根据其家族史改编的小说《谋杀与鬼魂》中，戴维斯也表达了这种观点。

> 圣克莱尔湖以北的沼泽地博杜恩，是个可怕的地方……他们能在那里养什么？没法养羊，除非羊长出带蹼的脚，改成吃芦苇和像刀一样锋利的草……一些已经定居此地的苏格兰人的心中住着冷漠的魔鬼，他们眼睁睁看着新乘船过来的同胞中，有半数在到达后的第一个冬季就死于严寒、饥饿，甚至是肺结核——但主要还是痛苦难挨、思乡心切，令这批新移民下决心离开……途中没有死的人成功到达了更靠南的地方。我的曾祖父就是其中之一，这个故事就是他告诉我的，他跟我讲了一遍又一遍。[63]

其他加拿大作家也用文字记录了北方残忍无情的一面。以梅维斯·格兰特（Mavis Gallant）的短篇小说《北上》为例，一个英国的战时新娘带着年幼的儿子刚刚来到加拿大，他们坐上前往北部荒原的列车，去见她的丈夫。在车上，她偶遇一个陌生人，跟对方讲述了自己的故事。显然，她会发现自己即将展开的新生活将是一场梦魇，或者说她根本无法适应这里的生活。"这里怎么能算是个国家呢，"她说，"什么都没有。"[64] 晚上，男孩看到有人上车，但大人们看不到，原来这些人都是鬼魂，是早期移居到北方的人的亡灵，他们在那里陷入绝望，痛苦不堪。

与此同时，也有人为北方鸣不平，他们主动站出来宣扬北方的可贵之处，例如"灰鸮"和欧内斯特·汤普森·西顿（Ernest Thompson Seton）。"灰鸮（Grey Owl）"是一位讲师、博物学家及作家，他对驼鹿和河狸栖息的世界深有研究，写过相关的书，在1930年代，这些书成为英国中产阶级家庭的男孩们的基本读物。

> 不同于希特勒的大吼大叫，无休止地鼓吹现代技术，"灰鸮"的文字散发着无与伦比的魅力，开阔了我们的眼界，引领我们去到一个很酷的安宁之地，在那里，人类和动物相互信任，和睦相处。[65]

1888年,"灰鸮"出生于英格兰南部的黑斯廷斯,本名为阿奇博尔德·比兰尼(Archibald Belaney),后来移居加拿大,加入奥吉布瓦族(Ojibwe),后者宽厚地接纳了他,让他成为加拿大土著的一员。欧内斯特·汤普森·西顿也出生于英格兰,六岁时被带到加拿大。虽然他没有像阿奇博尔德·比兰尼那样成为当地土著,但土著人给他留下了深刻的印象,西顿称他们为"白人学习生存的榜样",他也拥有了一个土著人的名字"黑狼"。"灰鸮"成为最早的自然环保主义者之一,是正在消失的荒原的化身,富有浪漫色彩:一个口才好、有文化修养的"印第安人",或者说是森林及栖息在其中的动物的代言人。"灰鸮"身处的那个年代,河狸——加拿大的繁荣是以河狸毛皮为基础的——几乎被捕杀殆尽,它们之所以没有灭绝,后来还受到人们的喜爱和保护,"灰鸮"功不可没。[66]

因此,加拿大北方也常被认为是能净化灵魂、治愈心灵的地方,能治愈现代社会容易出现的贪婪和腐化,能让人过上和睦且有尊严的生活,在自然界真正找到属于自己的位置。威尔弗雷德·坎贝尔(Wilfred Campbell)的诗《湖区冬天》被选入1924年的加拿大教材,(拙劣地)描绘了理想中纯净的北方:

> 那一夜，我感到冬天在我的血管里流动，
> 冰冷的光让人欣喜，
> 醒来时听到北方充满生机的狂野旋律，
> 大风雪快要来临。[67]

1908年，罗伯特·斯坦利·维尔（Robert Stanley Weir）为加拿大国歌写了英文版歌词，也表达了同样的情感：

> 炽热的心跳跃不止，我们深情凝望，
> 那一片强大自由的北方！

关于加拿大北方，玛格丽特·阿特伍德则表达了不同的看法，更为阴郁："写作模式之一就是在北方发疯——或者被北方的环境逼疯。"[68]罗伯特·瑟维斯就常常被这种情绪感染，他的诗文总是充满了对北极的仇恨。北方不是理智融洽的象征，而是精神错乱者的孕育地，这种观点源自"该隐之地"的说法。例如，在约翰·巴肯的《病态的心河》中，法裔加拿大工业家加亚尔和混血捕猎者卢·弗里泽尔在北方发了疯，他们被这个地方弄得神志不清。

格伦·古尔德是最早接受这一关于北方的复杂观点的加拿大顶级艺术家。[69]和大多数加拿大人一样，北方在古尔德个人成长的过程中并未扮演过任何角色，但他对这个

地方产生了浓厚的兴趣,还专门体验了一回北上的沼泽特快列车,前往1000英里之外的马尼托巴。乘坐这趟列车的旅客多是去遥远北方谋生工作的人。古尔德采访了四位经验丰富的北方旅客,后期又对采访音频进行了剪辑,使之听起来好像五个人在火车上对话一样。这些素材后来被收入广播纪录节目《北方的观念》(1967年)中。在节目中,古尔德挖掘分析了这些人因为自身经历而产生的想法。《北方的观念》绝非普通的纪实节目,古尔德形容它是一首"口头诗",并称自己的剪辑技术为"对位式广播"。

毋庸置疑,《北方的观念》的表现手法在当时是革命性的。这并非一档线性节目,没有情节线索,也没有冷静的旁白声告诉听众"真相"——你听到的是五个人声相交织,就像是在前往北方的漫长火车行中展开对话一样。确实,在关于因纽特人的交谈中,背景始终能听到火车沉闷的节奏。有时候,不同的声音交织在一起,听众的注意力会分散——古尔德将这种效果比作在谈话的过程中,乘务员推着餐车从旁边经过时的感觉。只有主题是固定的,节目由五个从未谋面的人发表的独白组成——虽然后期经过剪辑。

节目开头是一段三重奏,三人谈起了各自最为紧张的与北方有关的经历——这些声音逐渐变强,但依然含混不清,以至于你会怀疑是不是自己的收音机出了问题。在那个时代,这种刻意的"为难"本身就是一种创举。接下去,你会听到五个被采访者发表的言论,他们口齿清晰、态度积极,正在前往北纬60度的路上,其中一人是经验丰富的采矿工人,长期居住在加拿大北方。在节目的最后,这位名叫沃尔特·麦克莱恩的矿工开始谈论对北方的解读之于一个拥有大片荒原的国家有怎样的意义。这个时候,古尔德慢慢提升了音效——除了北上火车的车轮声外——西贝柳斯的《第五交响曲》的第五乐章,突出了北方之于加拿大的意义。

在开篇低语声中,最先发声的是护士玛丽安娜·施罗德,她讲述了某个冬日黄昏的经历,当时她走在冻结的湖面上:"我觉得我几乎融入了这个地方——我希望这种感觉永远都不要结束。"

在某种意义上,所有发言者都是往返北方的专家(护士、地理学家、人类学家、公务员——当时的加拿大被冠以"北方事务部"的头衔)。主要发言人麦克莱恩因为有在北方长期生活的经历,说话也颇有威信,非常冷静,说出的话都经过一番深思熟虑。他在早些时候表达的观点与很多将北方视为检验人性之所的人相同:"踏上这趟行程的人得与自己做斗争。"而那位专业的地理学家则称"北方是极度边缘的地区"。"拥有北方边境的国家才堪称伟大,加拿大就有。"加拿大拥有不同于其他北美国家的文明,去到北方的都是那些不墨守成规、离经叛道的人(就像在不列颠群岛和日本那样)。

这些发言者仍然守着"去那里可以找到自我或者失去自我"这样模棱两可的看法——但北方从来不会给出答案或让人发生变化,只有亲历者才能获得更为强烈的感受和体验。节目中还刻意重申人在北方的经历是可以预测的,都大同小异。贯穿节目后半部分的火车声似乎也在呼应这个观点。这种效果让人不太舒服,就当下电台节目的标准看,过于冗长,但制作人借此展现出这段旅程无情冷酷的一面,终点处等待这些乘客的是永恒不变的寒冬。有时候,古尔德利用火车通过隧道时声音会变小的特点,借此表达北方将人彻底吞没的那种孤寂感,非常巧妙。当护士承认有那么一刻发现自己已经难以承受时,她的声音被火车声盖住(火车在行进,预示着乘客们已经无法回头)。

聆听这个节目并非易事,因为古尔德刻意增加了些难度:有时候火车声过于嘈杂,让人难以忍受。最后一段主要是麦克莱恩的发言,他谈论自己是如何向首次坐上这趟北上列车的人描述北方的:"你必须宽慰他,不能把关于北方的一切一股脑儿灌输给他。"他还回忆起自己第一次坐这趟车的感受,每次靠站后,火车都得挂倒挡离开车站,在冰天雪地中,等待似乎也变成了永恒(前文提到的梅维斯·格兰特的小说也提过这一点)。北上的乘客必须接受这样一个前往"未知地域"的过程,接受"并非所有事物都是有迹可循的"。"似乎一切事物都必须是有形的:可北方就是无形的。它与城郊地区截然相反。"

伴随着西贝柳斯乐曲的渐渐响起,围绕北方展开的深入思考也有了结论,对人而言,加拿大国境线之内的北方领土是永不停歇的挑战,促使人类更团结,而不是再树立敌人。没错,这个节目暗示北方大自然是我们的敌人。麦克莱恩总结式的发言提到了威廉·詹姆斯的观点,即战争在文明社会间展开,对加拿大人而言,北方就意味着战争,北纬60度是戒备森严的边境,敌人就是大自然本身。也就是说,这片广袤之地是力量的象征,时刻提醒着人们要团结,保留谦逊之心。

汤姆·汤姆森(Tom Thomson)及随后出现的"七人画派"则以视觉方式展现加拿大的北方,他们尝试打破传统风景画的桎梏,找到具有加拿大特色的新审美观。[70]"七人画派"致力于描绘加拿大北部荒原的灵性和原始美。例如,詹姆斯·爱德华·赫维·麦克唐纳(J. E. H. MacDonald)的《积雪压枝》,画的是云杉枝被厚厚积雪压弯的景象,在描绘手法上不再受法国画派的影响。不过其他作品,如劳伦·哈里斯(Lawren Harris)笔下大胆抽象的风景,则拥有更强的独创性。

画家本人对这种联系有详尽的解释。1913年,麦克唐纳和哈里斯一同前往纽约州的布法罗参加一个以当代斯堪的纳维亚艺术为主的展览。对于两位画家而言,这次的行程让他们深受触动,创作生涯因此改变。在这之前,他们描绘北方风景的技能足以让他们在加拿大画坛脱颖而出,但斯堪的纳维亚地区的画家向他们展现了全新的描绘北方的手法。用麦克唐纳自己的话来说:

> 在古斯塔夫·菲耶斯塔德的画中,水流和泛起的涟漪,为树荫所掩映的小溪和能冲走石块的湍流,斑驳的岩石,带斑点的桦树树干,一切是那么美丽生动……我们能听懂瑞典溪流说的话,菲耶斯塔德让我们大开眼界,我们理应更懂我们国家的飘雪和河流才对。它们……才是环绕我们的神秘北方给予的真正纪念品。[71]

哈里斯擅长利用皑皑白雪与其他物体形成的鲜明对比来营造视觉冲击力,以《勒弗罗伊山》这幅画为例,为了将这道风景栩栩如生地呈现出来,他画了一系列素描。在最后的成品中,画家做了简化,用如亚麻般的白色褶皱来呈现为积雪所覆盖的山峰,既纯洁,又让人激动。[72]他认为要了解加拿大精神,关键就在于这里的北方荒原,这种精神是由加拿大人的生活环境所造就的：他们的自我定位与这片土地以及他们对这片土地的回应密切相关——现如今的加拿大人在一定程度上也认可这种看法。落基山脉和北极是加拿大作为一个国家拥有的物理、意识形态和情感的边境，同时也是加拿大人进行自我考验的地方。[73]《多伦多星报》艺术评论家的反应表明，其他加拿大人也非常赞成这个观点：

> 我觉得加拿大人的灵魂是神秘、高尚且美丽的，远远超出我的预料——这是一种力量，代表了自力更生、有深度，是一种我从未置疑过的神秘。我以前尚未发现，荒原在加拿大精神形成的过程中也扮演了角色。[74]

近年来，有不少摄影师开始关注加拿大北方。大卫·巴伯（David Barbour）的《风景》收录了八位摄影师拍摄的加拿大北方风景照。[75]这是一本精美的摄影集，值得一提的是其中的照片都让人联想到破坏、危害和惨痛。从爱德华·伯汀斯基（Edward Burtynsky）拍摄的露天矿场，到洛林·吉尔伯特（Lorraine Gilbert）镜头下光秃秃、弥漫着哀伤气息的山坡和新植被，都表明这片脆弱的土地正逐渐走向消亡。在这些照片中，北方不再显得强大，不再令人畏惧，它受伤了，可能已经奄奄一息，给人的感觉是我们（前所未有地）比北方更强大、更具有破坏性，反之则不然。

然而加拿大北方依然广袤无际，进入新世纪后，加拿大人对北方的看法不断进化和深入。在格伦·古尔德于1967年制作的《北方的观念》这档节目中，被采访者发表的观点在无意中体现了加拿大人的进取精神和开明自由。除了使用"爱斯基摩"这个对因纽特人的旧称外，对于北方的生态环境和当地土著，他们始终抱有尊敬，远远领先同时代的欧洲人。他们认为北方是无法被驯服的，事实上用"驯服"这个词本身就暴露了一个无望且过时的野心，即想要征服一片朦胧无形或无法被占据的土地。

21世纪初，因纽特人恢复自治（自1999年起，努纳武特成为加拿大境内的自治区），北方各地区重新开始使用因纽特人的地名，而此前的一个多世纪里，那些精力充沛的苏格兰旅行者认为是他们"发现"了这些地方，便以自己的名字为之命名——例如安德鲁·戈登湾。这些变化使得因纽特艺术得以复兴，影响力进一步扩大。《冰原快跑人》（*Atanarjuat*）就是个极好的例子，这是一部让人难忘的影片。[76]该片赢得了不少奖项，得到了玛格丽特·阿特伍德的高度认可，后者称之为"就像是荷马手持摄像机拍摄的"。她的评论可谓一针见血：这是一部展现因纽特人及其文化传统的作品，对因纽特人的历史起源展开深思。（导演收集了在因纽特人间流传的口头故事,就像对被流放、一无所有的希腊人而言,以口头文学为基础的荷马史诗作品是他们宝贵的财产。)

《冰原快跑人》围绕奔跑展开,部落领袖阿潭纳鸠为了躲避敌人,赤身裸体在冰面上跑了20英里,最终安全脱身。后来他战胜了邪恶的萨满,整个部落恢复安宁。这样的结局——长者的智慧得到认可,纷争得以平息,离别,孩子用缺乏童真的声音说话,一切都在相对平和的魔幻氛围中展开——让人耳目一新,预示着传统文化得到进一步发展和重塑。或许,这是持续八十年之久的基督教与当地古老传说相互融合的结果——在最早版本中,阿潭纳鸠就像冰岛传说中的英雄或奥德修斯那样,将敌人屠杀殆尽。如今在伊格卢利克的Iksivautaujaak猎场,人们依然可以看到阿潭纳鸠的宝座,这是一座用石头堆起来的纪念碑,它在因纽特人心目中的地位就如和平祭坛之于罗马那样。

因纽特人摆放石堆是很有讲究的,作为有形的实体,石堆同时具有象征意义,代表了整个北方。它们的复杂程度丝毫不亚于有关古爱尔兰的回忆,整个爱尔兰岛随处可见爱尔兰历史的见证。有些因纽特石堆具有实际用途,可以作为路标或有助狩猎;有些则是出于纪念目的;很多是用于祭典或被赋予神秘色彩。

这些石堆以及土著猎人和萨满搭建的石门,在一定意义上都可以代表北方，但任何征服北方的企图都注定会失败。因纽特人在这片辽阔无边的土地上留下标记，并不是想从中攫取什么，而是一种认可。经过摸索后，他们发现这是在北方大自然生存的行之有效的方式：这些标记既指出了因纽特人心目中的神圣之地，也能引导迁徙的动物，标出最合适的行走线路。[77] 你可以在北方留下路标，但不能将之视为可耕种的田地。西欧人对土地及其利用潜力的观点（即英语中用来描绘土地的词）都不适用于北方。相较而言，欧洲景观艺术显得不思进取，让人反感。

通过石堆表达对这片土地的感情，这种方式得到了因纽特诗人萨德拉克（Sadlaqé）的认可，为了让身边人对加拿大北方有更为全面的了解，他以华兹华斯般的风格写下了一段文字：

在我还年轻气盛时，曾希望能为我的村庄谱一首歌。一个冬天的晚上，皓月当空，我哼着小调，来回踱步，琢磨着给这首曲子填上合适的词。我找到了些美丽的词，能告诉我的朋友们，这里连绵起伏的群山以及其他一切都是如此美妙。每次当我置身户外，睁开双眼，都会尽情享受……突然我停下脚步，抬起头：眼前是我住所旁的那座高山，显得比任何时候都要高大陡峭。它似乎慢慢站起来，向我所在的位置俯

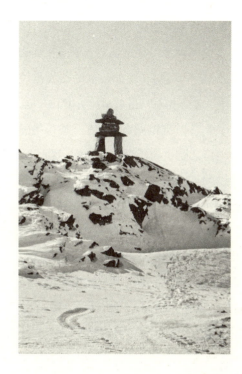

哈得孙湾,阿维亚特附近的因纽特石堆(Inukshuk)

下身,让人不寒而栗。我听到空中传来一个声音:"小小的人儿!我听到了你说的那些词。你的歌能让人们了解我吗?"[78]

在本书收尾阶段,加拿大总督阿德里安娜·克拉克森[1]也

---

[1] Adrienne Clarkson,又名伍冰枝,生于香港,任期为1999年10月至2005年9月。

发表了同样的观点。她在俄罗斯访问期间——寻求北方国家的联系和共同点——发表讲话，首先强调俄罗斯和加拿大的发展与其北方领土密不可分："正如我们的诗人皮埃尔·莫伦西所说的那样，北方并不只是指南针所指的方位，它已经融入我们的生命中。"[79] 克拉克森当时在圣彼得堡国立矿业学院，她巧妙地将话题引向了众所周知的问题——俄罗斯北部地区的生态环境在苏联时期遭到了严重破坏。（克努特·埃里克·延森拍摄的纪录片《冷酷与疯狂》聚焦芬马克的一个合唱团，其中最让人难忘的一个场景是合唱团乘坐长途汽车前往俄罗斯的摩尔曼斯克参加一场联谊音乐会。[80] 汽车经过枯萎的森林，污染之严重超出想象。镜头反复对准透过车窗往外看的挪威人，他们脸上写满了惊讶。这片严重受损的大地甚至引发了一次争吵，关于其社会制度以及它是如何导致这满目疮痍的景象的。）阿德里安娜·克拉克森娄表达的重点是，人们与北方的关系已经永远改变，利用（兼具中性和贬义）应该让位于"探索全新的北方人文精神"。这意味着重新定位，找到与北方大自然和睦共处的方式。面对这片苍茫无际的土地，试图征服或者使之成为人口密集的农田，都是不可取的。

我们这两个国家都不再考虑驯服和统治北方。生活在南方的我们常常视北方为取之不竭的自然宝库，对之予取予求,而不是将其当作国家和社会不可分割的组成部分之一。

接着,克拉克森呼吁人们融入关于北方的想象中。她清楚不能将北方描述得过于神秘化。她强调有必要倾听"我们在置身北方时对自己说了些什么",倾听神话及先见,只有这样,才能听到"北方对我们说了些什么"。

> 只有这样,我们才会理解亨利·拜塞尔——这位来自北方的诗人说的这番话:"我认为北极圈是一个起点,而非一片区域。所有线(即经线)在北方汇聚,继而发散……从而形成了我们周围这片神秘之地。"

英国

人们总是用贫瘠、真实和往昔一去不复返来形容英格兰北方。这是工业化城镇给人留下的印象,不过乡间郊野则是另一番荒芜景象,勃朗特姐妹的小说中出现的是一贫如洗的山顶农场和恶劣的天气。但北方人将北方比喻成都市田园,乡村与城镇相互渗透,在他们心目中,北方是充满回忆的地方,散发着怀旧气息,代表了令人愉悦的过往。进入21世纪后,工业本身及工业化城镇这个概念都成为过去式,存在于怀念中。

1930年代后期,"大众观察"组织前往博尔顿和黑池展开调查,除了书面报告之外,他们还通过画作和照片来记录所见所感。在20世纪余下的时间里,这些图像影响了人们对北方城市的看法。其中最让人印象深刻的是汉弗莱·斯彭德(Humphrey Spender)拍摄的照片,他多以旁观者的身份,随时随地留心周围的人。在拍摄这些照片时,斯彭德本人的心情是矛盾的:一方面,他十分同情这些人;另一方面,这些人的生活环境又让他感到害怕和压抑。对于一个受过良好教育的南方人而言,面对如此陌生的地方,有这样的反应是很正常的:

> 我感觉就像是个外国人……整个景象、整个城镇是如此破败,让我忧心忡忡。在这里,深红色的砖块格外醒目,草坪因为污染变成深绿色,高耸的工厂烟囱不断喷出黑烟——这些都让人担忧。总的来说,这次经历让我不寒而栗——并沮丧万分,因为这里是如此的贫乏……[81]

斯彭德的照片很有人情味,他意识到了大规模、千篇一律的工业化模式的缺陷:所到之处皆是被烟熏黑的建筑和阴郁湿滑的路面,目光所及,都为深黑色或泛光的灰色所笼罩。同一时期,威廉·科尔德斯特里姆(William

Coldstream)和格拉哈姆·贝尔(Graham Bell)用画笔描绘了博尔顿,他们选择居高临下的角度,且各自的画中都包含了意料之中的元素:砖砌连排屋、高耸的厂房烟囱和恶劣的天气。在所有这些图像中,你能看到空气因为夹杂煤灰和工业烟尘而变得浑浊泛白,仿佛被海水不断冲刷的玻璃一般——就像是荷兰冰雪风景画中的天空,又或者是达尔齐尔和斯卡利恩以《北方的观念》为主题创作的一系列艺术品中,用磨砂有机玻璃制成的指南针。斯彭德用相机拍下了科尔德斯特里姆在博尔顿画廊屋顶工作的场景,在这张照片中也能看到这种惨白浓重的空气。[82]

泛白的天空是 L. S. 劳里(L.S.Lowry)创作的工业时代人物群像画的明显特色,时至今日,他的画作仍能引发争议。[83]在20世纪的英格兰艺术发展中,劳里或许算是异类,但他对北方的解读广为流传,并获得(越来越多的)认可,而他的看法与本书所表达的观点相似。[84]从历史角度出发,在1938年、1939年,他的作品注定为更多人所留意,同时他作为画家的名声也不可避免地提升。"大众观察"组织用画作和照片方式记录下的工业化的英格兰,为劳里创作生涯的第一个高峰铺平了道路。(此外,在1930年代,英格兰人开始关注新生代画家,这恐怕也有助于劳里从一开始就被大众所接受:起初,接受过严格训练的他被普遍误认为是自学成才的艺术家。)劳里本人非常谦虚,

《黄昏时的工业城镇》，20世纪中期，彩色木刻版画

也可以说是低调，他将画作中标志性的白色天空归功于外人的建议，而非其自己观察所得。1966年接受采访时，劳里称他在索尔福德艺术学校的一位导师曾经公开夸赞他早期的作品——在那些画作中，天空都是烟灰色的——但也批评其色调过于昏暗阴郁。于是，（据劳里自己说）为了证明导师的评价是错的，他画了一幅画，结果却找到了日后创作的模式，能呈现出他所在的曼彻斯特贫困近郊上方那被污染的天空的真实面貌。

劳里的作品风格非常明显，将不同的人物形象和地点自由组合。一些画作中有厂房、连体排屋和铺设沥青的公共区域，很容易辨认，但更多作品是从假想的制高点眺望建筑群，白色烟雾弥漫，工厂和教堂塔楼仿佛飘浮在空中，给人一种不真实感。这是属于18世纪的建筑狂想曲，也反映出未经规划、仓促扩建、杂乱无章的现实。这些画通过具有象征意义的形象堆砌，准确表达了一种关于北方的观念。1930年代末，这些特质受到了时任泰特美术馆馆长的约翰·罗森斯坦（John Rothenstein）的赏识。前一年，他刚从谢菲尔德来到伦敦，看到劳里的作品代售，被其富有感染力的高认知度（在我看来，认知度既是劳里作品的特色，也是问题所在）所打动，便为泰特买下了这些画：

> 在画廊里，我惊叹于眼前这位不知名画家的作品，他准确描绘出工业化的英格兰北部的那种荒凉和残破不堪，还有挥之不去的阴郁浓雾。[85]

劳里擅长将现实中的各种元素搬到画布上，从而呈现出具有代表性的北方。他在1924年和1935年先后创作了《艾德菲的艾尔韦尔河》（*The River Irwell at the Adelphi*）与《河景，还是工业景象》（*River Scene or Industrial Landscape*），这两幅画描绘的都是同一个地方，后者仿佛黑色狂想曲，仓库、栅栏、矿井口和工厂烟囱似乎都陷入朦胧的白色沼泽中，仿佛飘浮在空中，构成了一道天际线。[86]画家选择了从高处俯视的角度，建筑的高度都被刻意降低，因此看过去，建筑和栅栏都处于半淹没状态。前景描画了矿井升降机和工厂烟囱；屋顶轮廓线时断时续，隐入黑暗中，残破的建筑更突显绝望感，而在惨白天空的尽头，可以看到一股模糊的黑烟，使得画面更为压抑。

汉弗莱·斯彭德在1938年拍摄的"泰恩赛德（Tyneside）"系列同样被认为代表了一种北方定义，几乎所有英格兰北部的摄影师都受到过其风格的影响。最初，这些照片被奥登的朋友、登山家迈克尔·罗伯茨（Michael Roberts）引用，作为同年12月于《图画邮报》(*Picture Post*) 发表的一篇文章的配图。[87] 文章开头配的图模仿了惠斯勒关于泰晤士河的系列画作《夜曲》——眺望新桥。桥上的灯、天空中最后一道光，与位于陡峭岸边的高大房屋中亮灯的窗户相呼应。小标题表达了英格兰北部的隐忍和对逝去时光的怀念："他看到难以压制的北方精神，但同时他也看到了停滞，对那些再也回不来的日子的不舍。"[88]

在这一系列照片中，有一张名为《1938年，泰恩赛德，纽卡斯尔联足球俱乐部更衣室》(*Newcastle United Football Club Changing Rams, Tyneside*, 1938) 的照片，没有作为上述文章的配图。[89] 照片记录的是某个周六下午，比赛结束，在更衣室外，天色已暗（斯彭德选择在队员打算离开的时候，站在较高的位置摁下了快门）。前景是一个赤裸身体的足球运动员，穿黑色外套的经理正在替他点

汉弗莱·斯彭德，《1938年，泰恩赛德，纽卡斯尔联足球俱乐部更衣室》，照片

烟，经理的黑色衣服与黑色的背景融为一体，只有顶部还是亮的。这是一张平静、具有纪念意义的照片——一张来自逝去岁月的照片，不经意间记录下一座北方城市在冬天某个周六的场景。它让人想到巴洛克风格的画作，就像乔治·德·拉·托尔[1]的作品那样，拥有层次丰富的阴影，光亮对比鲜明。它也具有都市田园风情：这一刻是安静的，

---

[1] Georges de La Tour，1593—1652，法国巴洛克时期画家。

甚至带有一丝神秘，日常生活凝结在高水准的艺术作品中。同时，这还是一张表现英雄气概的照片，如雕塑般让人难忘的躯体，表明——对于在寒风中站了两个小时的观战球迷而言——运动员就是英雄。它记录下了现实与理想化碰撞的那一刻，主人公生命中短暂且不再复返的瞬间。

在这个周六下午，足球运动员承载了诸多不知名球迷的期望，成为这座城市的代表，也因此成为高雅艺术创作的灵感（在这个十年将尽时，英国人开始对体育运动倾注热情，以逃避现实）。1930年代，对于工人阶层来说，足球和拳击是两种即使无法致富也能为他们赢得尊重的合法活动。这张照片代表了在无数个冬日周六忍受寒冷、战争而去看球的观众心中难以清晰表达的渴望。在关于北方城市的图像中，足球场和足球迷总是反复出现，足球是英格兰最具怀旧意味的运动。球迷们步行前往球场观战，黄昏初临时散去，原本人头攒动的街头渐渐人烟稀少，安静下来，恢复常态。在物质贫乏时期，足球队成为（现在亦是如此）全城焦点，代表了整座城市。处于困境的纽卡斯尔至今仍然有"专门的囚犯军团"，而当代诗人肖恩·奥布莱恩（Sean O'Brien）就是领军者。

> 三点不到，加洛加特看台响起阵阵喊声，
> 铭记失去的世界，政治：升降机从矿井中升起，

交出他们的民主人士……[90]

奥布莱恩认为，斯彭德在 1930 年代拍摄到的足球观众让 1990 年代的球迷相形见绌，前者是那个黄金年代当之无愧的英雄。

而西蒙·阿米蒂奇（Simon Armitage）——他认为哈德斯菲尔德应该铭记其足球队曾连续三年夺得英格兰甲级联赛冠军的辉煌，因为现在几乎所有地方都千篇一律——在诗中描写过抽烟的足球运动员，他回忆自己曾在看台上度过黄昏，那个时候的人们还记得足球运动员会抽烟。[91]

> 天寒地冻，双方队员都吐着白气，
> 就像被鞭打的马儿那样，
> 队长和教练不停咒骂着，
> 宣泄着情绪，喊出让人力竭的指令，
> 那不是我呼出的气，那是烟。[92]

他笔下的主人公有着西约克郡人特有的冷眼旁观，就像斯彭德的照片被赋予英雄色彩和乡村意味一样，阿米蒂奇所描绘的情景也早已不复存在。现如今，抽烟本身以及喷出的白气几乎都散发着怀旧气息，是属于过去的，是那些曾经吞云吐雾的城市的记忆。肖恩·奥布莱恩通过在城镇中穿梭的足球迷们联想到两次世界大战期间，属于工人阶级的英雄辈出的年代。当我走在桑德兰博物馆的台阶上时，有那么一刻，也有这种感觉，想起了托马斯·比威克[1]笔下逝去的北方原野，那些过时的质朴的语句被印在了桑德兰的陶器上。架在威尔河上的漂亮桥梁和虹彩陶罐上刻的图案一模一样。桥上全是步行前往球馆的球迷，他们身上穿着红白条纹球衣，移动起来就如同水面上被风吹动的旗帜一样。

杰弗里·希尔（Geoffrey Hill）的诗作《达蒙哀悼克洛琳达，约克郡，1654年》("Damon's Lament for his Clorinda, Yorkshire, 1654"，1978年出版）描写了昔日北方的田园风光：是为充满乡村风情、散发贵族气息的北方所写的挽歌，曾经的北方可是文化中心。这首十四行诗预料到读者会将约克郡与城市化、平民联系在一起，但诗人否认了这种固有看法，并加以利用。诗描写的是17世纪工业化之前的约克郡（安德鲁·马维尔心目中的约克郡），并强调了约克郡这个名字的后工业化联系。诗名中将具有乡村气息的名字"达蒙"和"克洛琳达"与"约克郡"并列，给读者一种不协调感。但这是希尔刻意为之，仅仅通过标题就点出了文化发展过程：昔日的约克郡就像伦敦，是文

---

[1] Thomas Bewick，1753—1828，英国雕刻师、自然史作家。

化中心。相比现在,大都市的野蛮专制在近代早期表现得相对温和。

希尔回忆起1654年的英格兰,那是保皇党的冬天。他描写的是见多识广的诗人理查德·范肖(Richard Fanshawe)的遭遇,彼时的范肖被软禁在谢菲尔德北部。当希尔在约克郡生活工作期间,他会去那个山谷消夏。诗作的主人公被软禁在一座废弃的贵族宅邸内,这是个悲伤又庄严的地方,一如詹姆斯式想象中南方的宅院。

这首诗描写了冬日的景象,情绪压抑哀伤。诗中提到了"谢夫河"和"顿河",不禁让人联想起曾经的谢菲尔德和唐卡斯特。希尔描述了阳光的稍纵即逝,公园里,橡树上被风撕裂的"金箔",还有当地沉默孤独的"牧羊人"(不仅指现实世界中的牧羊人,还包括带有乡村意味的标题所暗示的已逝年代的牧羊人)。不过诗的正文部分没有传递出丝毫的田园风情,希尔将范肖所处的境况一一列出:每年都有孩子夭折;内心的悲伤难以用言语来形容;作为诗人,当局却禁止其诗作出版。

> ……太阳很快露脸,
> 比落下去时更为灿烂。
> 我们靠其余下的热量活着……[93]

这个地方在过去与现在所承载的期望、诗名与正文的差距，形成强烈反差。希尔刻意将在英格兰北部进行文学创作描绘得无比艰苦。

菲利普·拉金（Philip Larkin）的十四行诗《星期五晚上在皇家车站酒店》（"Friday Night in the Royal Station Hotel"）间接思索了北方城镇与高雅文化之间的联系，诗名给人一种不和谐感。诗的大部分描写了周五晚上赫尔一家大酒店内空旷的景象，给人的感觉是所有可以离开的人都离开了这座城市。只有最后两句，拉金参考了中国古诗，即古代官员被发配到遥远驻地时表达哀怨和绝望心情的诗。这一刻，在他笔下，赫尔沦为被遗忘的地方，从英格兰现实主义的刻画变成类似亚瑟·威利[1]译文风格的措辞：

> 印了抬头的信纸，准备写回家的
> （如果家存在）流浪中的信：现在
> 夜晚降临。村庄背后水波迭起。[94][2]

写这首诗时（1966年），拉金视北方（相当准确）为远离

---

[1] Arthur Waley, 1889—1966, 著名英国汉学家, 擅长中国和日本诗歌翻译。
[2] 此处引用舒丹丹译文。加着重号的诗句原文为："Now night comes on. Waves fold behind villages." 作者解释，这是20世纪以英语翻译中国古诗常用的句式。

都市、远离文化和权力中心的流放之地。那个时候,将位于赫尔的有教养的诗人与被流放的中国古代高级官吏相比较,显得合乎情理,无论那个十年里涌现出多少诗人,他们最后的命运都与这些官吏们差不多。

战后,北方城市中心发展缓慢,因此1950年代北方儿童的记忆中仍保留了战前南方的印象。大多数那一代英格兰北部作家都被迫离开家园,前往南方。当他们在1970年代回到北方时,这些城市都已彻底重建,因此形成了他们故地重游、感叹变化之大的写作传统,英格兰北方也成为作家抒发怀旧情绪的主题。

安吉拉·卡特[1]就是代表人物之一,英格兰北部的变化被她看在眼里、记在心中。1970年,卡特写下了关于布拉德福德的散文《艺术化的工业》("Industry as Artwork"),对这座工业城镇的审美力进行了评价——这座城市的博物馆位于一座带着规矩的庭院的宅邸内(类似电影《去年在马里昂巴德》中水疗酒店)。卡特看到的不仅仅是工厂主们的奢华,被人忽略的光线以及城镇景象才是这篇文章的核心:

有几天,这里会出现北欧冬天才有的阳光,但空

---

[1] Angela Carter, 1940—1992, 英国作家, 作品风格独特, 集女权主义、魔幻现实主义于一体。

气被污染了,因此日光变得曚昽,以至于那黑色邪恶的工厂呈现出后启示录风格及布莱克式晕眩,仿佛新耶路撒冷终于降临……赤褐色的迷雾笼罩着周围的高沼地,无论站在哪条街上,几乎都能看得到,让人心惊胆战……

不过,雪能突出这座城市的主色调……煤黑色,虽然只是黑白色调,但并不令人感到乏味,或许有人欣赏这里各种各样的黑色,从最深、最浑浊的到最浅、最细腻的——棕黑色,绿黑色,黄黑色,还有让人感觉舒服、温暖的红黑色。[95]

1976年,为了前往战前繁忙喧闹的唐卡斯特集市,卡特需要穿过新建的市中心,可其实所谓的市中心并没有起到任何中心应有的作用。一开始建造只是满足一时之需,很快那个时期就成为过去式,卡特将这些建筑与巴拉圭留下的耶稣会传教区相比较,二者都是格格不入且规模庞大的废墟。[96]

卡特也意识到了北方城镇与乡村地区的相互渗透——模糊混杂的分界线,连排屋与田地直接相连——这成为北方作家创作的不变主题,也是西蒙·阿米蒂奇的诗歌着重想要表达的。1981年,为了庆祝亨伯桥[1]开通,拉金写了

---

[1] 著名的大跨度悬索桥,横跨英国亨伯河上,连接约克郡和林肯郡。

一首诗。在诗中,赫尔及其周边偏远地区处于冬季,农场和港口融为一体。

> 白雪厚积的冬天更为宁静:
> 农场被田野拥抱,孤灯亮起……
> 散落在险峻的海边,结冰的船
> 像迷途的鸟儿,携着她的孤独……[97]

同样的,卡特也回忆了儿时居住的南约克郡,工业化与田园风光并存——戴维·赫伯特·劳伦斯生活过的诺丁汉郡也有着相似的景象:

> 南约克郡的煤田并不如乍看之下的那么丑陋。它们更像是陶器,仿佛被时光封存,仍保持着工业革命早期半农耕社会的面貌。采石场周围满目疮痍、被掠夺一空的乡间田野依然郁郁葱葱,羊群在矿井口吃草。不过我小时候看到的羊都是黑色的,沾上了煤灰,而且那个时候的唐卡斯特集市,售卖的当地农产品比德文郡的伪市场多得多……这里没有西约克郡那般旖旎的景致,而是呈现一种怪异、肮脏的田园风光。[98]

亲临英格兰北方,就会发现"怪异、肮脏的田园风光"是非常贴切的形容。不仅是卡特,就连外来者也记得那个一去不复返的北方。[99] "被时光封存""半农耕社会"的北方存在于当代诗人的作品中:肖恩·奥布莱恩笔下的火车、西蒙·阿米蒂奇关于马斯登的纪念。伊恩·达西格(Ian Duhig)的作品集《提名》(*Nominies*)中有一首让人印象深刻的描写北方田园风光的诗,引领读者离开被废弃的当下,回到质朴的过去。这是属于孩提时代的田园牧歌、快乐的源泉——北方的秋季,黑莓成熟了——但这番景象只属于过去,留在记忆中。

> 黑莓小径通往家中,
> 小径变成树叶摇曳的小巷,
> 连接金子铺就的街道……
> 对于这个王国而言,这才是关键。[100]

拉金的诗《星期六展会》("Show Saturday")也聚焦北方乡村,点出城市是以乡村为基础发展起来的。在1973年,拉金描绘的这座"高高的只有一条独街的小石村"显然远离文化中心,但依然过着有尊严的日常生活。诗中部分描写北方日常景象的句子提到了一些事物,赋予其诗意,这种方式至今仍具有影响力:

> 现在回到私人住址，回到高高的只有一条独街的小石村
> 村里的大门和灯，黄昏时空荡荡的。
> 回到小城镇的小街
> 体育决赛的声音传进前门，
> 小块农圃延伸至铁路旁……[101][1]

诗的结尾部分（夏日结束，展会亦告一段落），人们将携手度过接下去气候恶劣的几个月：

> 现在，全都回到他们本地的生活了：
> 回到大篷车上的名字，挂在厨房的商务日历……
> 回到来临的冬天……[102]

最后，他形容这一年一度的展会是"新生的循环"——曾经，这种共有意识被认为带有宗教色彩——乡村为进一步的城镇建设铺平了道路。

从南方出发，谢菲尔德似乎是第一个真正意义上的北方城市。在穿过德比郡的途中已经能看到北方的迹象：渐渐起伏的天际线和石墙。在博尔索弗，宏伟的城堡与"煤

---

[1] 此处引用舒丹丹译文，下同。

矿大教堂"并存。快到谢菲尔德时，感觉像是来到了边境线的另一边，市中心杂乱无序，远处蓝色荒野和高沼地若隐若现，阴郁的塔楼很醒目。从地势陡峭的郊区看过去，很难判断远处灰色的反光究竟是混凝土建造的连排屋，还是为雨水侵袭的山峦。从高沼地高处远眺城市，建筑与田地几乎融为一体。曾经形单影只、到市镇中心只需步行的别墅如今为砖块和砂岩砌成的连排屋所取代。这里仍然有空地，就连最不起眼的房屋前面也会看到出乎意料的绿色。到处都有不规则庭院残留的痕迹，野外花园重新变成了灌木丛和林地，根茎和柳草蔓生。靠德比郡这边，山间砖石铺设的街道为树篱和树木所掩盖，一座座曾经的花园彼此紧挨着。山顶也划分出了地块，用树篱隔开，丰收景象一直延伸到悬崖边。一眼望过去，这座城市前面是焦油涂抹的工棚以及绿色的支路。公园里有一座用石头和木材搭建的小庄园。（内部是刻有图案的橡木和灰泥装饰，山墙上竖起了大烟囱。）谢菲尔德保留了一些小型特色产业——规模如第一次工业革命时期那样，类似德比郡克罗姆福德靠近运河的传统厂房——这里还有剪羊毛机制造商以及印刷用铅字生产厂。市中心以北、建筑密集的山谷区，曾经鲜为人知、为灌木和野花（6月盛放的野玫瑰和接骨木花让人惊喜）所遮蔽的偏僻地带，如今让位于蓝铃草围绕的水道以及乔治亚风格的磨刀店。

夏初时分，阳光穿透浮云，陡峭的街道上弥漫着女贞浓郁的香味,砖石小径传来的阵阵热浪直到夜间仍不愿散去,近郊与山另一头的乡野连成一片。这种景象是北方城镇最常见的,无论 20 世纪中期的购物中心显得多么残破,住宅规划显得多么糟糕——无序的发展加上起伏的山坡,一起构成了这片土地的砂岩脊梁。穿过西区继续往北,科尔德河谷的田园风光(有时候显得不自然)慢慢呈现在眼前,狭窄的运河、架在河上的桥依然保留了中世纪的形状,似乎是模仿曾经的驮马桥。羊群在被石墙围起来的田地间吃草。和谢菲尔德一样,早期工业革命在乡村留下的痕迹随处可见。不过从哈利法克斯出来,仍能感受到工业革命后期的辉煌——向西离开时沿途可以看到山附近那大量保留的城墙;犹如染上乡村气息的悬崖,是巨匠的杰作。谷底盖满了房屋,砂岩建成的连排屋之后就是险峻的砾石,但山顶的建筑是古时留存下来的,宽大的石板铺就的驮马小道通往昔日的羊毛村。

出了山谷,就来到赫登布里奇(Hebden Bridge)——它离经叛道、粗劣、另类,维多利亚风格的连排屋在攀升的哈沃斯路两旁排开,整齐有序,神气十足。艾米莉·勃朗特的作品使得哈沃斯本身就被赋予了北方色彩——浪漫的荒野,罗曼蒂克的小说——但现在让人印象深刻的是,为少量带石墙的田地所围绕的古老村中心不再孤单,在昔日空旷的高地上,时断时续的半乡村风格连排屋已经让人见怪不怪。在旁边的山谷里,激流冲刷,流入科尔德河,农村工业发展留下来了不少乱石堆,烟囱从茂密的森林中冒出来。

这是特德·休斯（Ted Hughes）和费伊·戈德温（Fay Godwin）合作出版的诗集《爱密特废墟》（*Remains of Elmet*）中描述的景象,他们为这些简洁的诗句配上了烟黑色和雨灰色为主色调的照片,延续了汉弗莱·斯彭德和比尔·布兰特（Bill Brandt）的北方取景风格。诗集于1979年出版,现在看来,只有在当时的北方（极少数除外）,我们才能看到人（往往是男人）与环境展开的斗争。所有的厂房、教堂和杜鹃花都给人一种压抑感;岩石和高沼地的恶劣气候迫不及待想要收回被工业化据点抢占的土地。在休斯看来,树林中的烟囱（或者其他物体）想要再度升起,必须先倒下（"自然"循环）。高沼地最高处是属于习惯在岩石和大雪中出没的狼群和怪兽的。决心融入当地（或者说决心当个坚决不动摇的北方人）的结果就是一再重申荒野原则。在写于十年前的诗歌中,休斯更善于捕捉北方黑夜的精髓。当乌鸦发出凄凉的叫声时,

> 阴雨不断的暮色中,感觉被针叶树包围般,
> 仿佛响起沉闷的枪声,余音不绝。[103]

这几句诗不仅描写了声音和渐暗的光线,还提到了火药的

味道（就像煤炭燃烧产生的烟味，属于高地的气味），以及冷雨打在皮肤上的刺痛感。这种带有男子气概的冷峻，以及想象中的与环境的斗争，也是一种北方的观念，在20世纪中期风靡过一段时间。

从赫登布里奇出来往北，沿途经过不少城镇，靠近边缘地带时常常会有一种突兀感，从连排屋突然就过渡到了乡村田野。哈利法克斯、哈德斯菲尔德、基斯利这些城镇的郊区地带，仍然保留着大规模漂亮的维多利亚式建筑和公园，街道两旁是精美的别墅，代表着取之不竭的创意和精湛的技艺。基斯利的博物馆堪称北方城镇中最为华丽的，其外观看起来像是一座黑色的砂岩城堡，有塔楼、冬季花园、温室和假山。里面是并列的三个宽敞的房间，有着法兰西第三共和国似的奢华装饰。超大的枝形吊灯——即便是对如此华美的房间而言也如此——在头顶沙沙作响，光线从窗外射进来，吊灯边缘也变得闪亮起来。站在窗前，你能眺望整个城镇。这是维多利亚时期画家笔下典型的北方景象——栖居于山坡上的豪华宅邸，工厂则建在下方的山谷中。相比开阔、散发自信的近郊，城镇中心显得冷冷清清，优柔寡断，人们品味的突变使得它们沦落至无人喜爱、无人欣赏的地步，被困在错误的地方。城镇之间陡直翠绿的山谷，田野间孤寂的工业化村庄，从近乎垂直的草坡上流淌下来的溪水，让人目眩的阳光，都留有前工业化时期的影子。

基斯利北部的村庄仍然有浓厚的工业化气息,虽然河谷逐渐变得开阔,农业所占比例开始超过工业。在斯基普顿的市集上还能找到工业化痕迹,向西延伸的道路通向偏远而质朴的兰开夏郡。基斯利与斯基普顿之间的村庄都介于乡村和工业化之间。在运河流经的谷底,工厂和小教堂多集中在村庄边缘,而在荒野尽头,能看到17世纪常见的农舍和小型宅院。

这些介于农耕社会和工业城镇之间的地方现在引发了争议,但在关于英格兰北部的公认看法中,几乎很少有人提及这些地方余留的乡村痕迹及逝去的乡绅年代,但它们依旧是北方不可或缺的组成部分。为了抵御北方的大风,拥有粗大横梁和石窗的老式庄园缩小了规模(以至于拱形顶部中央的灯光显得有些唐突,在这样偏远的地区,呈现帕拉第奥风格),铅框小窗面向北方,其中一扇窗玻璃上刻了北极星及其守护星,烟囱则背朝荒野,避开最为恶劣的天气。进入内部,你能感受到整座建筑的坚固程度,宽敞带窗的房间,被沉重的木质天花板压着。这些房间位于北方,对天气不抱有任何的期待。更远的北方,在苏格兰或斯堪的纳维亚,人们会对天花板进行装饰、镶嵌板或者涂上色彩,以吸收积雪反射的亮光。西约克郡和兰开夏郡的庄园在建造时秉承以深色和华丽为主的美学理念,刻着深纹路的深色木头,映衬着跳跃的火光。房屋前面是被高墙围起来的花园,刻有日期的石板铺设的小径直接通到门口,就像威廉·莫里斯的《乌有乡消息》(News from Nowhere)卷首插图中的花园一样,只不过在这里,薰衣草和玫瑰是在高高的砂岩围墙内怒放罢了。房屋后面,用石墙围起来的田地从高沼地陡然而下,延伸至花园围墙。天色暗淡时,亮着灯的窗户散发着浓浓的复古气息,布局紧凑,山形墙和阁楼窗户尽显优雅。

从兰开夏郡边缘地区出发,选择另一条不同的道路,就到了哈德斯菲尔德西南部,这是西蒙·阿米蒂奇的家乡。这位当代诗人深受西约克郡的影响,被视作整个英格兰北方的代言人。他同样是在乡村和工业化交叠的环境中长大,他的创作与这个地方密不可分。阿米蒂奇在马斯登(位于城镇密集的西约克郡西面)的一幢古老的房屋内长大,屋后是险峻的高沼地斜坡。马斯登是个兼具城市气息和田园风光的村庄,翻越奔宁山脉、前往兰开夏郡的驮马道经过此地,19世纪得以进一步扩张。阿米蒂奇熟悉的这片土地处于边远地区,充满了矛盾,他的诗作亦是如此。在马斯顿一侧,英格兰之脊奔宁山脉高高耸立,将西部与东部隔开。阿米蒂奇大多数诗歌的灵感都来自他在工业城镇边缘的高沼地漫步的经历,尤其是青少年时期。

他不断回想与一帮同性好友在城镇与乡村交界处嬉戏玩耍的情景。他总是一再回忆起上学的美好时光(在小说

《小绿人》中也有类似的回忆),因为"很多诗都是关于孩提时代的,那时的一切都具有超自然色彩"[104]。阿米蒂奇的诗都是围绕某个地域展开。尽管在 1980 年代,英格兰南北分界线的位置不断调整,但他在血斧(Bloodaxe)出版社出版的诗集(*Snow Joké*, *Zoom！*)开篇("听说过那个来自希顿默西 [Heaton Mersey] 的家伙吗?")就从地域角度出发,第一首诗主动提到了一连串北方地名。

他很自信(与众不同),认为北方就处于当下,就是自己所站的这片土地。阿米蒂奇心目中的北方不在别处,没有与我们渐行渐远。在他的文集《一切皆指向北方》(*All Points North*)中,他用平淡的口吻指出北方就在这里,就在马斯登,就在西约克郡:

> 虽然从地理位置上看,这里只处于中间地带,但你可以称之为北方……北方也可以是西北部的兰开夏郡、东北部的诺森伯兰郡,有时候是亨伯赛德郡。这里和荷兰很像,或者是坎伯兰郡、湖区,进而是苏格兰。但此刻这里就是北方,有神灵,也有恶魔……从某种意义上说,它不在这里,也不在那里。土地被没来由地划分出界线,因为过于辽阔而无法用一个名字来称呼,因为被划分得过细而无法被视作是统一的,你很难找到其中属于自己的一方天地。[106]

阿米蒂奇在早期作品集《孩子》（*Kid*）中也表达了这样的观点，在名为《真北》（"True North"）的诗中，真正的北方在西约克郡，当——

> ……坐在冰冷的警卫车厢内
> 经过无人值守的车站
> 来到冰雪覆盖的站台。[107]

偏远的北方，狼群踩着碎冰出现，地形复杂多变。而阿米蒂奇笔下的北方主要集中在奔宁山脉，你可以在"黎明出发，在被冻住、如玻璃纤维般的草地上散步"[108]。也可以驱车——

> 那样的日子里，我喜欢开车
> 顶着如圣诞卡片上的严寒翻山越岭……
> 最好等到满月时
> 能看到满天繁星
> 关掉车前灯和广播。[109]

阿米蒂奇和肖恩·奥布莱恩不同，后者在描绘赫尔和纽卡斯尔时为其增添了北方另一个世界的神秘色彩。它们是典型的北国，始终白雪皑皑的遥远城市，北冰洋航海图中找不到的地方。当阿米蒂奇和格伦·马克斯韦尔（Glyn Maxwell）前往冰岛，借此向奥登和麦克尼斯表达敬意时，阿米蒂奇将自己比作从约克郡来的初级的极地探险家——

> 磨好鞋底的钉子，往小壶里倒满还热乎乎的烈酒，从乱七八糟的狗篮里翻出羊毛衫，皮特森先生在壁炉台上留下了一张潦草的字条，将钥匙放进信箱，蹒跚走上泥路。[110]

——但在冰岛的所见所闻无法动摇阿米蒂奇对他心目中北方的定义。当冰岛诗人马蒂亚斯·约翰内森（Matthías Johannessen）采访他们时，阿米蒂奇回想起奥登将冰岛视为定义北方的标准，奥登的冰岛之行对他整个人生都产生了重要影响。

> （奥登）说冰岛就像是西沉的太阳，（但）站在山上，你仍然能看到阳光，冰岛就这样追随着他——散落在山间的落日光辉。他说他并没有时时刻刻念着冰岛，但……他从没有不想念冰岛的时候。[111]

阿米蒂奇和马克斯韦尔始终心系英格兰。当他们乘坐的渔

船经历暴风雨考验后,安全地在韦斯特曼群岛登陆时,激动万分的两人感激这脚踏实地的一刻:

> 我们爱韦斯特曼群岛,因为它们是冰岛,是陆地,是英格兰,是家,不会移动,保持静止,就是此时此刻。[112]

(后来,在偏远的布雷扎湾海滩,北极的海水拍打着熔岩悬崖,如此情景本身就是极致北方的体现。马克斯韦尔想到了在英格兰海滨度假的时光,赤脚的阿米蒂奇则在沙滩上写下了"约克郡"这几个字,还拍了一张照片,起名为"思乡"。)

阿米蒂奇知道自己心目中的北方位于哪方天空之下。在《一切皆指向北方》的最后,他提及天空中的北方群星,灿烂夜星下方就是他的北方。他在有意无意间模仿了安德鲁·马维尔,后者曾说群星如"警惕的巡逻队",守护着其赞助人位于约克郡的宅邸。

> 大熊星座和小熊星座,与北极星拴在一起,永远是迈着沉重的脚步,就如同马戏团动物一样。双子星座相吸相斥,永远纠缠在一起。你的星星。你的标志。
>
> 轻弹烟头,光秃秃的树枝往上伸展,似墓地,进入银河。然后你们分开,各走各的,在同一片天空下

过不同的生活。[113]

诗集《死海之歌》(The Dead Sea Poems)的最后有一首梦幻般的诗,标题就是日期《九九年十一月五日》("Five Eleven Ninety Nine"),非常简单。诗描写了千禧年来临前的篝火。当时的约克郡异常寒冷,熊熊燃烧的篝火给人以强烈的冲击感。然而当火逐渐熄灭,伴随着严寒,加上社区的死气沉沉,北方成为梦魇,就如同加拿大人想象中的冰吸血鬼、温迪戈以及(托芙·扬松小说中)格罗克,代表着孤独、自私和寒冷。篝火燃尽后,阿米蒂奇诗中的人们回到冰冷的住所,此时的他们不再是社区一员,而是迷茫的个体:

> 回到空荡、冰冷、如石头般僵硬的屋中,
> 回到一无所有、废旧的房间里,
> 没有窗帘,房门敞开着……[114]

没有哪位诗人像阿米蒂奇这样坚持不懈地描绘自己的家乡。整首《幻境》(Cloud Cuckoo Land)都是关于马斯登的。[115]《死海之歌》中《我们俩》("The Two of us")中有模仿19世纪马斯登诗人塞缪尔·莱科克(Samuel Laycock)创作风格的痕迹,《一切皆指向北方》结尾描绘了马斯登上空巡逻的星星,这一冬日夜曲中最先出现的是——

> 我想那应该是金星,既是黎明之星
> 又是薄暮之星,随心所欲更改着行迹。[116]

——接着,他用一连串北极动物的名字,来形容寒冷夜空中的星座:

> 大熊星座,
> 北极贼鸥、北极兔、北极狐、北极熊。[117]

阿米蒂奇受邀为千禧年写下的千行诗《扼杀时间》("Killing Time")最后同样回归他心目中的北方:

> 最后,上周在西约克郡的一个村庄里,
> 什么都没发生。
> 当场安排了专案室,
> 装起了摄像头。[118]

和阿米蒂奇一同前往冰岛和巴西的格伦·马克斯韦尔认为,撒切尔政府的上台导致英格兰南北两地重回1930年代的状态,呈现两极化。1980年代的新一代诗人在创作时,都是从北方汲取灵感,也因此容易引发争执。血斧出版社

(留意这个名字)举办的周年庆派对,就莫名其妙地演变成一场批判南方的聚会。马克斯韦尔是其中的例外("从绿树成荫的赫特福德郡来的、面色苍白的牛津毕业生"),在"产生英格兰式分歧的房间中"站错了位置。这次经历让他开始考虑南北差异:

> 为了将这片古老的土地一分为二,人们做了无数的尝试。而这次无疑是影响最大的,不仅导致由来已久的部族敌意进一步加深,还出现语言入侵、经济仇恨,民间更是出现各种传言……英格兰文化总是本能地将北方与韧劲、贫瘠、狭隘和传统联系在一起,至于南方,则代表了圆滑、特权、控制和新奇。[119]

这其实是北方真实的一面,从1930年代开始,英格兰北部就与贫瘠、一去不复返画上了等号,1960和1970年代的电影也是如此刻画北方的。马克斯韦尔由此产生联想,提到了中世纪的一首讲述一段北上之旅的诗歌《高文爵士与绿衣骑士》(*Sir Gawain and the Green Knight*)。马克斯韦尔打趣称自己是高文爵士,出身自南方宫廷却置身于一群古怪的北方骑士中,而阿米蒂奇就是绿衣骑士。

对于一代又一代英语读者而言,他们对北方的想象都受到了高文这个人物的影响。即便是现在,任何学习英国文学的学生都无法避开这首诗。不过,他们往往会经历这样一个过程,从一开始的被动阅读到后来有所感悟——很多学生都是因为教学大纲的要求去读这首夹杂着不少难以理解的方言的头韵体诗歌,读完后才发现自己对英格兰、对南北方有了更为清晰的认知。诗中对北方的想象获得了一致的认可。《高文爵士与绿衣骑士》第二部分讲述的冬日之旅,成为所有描绘独自北上经历的故事的典范。离开熟悉的世界,进入更为荒凉的土地——踏入充斥着恶劣气候、怪兽出没的可怕地域,穿过积雪和冰柱覆盖的岩石,最后来到这荒原中的城堡,见到那会变形的主人。

这首诗的匿名作者(从诗中出现的英语方言可以推测,他是北方人)最初可能是想讲个关于北方的笑话,同时调侃下被吓破胆的南方人。高文在冬季北上,一路见到太多异象,遭遇太多怪兽——这是北方人在想象,南方人是如何看待北方的。

> 他还曾与巨龙恶战,与狼搏斗,
> 与居住山洞的野人交手……
> 许多个夜晚,他躺在光滑的岩石丛中,
> 裹着盔甲睡觉,身体被冰雹冻僵,
> 更何况溪流的浪花在周围飞溅,

> 有时他的头就枕在冰柱上！[120][1]

高文的第二段旅程就在北方境内，他从变形者的城堡出来，去见绿衣骑士，让对方回砍自己的头，以信守先前的承诺——在南方人眼中，北方的景象是何其可怕：

> 广阔的云天下，邪恶的湿雾
> 弥漫在沼泽地，消散在山冈，
> 每座小山都披上了浓雾的外氅。
> 溪水在雾气中奔流，溢出堤岸，
> 白茫茫的瀑布直泻而下……
> 他们登上一座山巅，
> 脚下堆着厚厚积雪。[121]

只不过这些都是从高文的角度出发，威勒尔以北（兰开夏郡北部或湖区，甚至是加洛韦）让他感到恐惧，但实际情况并非如此。称山如同披上了浓雾外氅，表明这位诗人可能是故意用荒诞的口吻，试图逗北方听众一笑。

故事结尾部分，高文受了伤，这次经历提醒他今后务必审慎正直。当高文看到自己的血滴在坟冢旁的雪地上，

---

[1] 此处引用陈才宇译文，下同。

这是北方留给他的箴言。

> 殷红的血已从肩膀流到地上。
> 高文看见自己的血滴落雪地，
> 即刻一跃而起……[122]

几滴血似乎是献给北方的冬天、神圣的林木、古怪的骑士以及各种陌生景象的小小祭品，对高文来说，则截然不同。他遭到了羞辱，他失败了，他违背了约定。以他活着的原则而言，他宁愿死去。这时，绿衣骑士笑了。可他的解释没有让高文感受到任何慰藉，高文拒绝重返城堡。他离开往南走了，承认了自己的失败，北方让他一败涂地。

诗人将绿色教堂和变形者居住的城堡——他心目中的另一个世界——安在威勒尔以北，但并没有指出具体的位置，可能是加洛韦，但更有可能是兰开夏郡北部或者坎伯兰郡，尽管湖区吸引了大量游客，可坎伯兰郡相对而言依然偏僻穷困。在英格兰西北部，翻越奔宁山脉，从东到西（通常要穿过阴暗的风雨屏障）会让人有一种强烈的回到过去的感觉，这是一片不为人所熟知的土地。尽管兰开夏郡比约克郡更具乡村风情，但这里总是被大多数英国人忽视。兰开夏郡只意味着棉花小镇，曼彻斯特和利物浦经历的辉煌和惨淡，黑池有趣的方言。但兰开夏郡北部远离权力中心，不在基督教会或政府的掌控中。在英国，与之类似的地方就只有北诺森伯兰郡和阿伯丁郡，只需往地图上瞄一眼，就能看出这些地方人口稀少。

当代诗人大卫·莫雷出生于兰开夏郡北部，在他看来，偏远海岸边的度假区充满未知，并且是不可知的：

> 海浪卷过斯塔尔曼，你不会知道这个地方。
> 芦苇田，骗子出没；平静流过兰开夏郡的奥里诺科河……
> B路是兰开夏郡丢弃废品的地方
>
> 破裂的床垫。漆罐。购物篮里的脏东西。
> 牌子上写着不准倒垃圾，游客禁行。[123]

类似地方少有人听说，迫切渴望远离人们的视线。

数个世纪以来，西北部发生的种种事件迫使很多居民过着与世隔绝的生活。兰开夏郡北部拒绝改变主要体现在宗教方面：当其他英格兰人都成为好斗的新教徒时，不少兰开夏郡的精英人士及接受他们赡养的人仍然（不惜一切代价）信奉罗马天主教，他们生活的方方面面都受到影响。加上法律禁止天主教徒参军、进入行政部门和议会，这一地区进一步远离都市圈——同样的情况也发生在坎伯兰郡和诺森伯兰郡。在 19 世纪以前，传统教育、语法学校及大学都不接受拒绝参加英国国教礼拜仪式的兰开夏郡人。三百年来被边缘化的经历导致这里产生了一种激进的思想，他们拒绝都市化革新，坚称这样才是最真实的。1674 年，道尔顿家族的一对姐妹在位于兰开斯特的阿尔克利夫庄园的墙上，刻下了这样一段激烈的铭文：

> 我们是天主教处女，对任何改变都嗤之以鼻。[124]

至今这段历史依然有迹可循：博兰德森林内还留有树篱和零星的路标，是英格兰境内隐秘的流放地。墓地幽暗阴森，墓碑上都立着耶稣十字架受难像。平顶的乔治亚风格小教堂孤单地立在田间和小巷深处。位于斯托尼赫斯特的库房里装满了隔绝时期收集来的本地物品，有画作、金属制品和刺绣，记录了英格兰的另一段历史，同样的故事也曾发生在杜埃、巴利亚多利德和罗马。

绵绵细雨中，田间出现一座与世隔绝的精致农舍，主人罗伯特·奥尔斯顿（Robert Alston）要求石匠专门刻一条雕带装饰，记上他认为的英格兰历史上重要的日子，从 1582 年开始。这确实是个别出心裁的点子，从上帝创世到伊丽莎白一世即位的这段时空，被浓缩进这条雕带装饰中。但那些被遗漏的才引人关注：没有提及亨利八世，也没有提及宗教革命,而余下英格兰史上的大日子都被深深刻上,以便能长久保留。奥尔斯顿家族自认英格兰历史的传承人,无视任何宗教变化。这座农舍的其他地方也留下了刻有日期的石头、十字架以及具有宗教意味的字母组合图案。它是如此牢固,地处偏远,却给人留下深刻的印象,和利文斯庄园的早期现代花园、彭里斯附近刻有激进铭文的塔楼一样,隐居避世。

冒着大雨,从东面的科恩驱车进入伯恩利,深入兰开夏郡腹地,这里愈发显得边缘化,充满断裂感。伯恩利是工业化区域最后的小镇:一侧毗邻散发城市气息的山谷,但另一侧地势突然升高,变成荒原。城镇和乡野在汤尼利庄园的公园交会,如今这里有不少足球场。如此的庄园、公园、运动场、荒原和体育馆的组合颇不寻常,泛光灯照亮阴沉的黄昏,是英格兰北部最让人难忘的地方之一。汤尼利庄园现被改建成包罗万象的博物馆,但仍然散发出庄严的伤感气息,一方面是因为地处偏僻,有过拒不参加英国国教礼拜仪式的过往;另一方面是因为如今随波逐流,融入现代化的环境中。屋前是北方特有的田园风光,乡村与城镇相互渗透。从林荫道可以看到足球场、工厂烟囱、整齐的砖砌连排屋。石屋被岁月染上了暗灰色,露台上的大石板反射出微光。参天大树发出低吟,足球场上响起喊叫声。

踏入庄园，从客厅可以看到屋后栽种的树，天色渐暗，你已完全感受不到城镇氛围。穿过维多利亚风格的雕像、高大的中式花瓶，借着暮色，可以看见窗外的森林和瀑布，水汽弥漫。这充满 19 世纪风情的景象应该是当初建造庄园时就设计好的，逼真重现了充满忧郁气息的夜晚，源自无尽、茫然的维多利亚式感伤，堪称完美。然而，从前窗依然可以看到城镇，它确确实实地存在：周日来踢足球的人们离开了，被昏暗笼罩的树枝上仍然挂着鲜艳的球衣，街灯亮起，连排屋的窗户也出现了灯光，透过朦胧的雨雾照上庄园的窗玻璃。

乔利的阿斯特利庄园同样位于城镇边缘一座美丽的公园内。这处宅邸的正面看起来很质朴，有两个巨大的飘窗设计，并不是完全对称的，没有其他装饰。这其中牵涉极为复杂的几何学，是原始现代派的体现，甚至打动了尼古拉斯·佩夫斯纳[1]，英格兰之行总是让他疲惫不堪，而阿斯特利庄园是少数能让他振奋的地方之一。

  步行穿过公园，这需要不少时间。当这幢房子出现在你眼前时，你会惊叹不已。角度恰到好处，直

---

[1] Nikolaus Pevsner，1902—1983，英国艺术及建筑史学者，原籍德国，后来因为纳粹的原因，移居英国。

> 棂窗和横楣构成的网格在外凸的墙上显得格外醒目。1930年代建造的房屋中，如阿斯特利庄园这样正立面全是玻璃窗的少之又少……现在经过水泥加固后，整体感觉更坚定，甚至有些阴森。[125]

这是典型的北方建筑，接近苏格兰和斯堪的纳维亚地区的城堡和塔楼风格。外观朴素，内部精美。石膏装饰图案复杂华丽，可以看到胖乎乎的、违反英国国教形式的小天使。天花板和雕带装饰的凹槽都极深，不过并非全都以灰泥为原料，有些地方用皮革和铅，然后再刷成白色。凹槽之所以如此深是方便在多雨且光线暗淡的冬季还能辨识，或者更好地吸收积雪反射的光亮。佩夫斯纳再次被这样的设计所打动。

> 内部的装饰和外立面一样让人叹为观止。大厅内有一个大壁炉，上方设置了醒目的饰架，还有粉饰过的天花板，极尽华美，展现出精湛的技巧，但有些过于华丽，反倒略显俗气……天花板被横梁隔开，嵌板上刻着花环和天使。这些图案之美让人惊叹，隔壁的客厅恐怕有过之无不及。[126]

只是这个房间里的天花板压得极低，加上黑色的木嵌板——刻上了立体的天使，以及苹果和洋蓟组成的花环——给人一种窒息感。点亮炉火或者蜡烛，感觉会更为强烈，尤其是当风吹拂，垂饰轻微摆动时。在英国几乎没有类似的宅邸——位于兰开斯特中部的音乐厅缪斯屋的内部装饰可能更主流些，但同样让人惊叹——从某种程度上，偏远的地理位置、远离都市影响造就了巴洛克式的阿斯特利庄园。

普雷斯顿是邻近北部的工业城镇，就像是这一地区的首府。这是一座宜人的小城，也是历史悠久的定居点，早期建筑并没有因 19 世纪的工业发展而被夷平。随处可以见到普雷斯顿徽章——灯柱上，公共建筑上，普雷斯顿北区足球俱乐部的球衣上。徽章是扛着一面旗帜的神的羔羊（Agnus Dei），在 17 和 18 世纪的大多数时候，这个徽章都被认定是非法的。独特的宗教史让普雷斯顿显得与众不同，这种独特的氛围因其近郊有多座有活力的大教堂而留存下来。单就这些教堂的规模而言，普雷斯顿更像是德国或荷兰的城镇。它也很像是欧洲北部的工业化城镇——像法国与比利时边境地区的——但渔人门后面华丽、饱经沧桑的乔治亚式广场，其惊人的规模和倾斜的草坪都是完全的英格兰风格。太阳西沉时，巷道的鹅卵石和花岗岩小径都闪着微光。离开小镇东北部，你就会再度看到密林和沉默不语的庄园。

这幅极具英格兰特色的景象，随着坎伯兰郡的版图而展开，让人感觉已来到英格兰的尽头。感受这种断裂感的最佳地点是锡尔弗代尔，石灰岩的道路延伸至此。它位于工业化的兰开夏郡的北部，也在田园式的兰开夏郡以北，在黑池和莫克姆这些令人愉悦的城镇以北。石灰岩路的尽头就是大海，海湾对面的湖区最南端笼罩在雨雾中，若隐若现，看起来比实际距离更远，从那里开始将进入另一片地域，渐渐远去的北方之南。

同属一郡的观念在湖区不复存在，"湖区"因其田园风光吸引了大量游客。但海湾对面的群山更像另一个希柏里尔，是与工业化北方相连的一方新天地——（在大多数南方人眼中）它不断往边境扩张。这里具有明显的北方特征：裸露的山顶、险峻的山谷，耕地只覆盖了谷底和一小段山坡。临湖的低地为石墙所环绕。

坎伯兰与凯尔特人有关联，并重新使用雷吉德这个古老王国的名字——以此命名一处集游客中心及服务站于一体的建筑群——这么做符合历史逻辑。建筑群的风格（类似北方诸岛上出现的史前圆形石塔）不同于湖区常见的风格，代表这里是往北进一步延伸的最南的起始点。过去，坎伯兰同时受到英格兰和苏格兰的影响，还曾一度为维京人占据，偶尔也会是法律所不及的灰色地带。西蒙·阿米蒂奇在定义英格兰的北方时将湖区排除在外，认为其属于苏格兰。临近湖区北部的平原与索尔韦和苏格兰相连,其东部边境也不存在高地屏障。坎伯兰当代小说家约翰·穆雷(John Murray)发现了家乡的这一"尴尬"处境,因此他笔下的主人公比蒂是:

> 坎伯兰人,这意味着他既不是真正的苏格兰人,也不是真正的英格兰人……他就像是从月球上或乌贾因或厄河河岸来的,也可能是从坎伯兰这个鬼魂出没、堕落、专横的乌托邦来的。他开起车来倒像个真正的坎伯兰人,在道路上飞驰,对所有遇到的人都破口大骂。[127]

从坎伯兰到达勒姆,当你向东转时,立即就会看到奔宁山脉的北峰矗立在前方,仿佛一道黑色的防御土墙。不过,沿着因雨水而泛光的公路驶入陡峭的峡谷后,你会看到长满羊胡子草的绿地和黑色的高沼地。高地上残留着砂岩烟囱、废弃的铅矿井,小溪边上还能看到当初矿工使用过的水轮机和洗煤场地。山坡上的石门守卫着矿井入口。这是令奥登终生难忘的风景:最偏远的地方遗留的工业化痕迹。英格兰的秋天始于此,9月清晨的威尔河谷,天空依然清澈,山上长满了欧洲蕨,通透明亮,但皮肤感受到了如水般流动的空气,其中藏着一丝寒意。

靠近达勒姆,河谷开始变宽,出现了用砖头和深色石头砌成的连排屋。可支撑这些连排屋的工业已成为过去,就如同托马斯·比威克的版画,与印在桑德兰的瓷器上的诗句描述的一样。比威克童年时代生活在充满田园风情的泰恩谷,它就位于查理伯恩的老屋后,溪流从甜樱桃树中间匆匆流过,这样的景象都一去不复返。同样消失的还有比威克笔下:

> 漂亮的草坪或牧场,不是被破坏就是被隔成小块……一丛丛盛放的棘豆、毛地黄、蕨菜和刺柏,西面还有繁茂的欧石楠,空气中都弥漫着香味。[128]

如同比威克情不自禁的粗话和哼唱的民谣一样,它们都再也回不来了,那些歌谣都不约而同提到了艰苦的活计:《漂亮的矿井小伙》《勇敢的犁田男孩》《矿工花环》。

达勒姆临威尔河而建,本身就相当于一座孤岛——这座中世纪乔治亚小镇为绵延数里的工业化村庄和采矿城镇包围,不失尊严,有着不加修饰的质朴美,另一方面却因为错失城市化和成为大学城的机会而陷入低谷。森林遮蔽的威尔河谷、醒目的大教堂以及教堂围地的灯光都使得达勒姆蒙上一层忧伤的复古色彩。站在大教堂对面的南街看到的夜景,正是令人向往的维多利亚风情,符合人们对19

世纪理想的宗教市镇的想象。时光荏苒，威尔河潺潺流动，抹去现代化气息，留下美好的过往。从哥特式窗户透出的亮光穿过幽暗海湾和密林，那恐怕不是这个世纪的光亮，而是煤油灯光。拉上窗帘吧，不要再看大教堂了，是时候切断对过去的向往了，以免觉得现在难以忍受。

F. L. 格里格斯创作过一幅版画，描绘了一座为积雪覆盖的哥特式城堡，从地形看，很容易让人联想到达勒姆（虽然建筑细节完全不同，但城堡位于悬崖顶部，这一点与达勒姆相似），因此也被归为达勒姆风景画当中。这幅名为《施赈所》(*The Almonry*) 的画创作于 1925 年至 1926 年，画家准确刻画了风雪交加、空气结霜的景象，并将其熟悉的不同地方的特色叠加在一起。[129] 格里格斯将雪和岩石的质地恰到好处地表现出来，表明这座庞大的中世纪建筑就位于险峻的悬崖边上。光秃秃的树枝上挂着雾凇，在矇眬的阳光照耀下，大教堂很是醒目。画中的人物形象似乎属于 16 世纪初。其实，格里格斯创作了一系列中世纪后期相关的作品，这幅画是其中之一。画家给自己的作品起了诸如 *Anglia perdita*——《我们失去的英格兰》或《迷失的英格兰》——这样的名字，还引用了怀念在历史洪流中被抹去的美好过往的反抗性铭文。有评论家认为《施赈所》描绘的是灾难来临前的大教堂及其民众，"报佳音的人"（镇上的音乐家们）在唱圣诞颂歌时可能感受到了"让人不安的

F.L.格里格斯，《施赈所》，1925—1926年，蚀刻版画

空气",似乎灾难即将临头。这幅版画展现了一个理想化的北方:冬天的城堡。[130]

出生于纽卡斯尔的诗人肖恩·奥布莱恩,其作品总是弥漫着怀旧情绪,这一点是毋庸置疑的。他怀念井然有序的英格兰北方的一切,同时他的诗也对更遥远的北方充满了憧憬,憧憬北极航行、破冰船和以欧洲冬季为背景的战争电影。归根结底,他所渴望的——不断往北——是一座典型的冬日城市,与世隔绝。当纽卡斯尔、邓迪或赫尔下雪时,就会短暂成为奥布莱恩心目中最理想的北方:

> 雪纷飞,白茫茫,另一座城市
> 我不记得曾经离开,或重新来此。[131]

奥布莱恩的诗展现了至少两种北方、两种对北方的定义:英格兰北部以及根据种种迹象抽丝剥茧凝练出的、充满诗意的纯粹北方。他也是本书所涉的"北方英雄",因为在当今英语诗人中,只有他对地域,尤其是北部地区始终抱有浓厚兴趣。几乎他的所有诗作都在表达对地域的感受,重新塑造它们的形象,不仅仅是本书提及的北方,还有废弃的开阔场地,偏远地区的图书馆,公交车站,午后小酌时看到的城镇风景,奥登式的酒吧,在那里等着船只出航。他的创作具有重要意义,比起其他健在的英语作家,奥布莱恩对北方有更为清晰的理解，但这并不意味着北方是他唯一的创作主题。

奥布莱恩曾简单地提到成为诗人的必然性以及创作的灵感来源，他引用了房产经纪人常说的那句话——"位置，位置，位置"[132]——这句话本身就足以表明地域在其创作中的重要性。

> 我想写关于不同地方的诗，任何描述都回归到地方本身，这样读诗时就会感觉身临其境，或者至少能引发你对这个地方的思考。我生命中最早接触的风景——50年代中期，赫尔的安拉比路；肉店后面的平房，花园里开满丁香；萨利斯伯里街，旁边就是大到容易让人迷路的果园；林荫道之间隔了十英尺；如河那么宽、发绿的排水沟……唯有置身其中才是最好的方式，尽管我也不知道原因。它们就足够了……
>
> 此外还有铁路拱桥、高架桥、交叉路口、路堑、死气沉沉的车站、交通指示线、码头边的减震器、闸门、河口、奥斯伯恩河、德·拉·波尔和科林伍德的雕像、灯塔、海上航路、冰山、航海图上以数字形式存在的地方。[133]

从铁路拱桥开始，到海上航路和冰山——这份清单上列出

的物体逐渐往北移,很接近拉斐留斯在生命最后几年选择的东西。奥布莱恩欣赏拉斐留斯,一点儿也不让人意外,他的两本作品集都以拉斐留斯的画为封面配图。《沿河而下》(*Downriver*)中有一首专门纪念拉斐留斯的短诗,称其见证了英格兰已经逝去的得体年代——白垩岩层留下的图案,还有延伸的铁路,没有任何现代化迹象。(奥布莱恩很清楚多数英格兰人即便是身在家乡也沦落到被边缘化的境地。)拉斐留斯对地域的遐想、对平凡生活可贵的认知让奥布莱恩动容,他的诗歌也充满了这两方面的感思。拉斐留斯喜欢人人动手、丰衣足食的英格兰,同时对北极寄予无限想象(拉斐留斯的风景画《1940年的挪威》现为纽卡斯尔美术馆收藏),也正因为此,奥布莱恩视其为同道中人,他们共同见证了这片土地上所发生的一切,也知道一切本来可以往另一个方向发展。

奥布莱恩对北方城市拥有的田园风光尤为钟情。在之前引用的那段关于创作灵感的阐述中,他就提到了赫尔这个心目中的圣地,提到了连排屋中间的花园和果园。对他而言,孩提时代关于北方的记忆是宝贵的,残留在城市中的公园和小块田地,让他思绪飞扬

> 沾染了工业气息的乡野
> 我们的草场覆盖了一层灰……我们的地方

> 介于两者之间，废弃的高架桥……
> 鸟鸣划破上个世纪的烟尘。[134]

《致赫尔和霍尔德内斯的未知之神》（"To the Unknown God of Hull and Holderness"）这首诗中出现的一连串失落、被废弃、介于工业化市镇和田园的地方，其实是奥布莱恩记忆中真实存在的、无人问津的英格兰北方。[135] 整首诗读来，充满深情，流露出无限惋惜，因为那些荒弃的才是宝贵的。这是奥布莱恩心目中北方的精髓，接受这片土地的冷峻，与那些被迫边缘化的来到"逝去的八月，这个葬礼"[136] 的人一同欢庆，无论之前发生过什么，北方偶尔也会呈现出美的一面。

> 雾气消散：蓝色夜空，星光璀璨
> 夜晚华灯初上
> 煤烟好似河流，飘飘恍如天堂。[137]

后工业化时代、充斥着不协调景象的英格兰北部是可以改变的，能成为如北极般的另一个世界：

> 绵绵细雨笼罩的北方，
> 煤烟不复，烟囱成废墟。[138]

——当从更遥远北方来的白雪飘落时:

夜幕降临
雨水变成雪片,冬天来了。

下雪的这一刻,听到亨伯河或泰恩河上船来船往,诗句在真实和想象的北方切换。在想象世界中,诗人从赫尔出发,踏上前往终极北国的旅程。这座城市沉浸在漫天飘雪中,他想象着自己乘船出海,前往遥远的目的地希柏里尔。这首诗名为《回家》——奥布莱恩总是将希柏里尔比作家乡:

白色海浪渐渐退去,
出发吧,趁着最后一道光亮。
又下雪了,你给我的地图册上又多了些地名,
这些冰冷、让人兴奋的名字,
就在几近沉睡的北极,越来越近。[139]

这首诗还描述了另一种北方:冬天的欧洲就是个冰封的次级世界,边境戒备森严,集权国家之间爆发激烈战争。这个想象世界的灵感部分源自黑白电影,源自伊舍伍德和奥登关于战争的点滴回忆。诗人详尽描述了这个世界,它

究竟存在于哪个年代,我们不得而知,只知道是在过去"某一年里",主角是个摩托车手,担任卧底重任,"一月队长"骑行在冰冻的路上,尽管"那些可能被释放的人并不存在"。从一定程度上看,这是一段梦魇般的想象,这座城市的"鹅卵石巷道铺上了一层厚厚的积雪",公寓里"碗里的水凝成了冰／旁边的毛巾也被冻得硬邦邦的"[140],诗人就是处在恐惧中的市民,无法相信任何人,就连爱人也可能背叛自己。城外同样是一番冰雪铺天盖地的景象,沼泽地和农场都被冻得结结实实的。

不同于奥布莱恩描述过的其他冰雪茫茫的城市,这片让人胆寒的中欧土地被人为剥夺了幸福,原本你以为离开英格兰北部来到这里可以找到回家的感觉,却发现这里早已被掠夺一空。而要进入真正的北方,还是得等到夜幕降临飘雪的那一刻,当航船的声音从河边传来时。这让人回想起繁荣年代,那些偏远的贸易港口。

> 黄昏时分,开始下雪,
> 河上的船只如塞壬般,亮出歌喉,
> 出发从此地到他地,
> 还记得那些航线上的城市——
> 北角、波罗的海森林、阿尔汉格尔斯克。[141]

雪花纷飞的英格兰北部已经饱经风霜。时光不再,奥布莱恩留意到那些荒凉的城镇沉浸在悲伤中,繁荣时期留下的港口空无一人,博物馆也无人问津。城市为失业问题所困扰,随着港口和铁路的没落,这片土地也迷失了自我。但出于最后想要逃离的渴望,奥布莱恩想象着那些在英格兰国内被流放、被迫另寻出路的人前往他心目中真正的北方,寻找地图上不曾出现的正义之城。

> 我希望所有人都能上船……
> 唱着 sod you old England,我们走了
> 为了工作,乘着船,冒着雪
> 跟着指南针驶向家园。

奥布莱恩始终坚信,我们可以在北方找到真正的家园。"……我会等待／无论需要多久,在漫天飞雪中,在塞壬的歌声中。"[142]

无论地图怎么标注,我们很难界定真正的英格兰北部边界线究竟在哪里:是比威克的城堡、古罗马长城、特威德河,还是索尔韦的沼泽地?它们都可以成为想象中的边界。(受过良好教育的苏格兰人热衷的消遣之一就是站在豪塞斯特兹的城墙上,争论他们到底属于哪一边,是出生的北方,还是拉丁文化遗产更为丰厚的南方?)这条边界线

总是在变化,难以固定,历史上,它一直沿着血腥好斗的阿姆斯特朗、贝尔和格拉汉姆们[1]设立的、法律所不及的防疫封锁线上下变动。即使到了现在,东部边境绵延数英里的荒地依然是那段暴力过往的沉默见证。

比尤卡斯尔村给人一种英格兰尽头的感觉。它位于边境山区,长城以北,靠近坎伯兰、诺森伯兰郡和苏格兰最南端的交会处。村庄显得是如此偏远孤寂,如同芬马克的定居点那样。通往村庄的公路逐渐变窄,直接穿过当地农家的宅院,而不是绕道而行。不为人知的小径如蜘蛛网般纵横交错,越过边境,在地图上却只被潦草标注。比尤卡斯尔南面,路边立着一座坚固如城堡的农舍,与世隔绝,似乎连律法也无法触及此地。方圆几英里范围内,还能看到四座小型防御堡塔的遗迹。开阔的粗草地上有零星几座房屋,还有一座教堂,草地与周围的荒原几乎连成一片。教堂北侧没有安装窗户,一方面是为了抵御恶劣的天气,一方面是避免北方的魔鬼来袭。

墓地里,比尤卡斯尔十字架为维多利亚风格的墓碑所环绕。[143]自7世纪后期起,它就一直立于此地,堪称奇迹,标出了奥斯维之子阿尔克弗里斯国王的坟冢。十字架顶部已经遗失,但上面刻的图案依然清晰可见,基督脚踩野兽,

---

[1] 这些都是传说中从边境入侵的勇士家族。

圣约翰和神羔,方格花纹和蔓延的藤蔓,都排列有序。比尤卡斯尔十字架无疑代表了英格兰北方,它融合了多种元素:蜿蜒的藤蔓的灵感来自地中海东部;基督的形象则是从科普特教会经爱尔兰传入的。这是7世纪英格兰能打造出的最为复杂的人工制品,拥有与同时代罗马雕塑相似的精美细节。它的存在使得我们不得不重新思考所谓的中心和外围的问题,眼下,十字架位于英格兰最边缘的小村庄里,要再继续往北,你就得步行到苏格兰。如果是驱车,就得沿着昔日高沼地土匪走过的小道,"悄悄"前往边境。

帕特里克·基勒(Patrick Keiller)于1997年上映的电影《太空中的鲁滨逊》,其结局就发生在北部边境,片中两位负责调查"英格兰问题"的人在快到苏格兰时,却被告知不用再继续调查了。[144] 他们的合同被终止,因为过于逼近边境,他们受到了惩罚。哈德良长城的一部分受到英国国民托管组织的保护,禁止拍照,因此他们无法拍摄到真实的哈德良长城,只能用手机拍摄了一张照片,上面印有英国遗产的红色标记。

不过影片到这里开始转向另一个北方世界,辅以简单的音乐,镜头记录了英格兰—苏格兰边境处平坦石头上留下的史前岩画、杯环印遗迹、螺旋状的一笔画迷宫。基勒评论认为这些图案与"最初级昼游症的典型表现"相关。在评论的结尾,他表示:"我没法告诉你们,鲁滨逊在哪里找到了他心目中的乌托邦。"最后的画面定格为纽卡斯尔的桥,桥面上车来人往,一直到音乐结束,影片完结。就像当年汉弗莱·斯彭德举起相机对准同一个地方那样,导演选择了特定的角度,使得桥在暮色中显得极为孤单。你看不到城市的衰退,也看不到城市的发展(看不出"城市复兴"的迹象),只有19世纪的工程至今仍在使用,连接起过去与现在。

* * *

对南方人而言,苏格兰就是希柏里尔,比想象中(工业化英格兰)北部更远,在引发分歧的湖区之外。这里有不少边境:索尔韦、特威德河、北奔宁山脉、奥特本周遭的高沼地。跨越边境可非易事,因为路途遥远。在哈德良长城谷地和苏格兰最南面的城镇之间是绵延数英里、杳无人烟的高地,格外偏僻,没有法律能顾及此地(实际上它正是因此而变得荒凉)。所有这里的地名也都是战争的名称。时不时发生的越境突袭使得边境处几乎无人居住,只有近海岸的特威德河谷能看到农耕田。西面是雾气弥漫的索尔韦涝原,基于同样的原因,人口稀少。西部的高速公路深入边境与克莱德山谷之间荒芜、布满铅矿的山间,这里也是一片空旷、荒凉。

在南方人看来，苏格兰是个贫瘠的地方：一无所有，可以被无视。17世纪初联合王国时期开始，[1]苏格兰就不可避免地蒙上神秘色彩。对于所有自认为"南方"的地区而言，有相信北方是饥寒交迫之地的需要，如此一来，"南方"才会为其所处的相对宜人的环境和拥有的繁荣而自豪。18世纪早期以及19世纪后期发生的饥荒和财政危机，使得这种说法更为广泛地流传开来。除了建筑和视觉艺术外，苏格兰缺少具有特色的文化产物（这一点其实也被证明是错误的），加上加尔文神权制被庸俗化，以及顽固的苏格兰人拒绝被南部王国同化，这些也都成为苏格兰落后的证据。

不过，生活在苏格兰低地的人又视高地为荒芜之地，他们觉得高地人是难以捉摸的野蛮人，是游牧民族而非农民，是危险的落伍分子。19世纪早期，沃尔特·斯科特爵士[2]相信，随着詹姆斯党叛乱的失败，高地人陈旧的生活方式也随之告终。在低地人眼中，詹姆斯党等同于持不同政见的遥远的苏格兰东北部人，虽然语言不如西部高地人那么难懂，但东北部仍旧是这个冬季王国最边缘的前哨基地。在英国，只有苏格兰语中特有的侮辱性的表示轻蔑的词 teuchtar——相当于意大利语中的 terrone（意为乡巴

---

[1] Union of the Crowns，指的是1603年，苏格兰国王詹姆士六世加冕英格兰和爱尔兰国王。
[2] Sir Walter Scott，1771—1832，苏格兰历史小说家、剧作家及诗人。

佬)——适合用来形容生活在北方乡村的人,这个词既包含了地理位置,也暗示落后、混乱和懒惰。

而苏格兰式的苏格兰描述(往往表现得愤怒而哀痛)也进一步支持了这里神秘又贫瘠、这片北方土地为贫穷所困的说法。20 世纪中期,埃德温·缪尔(Edwin Muir)对苏格兰人的一番形容被广泛引用:

> ……不知道
> 他们从何处来,向何处去
> 尽管生活贫困,天寒地冻,被驱逐流放
> 他们依旧怡然自得。[145]

20 世纪后期,欧文·威尔什(Irvine Welsh)的小说体现了一种都市人的绝望,反映出 20 世纪中期城市规划给爱丁堡人造成的真正麻烦,被认为能代表所有低地苏格兰人的境遇。爱丁堡至今仍像是一座布局紧凑的中世纪或 18 世纪城市,历史气息浓郁的中心区依然有人居住,但这其实是毁灭性的大清洗和重新安置后的结果。伦敦人之所以急切相信威尔士是当代苏格兰的真正见证,是因为伦敦本身标志着英格兰在 1980、1990 年代经历的混乱,因此他们需要去相信,北方才是那个贫乏的王国。

"北方"和"贫困"并不是准确的形容词。苏格兰传统观念认为法夫和洛锡安属于"南方",从18世纪开始,诗人和地形学家形容它们是富饶之地,就像古时的田园一样,沐浴在和煦的阳光中。苏格兰最早的文艺复兴风格乡村宅院就建在这里。18世纪,爱附庸风雅的地主模仿荷兰的古典建筑,为自己建造宅邸,并将马厩的入口处建得如史前要塞般,就是为了营造罗马神殿的错觉,以证明苏格兰富于罗马精神。他们认为自己的燕麦和大麦田是维吉尔式田园风情的延续,是古老世界的一部分。他们一致认为哈德良长城(蛮荒地域的见证者,立于古苏格兰之外)是中世纪的,并不重要,压根就不存在。

坐落在岸边的小城镇,布满了洛锡安区的沃野,20世纪之前,其中的大多数都保留着17世纪的高大建筑,如爱丁堡老城那样。现在的爱丁堡郊区沿福斯河两岸而建,吞并了近代早期最初一批乡村宅邸,乍看之下,它们像刷白了的小型城堡,其实是模仿意大利或古罗马建筑风格。这些建筑曾经孤零零地立在开阔的山坡上,与巴斯岩成一条直线,或者面朝北部山脉。这里不乏南方风格的漂亮宅院和能饱览滨河景观的别墅。

诺斯菲尔德是最早开发的爱丁堡郊区之一,保留了带有高耸围墙的花园,不过如今角楼俯瞰的是成排的白色公共住房、嵌板围起来的后花园和被磨损了的足球场。门上的山墙有些颓废,但在17世纪早期,这可是最早尝试重现古典元素的建筑。花园内栽着的沙果树张牙舞爪，似幽灵一般。4月，夜晚开始变长。黄昏时分，站在花园里，可以看到高处石灰白色的山墙和屋顶天窗发着微光；一层的大窗没有窗帘，窗框勾勒出的屋内景象像极了一幅荷兰油画。灯光照亮文艺复兴风格的天花板——在横梁阴影的映衬下，鲜花水果组成的花环图案更显精美——这一刻，再现了早已逝去的古罗马式富丽堂皇。横梁间嵌板上刻的是复古的月桂花环，是专门用来装饰这一地区（封闭堡垒林立）第一座朝南的别墅的。横梁两侧的阿拉伯风格图案很像普朗丁或埃尔泽维尔[1]的边框花纹设计，是苏格兰学生从巴黎和莱顿带回来的口袋书上印的花纹。文艺复兴风格的深色天花板下，嵌板墙被刷上了鲜艳的18世纪色彩，乳黄色、裂纹白、清绿色。镀金的框架将渐暗的天光投射到房间的阴暗角落。

一开始，房间内的烛光似乎过于昏暗，但眼睛很快就能适应微妙变换的光线。壁炉台上纤细的银质烛台上燃着四根蜡烛，壁凸式水晶烛台也亮着四个火苗。天光暗去，屋外带围墙的花园内，盛放的白色果树显得更为高大，仿佛要侵入屋内。不过夜幕完全降临后，树影也随之消失，烛光愈发明亮，透过棱镜将斑驳的色彩投到嵌板上。壁炉

---

[1] Plantijn or Elzevir，这两者均为印刷出版商。

中的火光穿过玻璃杯中的红葡萄酒。

卧室内只有头顶的横梁被漆成暖色调的红色和赭色。和所有奢华的空间一样,这些房间显得既冷清又充实,不过这种充实是浓浓的复古风罢了,停留在1600年代画家笔下,由炭黑色和红赭色廉价颜料凝固的时光。卧室的暗色实在太多了,过于压抑,让人难以入睡。外面亮着街灯,汽车和火车在连接南北方的主干道上来来往往。

福斯河北面,树篱围起的田地一直延伸至岸边,这种不起眼、几乎处于防御姿态的房屋林立其中,悬崖间隐藏着白色的滨河小镇,坐拥天然形成的港湾。地势较高的城镇中,商业街上还立着17、18世纪的建筑,一些荷兰风格的住宅。陡直的巷道纵横交错,从花园围墙间穿过,通向地势较低的港口城镇。近岸处还停着几艘渔船,起的名字就如同刻在桑德兰瓷器上的诗句一样纯朴:"晨星"号、"供给"号、"小秘密"号。福斯河尽头,1930年代惊悚电影中出现的延伸至荒野的铁路桥上游段,坐落着卡尔罗斯——保存最为完整的皇家自治城镇之一,延续数百年来的贫困、采矿业和当地工业化的失败以及人口流失,使得这里几乎和17世纪时没有什么差别。[146] 卡尔罗斯与世隔绝,街巷狭窄幽深,有不少为高墙包围、如堡垒般的房屋。这里的街道是用较大的鹅卵石铺设成的,通向小巧的中心广场,广场上立着一座集市十字碑,顶部是一头苏格兰的独角兽，兽角在刺骨的寒冷中发光。淤塞的港口旁，桑德黑文街上矗立着布鲁斯的卡诺克宫（Palace of Bruce of Carnock），高高的砖墙环绕庭院，内部有很多上过漆的房间，布满红黑图案，如星图般抽象。其中一个房间绘有徽章，出自莱顿的一本绘本。这是一位富商为自己精心设计的房间，整个拱形天花板上都是具有警示作用的图像和诗句，关于命运无常、生命短暂以及末日降临。

盛夏夜间，从位于凯利古堡后面的小山丘法律山上往南眺望，福斯河另一头的苏格兰田园风光尽收眼底。古堡花园内，草坪修剪齐整，石砖小径蜿蜒，短暂的夏季，蔷薇、白色的洛锡安紫罗兰、斑斓的石竹花尽情盛放。罗伯特·罗瑞莫[1]的花园石屋旁有一道很少使用的后门，可以从这里进入树林，爬到山上。平缓的灰褐色山坡上散落着盛夏才有的伞状野花。山顶是平坦的草地，亮光在北方地平线徘徊，黎明即将到来。

那一刻，文明的苏格兰，用苏格兰人自己的标准来说就是丰饶的南方，似乎就在眼前。刻有抽象图案的古堡塔楼就在山脚下，到了冬季，呈平行四边形的花园围墙能捕捉到每一丝阳光，空气宜人，微风轻拂。靠近福斯河是坚固的农舍，带有露台花园的乔治亚建筑为繁盛的树丛环绕。

---

[1] Robert Lorimer，1864—1929，苏格兰建筑师、家具设计师。

穿过海滨城镇就来到了巴斯岩。在这里，爱丁堡变成了一个远在西边的发光点。佩思郡和山脚处丰产的土地则在比爱丁堡更遥远的西面。福斯河左岸渐渐开阔，可以看到灯塔，位于幽深树林中、让人感到不安的沃明斯顿庄园，守着半岛和北海。[147]

塔楼的小客厅内，在刻有帝王和英雄形象的圆雕饰下，人们聊着天，渐渐的，盛夏的暮光填满整个房间，光线慢慢移动，嵌板墙上的装饰图案则纹丝不动。镜子、镜框玻璃和枝形吊灯边缘闪着光。屋外的天空永远不会到伸手不见五指的程度，树丛剩下大致的轮廓，总是隐隐发出微蓝的光芒。在早得不合理的黎明，绿色的广阔麦田一直延伸到耀眼的海边。

英格兰与苏格兰最明显的不同处在于苏格兰没有英格兰式的村庄。在苏格兰，城镇与乡村有着显著的差异。小规模的城市定居点能看到集市十字碑，（往往）设定市场章程、城市规定和特权。无论规模如何，即便是最小的定居点，也是一派城市景象。道路两旁是紧挨在一起的连排屋，屋后是带石墙的花园。而在苏格兰村庄中，只有建于维多利亚时代或后期、属于粮食商和医生的别墅才拥有前花园，它们并非乡村风格的别墅，而是模仿城市近郊的维多利亚风格宅院建造的。

历史悠久的市中心同样是密集型布局。爱丁堡老城是唯一仍然保留了部分最初街道规划的。这种荷兰式或斯堪的纳维亚式的公民意识利于城市造就公共辉煌，它不同于英格兰北部的维多利亚式显赫，因为它并非是个人慈善行为的产物，而是公民共有的愿望，即保持公共建筑与众不同的外观。

爱丁堡新城就是这方面最好的例子，18世纪的发展使得精英人士离开文艺复兴风格的中世纪老城。无论是在爱丁堡，还是格拉斯哥，都可以看到皮拉内西式、颇具气势的石阶和铸铁扶手。这种遍布全城的匠心独具是英格兰北部城市所没有的。往日被煤烟熏黑的石头为通往格拉斯哥意式皇冠台的阶梯增加了几分肃穆，爱丁堡圣伯纳露台硕大的托斯卡纳式立柱亦是如此。

这两座低地城市都靠近大海，在爱丁堡老城的任何地方，都能看到新城建筑的屋顶，能眺望福斯河对岸法夫西面的群山。西部城市格拉斯哥则建在山上，下面就是克莱德山谷，落差极大，陡峭的地势造就了让人眩晕的街道。建于维多利亚中期的别墅矗立在最高的山坡上，下方是码头和忙碌的街道。船主们建造的别墅群充满田园气息，院子里绿树成荫，果实累累，朝向昔日造船厂起重机所在的位置，正是从那里，船只出发，前往美洲。

格拉斯哥位于西部，经常下雨，在方言和文化等不少方面都受到爱尔兰的影响，但拥有自己的新希腊和新艺术风格建筑。这些石质建筑时不时给人以惊艳感。例如细节处一丝不苟的希腊复古式或阿伯茨福德哥特式公寓。同样的，这座城市在发展中展现出来的公众与合作意识给人留下深刻印象，例如露台下方硕大的柱基，栏杆上极具质感的古典式铸铁装饰。城市西面，广场、露台和别墅是如此醒目，让人忘却低处那些呈现早期维多利亚风情的区域。鹅卵石铺就的陡直小巷在船主带围墙的花园间穿梭，绿叶掩映。一幢18世纪的农舍为红石砌成的公寓所包围。乡村宅邸的果园与两座漂亮的古典别墅的后花园共用一堵墙。一座1850年代的房屋，客厅嵌板是循环再使用的，可能来自原址已经拆除的房屋，也可能是船上头等舱拆下来的。

出了山区，爱丁堡和阿伯丁都通过建造与石桥和堤岸齐平的街道来提升地势，也因此打造了一个地下城镇，通道交错。爱丁堡的地下世界拥有大量地窖和拱顶、山谷底部用黑色砖石铺成的街道以及永远暗无天日（盛夏也不例外）的公寓和酒吧。哪怕是在工作日的中午，阿伯丁的地下城也可能空无一人，隧道穿梭于街道下方，通往与码头相连的山坡和偏远地带。

阿伯丁不是低地，也不属于高地，每到晴朗的冬日，这座城市就展现出最迷人的一面：灰色的后乔治亚时期的街道与港口相连，路的尽头停泊着巨大的波罗的海商船。整个冬天，太阳在地平线附近徘徊，阳光在街道上投下长长的影子。海鸥的叫声此起彼伏。寒意与煤烟、泥炭烟混杂在一起。在冬日斜阳的照耀下,你很难分辨出路面上发光的究竟是冰、灰尘还是云母石。

尽管民众很团结,尽管低地拥有美丽的田园风光,但在北方气候面前,整个苏格兰依然显得脆弱不堪:在爱丁堡,东风肆虐;格拉斯哥总是骤雨倾盆;阿伯丁则为海雾和积雪所笼罩。即便是低地人口最密集的地区,也会被突如其来的暴风雪弄得狼狈不堪,罗伯特·路易斯·史蒂文森在《巴伦特雷世家》(*The Master of Ballantrae*,1889)中描写过夏日里洛锡安突然降温的情景。小说讲述的是18世纪一对兄弟的故事,就发生在一片分裂、容易受到北极恶劣气候影响的土地上。

> 27日,全天天气都糟糕透顶:冷到让人窒息……大厅壁炉里的柴火堆得高高的;一些闯到北方的春鸟或蜷缩在窗边,或在被冻住的草地上一路小跑,看上去心烦意乱。中午太阳稍稍露了下脸,白色的山和白色的树林构成一幅美丽画卷,寒气逼人,克雷尔的小帆船正在克雷格角等待顺风出航。每个农场和农舍都有烟飘出。夜色渐浓,雾气再度袭来,没有星星,一切显得那么安谧,同时寒冷刺骨,这是个让人分不清季节的夜晚,最适合怪事发生。[148]

道格拉斯·邓恩在《北极光》中也提到了随时伺机而动的冬天。在这部作品集中，他回忆了1988年回苏格兰的遭遇，此前，他一直在英格兰北部工作。对邓恩而言，这意味着人生新篇章的开启，做了多年鳏夫后，他再度步入婚姻，有了孩子，得到了一份新工作，在位于边境的泰波特——位于富田园诗意的法夫东部和保留19世纪风貌的邓迪之间——有了新的住所。从泰波特可以眺望苏格兰，东面的河口，河流汇入大海，西面的泰河河谷与山川相连。邓恩对北方这个主题始终抱有浓厚的兴趣，他对北方有自己的理解。和诗人兼小说家安德鲁·格雷格（Andrew Greig）一样，邓恩认为北方的夏天是脆弱的——冰霜巨人在山间等待着，等到8月第一丝寒意来袭时，它们就会南下。对《北极光》这个书名，也可以存在不同的解读，画家们一直认为来自北方的光是真正的光，是值得用笔记录下的光。在这个基础上发展出了一个我们熟悉的观点，北上之旅是苦行，是寻找真相之旅，将所有幻想抛诸脑后。苏格兰的冬日阳光让一切变得如此清晰。而邓恩为这个书名赋予了看似自相矛盾的寓意：在做好昏暗降临的准备时迎来华丽光芒；找到幸福归乡的感觉后，又要面对各种未知。

冬天是变化的时节，总是有一种挥之不去的感觉，并非由于让人胆寒的幽灵，而是因为寒冷的黄昏让人情不自

禁想到难以承受的过往:

> 邻居冰冷的晾衣绳后,
> 银白色的瓦片和烟囱顶管,
> 我们的边境始于此地……
> 随你怎么理解,没有人知道
> 冬日浓雾笼罩的群山会讲述怎样的故事……[149]

冰冷的黄昏慢慢溜走,无法掌控,也同时带走了邓恩的心——"晴雨表上显示1940"——冰霜之夜的静谧驱散了邪恶的幽灵,诗的最后又回到了现实世界,回到寒冷夜晚,位于真正北方的家中。除了活人之外,逝者也在这里停留,

> 现在我们的屋子,你和我之间的爱,
> 我转动插在锁孔里的钥匙。
> 它们手心的寒意透过金属,我感受到了。[150]

这部作品集中最伤感同时也最令人不安的诗,聚焦邓恩在北方展开的新生活。雪天的一次漫步让他思绪万千,不出所料,他联想到了一个充满敌意、为冰雪覆盖的欧洲,随处可见探照灯、带刺的铁丝网以及战地指挥所。(这个非黑即白、被封在隆冬时节的邪恶欧洲很像肖恩·奥布莱恩

《一月队长》中"被占领的欧洲"。[151])熟悉的泰波特田园风光消失了,变成了雪花纷飞、光线暗淡的绝望之地,安全得不到任何的保障,更不要指望能获得宽慰。迫害、边境、天翻地覆的变化、德国战争——北方蒙上了悲伤的色彩。

> 究竟是什么萦绕心头,白桦树,还是雪?
> 这里感觉太欧式了——高高的、带倒刺的围栏,
> 有狗在吠叫,一记枪声,
> 隆冬时分,气温已至零下……[152]

水塔变成了岗哨,立起了探照灯,树林里的树墩仿佛被废弃的罗曼诺夫王宫,在难以想象的严寒和苦难中再无人问津。

> 紧闭的森林房间,华丽的隐居处,
> 冰扶手椅,还有斜挂着的枝形吊灯……

而纳博科夫小说《微暗的火》中的幽灵也为这样的景象所困扰:那个如影随形的北方王国,国王被废黜并流放。

> 夜间敞着窗帘,我会让暗玻璃上现出,

> 室内家具样样都悬空在那片草地上方，
> 多么令人高兴呵，室外大雪纷飞。
> 遮蔽我对草坪的瞥视，高高积起，
> 使得床椅恰好矗立在皑皑白雪上，
> 矗立在外面晶莹明澈的大地上！ [153]

纳博科夫小说中精神错乱的评注者将这些描写与北方国家痛苦的革命联系在一起。

这一次，邓恩对为何产生这种负面的联想也是茫然无措，这种悲伤的情绪充斥了整首诗。到最后，他总结了北方承受的痛苦。

> 家是那么遥不可及，绝非一小时路程
> ……让人愉悦的农田和一座水塔
> 不再那么简单，那么清白。[154]

北方的另一面同样显而易见：危险的天气，忧郁而绝望的冬天。如果说《北极光》有核心对话，那就肯定是关于北方的，在愉快和变幻无常之间，面对苏格兰转瞬即逝的夏季，面对充满敌意、甚至是邪恶的政府——其特工（地方自卫队士兵；冷漠无情的评论家）就潜伏在边远地区的苏格兰乡村——个人又该如何追求幸福快乐。

苏格兰作家有一个共识，即身处北方，需要不断与天气进行谈判。福斯河以北和克莱德，总是雾气迷蒙，阴雨绵绵，一年四季都处在昏暗中，尤其是西北部。在整个苏格兰，除了西南部一些气候宜人的地方外，唯有在带遮蔽或围墙的花园里，苹果才会成熟。苏格兰绝大部分地区都位于远北方，无法种植小麦。和加拿大一样，苏格兰境内部分区域有时候被称为"荒野"。在苏格兰语境中，"荒野"是个带有忧伤色彩的词，是政治上的定时炸弹。在民众的记忆中，凯思内斯郡自然形成的光秃秃的沼泽地与西部高地空旷的狩猎庄园的差别是极其（并不总是准确）明显的。在苏格兰的这些地方，山区徒步、滑雪和攀岩如在斯堪的纳维亚地区一般广受欢迎，可这片封闭的土地仍然让人难以捉摸，心生敬畏。空旷几乎很难成为人类的朋友。在苏格兰的高地，电缆塔、生命的迹象和定居点，都会给人一种亲切感。当峡谷出现一排坚固的房屋时，峡谷本身也会变得重要起来。

不过海拔最高的区域让人感觉是另一个世界，不属于人类。天气变幻莫测，使得高地难以与安全或宜人挂上钩。一年十二个月，这里都能看到霜冻。即便远处的英格兰南部正值夏季，从科克桥到托明陶尔（持不同政见的詹姆斯党占据的高地，曾经建有一座非法的天主教大学，接收少量学生）这段最高的公路旁也能看到积雪。这片失控的土地就如同缩小版的加拿大北纬 60 度地区，提醒着人们大自然是不可能配合人类的，就如同那句尽人皆知的"记住你终有一死"。诗人凯瑟琳·詹米（Kathleen Jamie）同时也是登山和山地徒步爱好者，她精准刻画了苏格兰高地最荒凉冷酷的一面，在难以驾驭的大自然中，生命显得如此可贵：

> *爬过兰诺赫，早已筋疲力尽，*
> *沼泽之神走来，*
> *雾淞是他的随从，积雪是他的保镖。*[155]

同一首诗还赞颂了神借助雪崩带来死亡，这是被赋予神性的雪带来的抚慰，同时也体现出苏格兰群山的桀骜不驯。

苏格兰将北方与冰天雪地结合在一起：凯恩戈姆山虽然不算庞大，可一旦遭遇恶劣天气，征服它的难度丝毫不亚于挑战那些更壮观的山。苏格兰诗人及小说安德鲁·格雷格（生于 1951 年）就认为苏格兰高地是冒险家心目中的北方，是高海拔的北地，冬天在雪线之上静待时机成熟。

在格雷格看来，北方深深吸引着冒险爱好者——冬季登山，这是一片充满危险的土地。这位诗人对雪线情有独钟，其作品往往深入思考为何冒险者会对险峻山峦发起孜孜不倦的挑战。他认识到攀登和冒险的魅力所在：欣赏敬畏之心，热爱原始荒凉，拒绝妥协和慰藉。

格雷格的诗集《司空见惯》(*The Order of the Day*) 的封面颇有图画小说的风格,画中是一对年轻漂亮的夫妻,正坐在早餐桌旁。男子喝着咖啡,女子正在读一份名为《司空见惯》的奇怪报纸,后面的书架上摆了不少书(有几本的标题很有女权主义意味,包括格雷格自己作品在内的一些当代诗集,关于登山的书,还有约翰·巴肯以北方为背景的惊险小说)。年轻男子要经常出行——他的护照就摆在桌上,帆布背包上别的徽章写着"路过此地"这几个字。男子的对话框写着"我的心碎了";而女子并没有把心里想的话说出口,这句话也是格雷格最引发共鸣的一句诗,"真正扎心的是爱,而不是北方"。这里所说的"北方"是一个自我阐释、自我约束的词,意味着北方吸引渴望冒险的心。

在格雷格的诗中,高地和偏远地带散发独特的魅力,让登山者上瘾,吸引他们一次又一次地回来,体验恐慌和兴奋并存的感觉:对快乐与身体技能的追求会让人欲罢不能,对具有毁灭性的北方产生一种执念,心甘情愿受其"虐待"。

> 仅有手还挂在悬崖边上,
> 水晶岩石触摸他的皮肤,
> 你有多想活下去,可爱的年轻人? [156]

格雷格将诗中一闪而过的人生进一步扩展,写成了小说《约翰·麦克纳布归来》(*The Return of John McNab*),这部创作于20世纪后期的小说文笔优雅,是在前辈约翰·巴肯作品的基础上改写而成的,原著以战前的高地大宅为背景,几个主人公围绕偷猎行为打赌。而在格雷格的版本中,几个登山爱好者住在苏格兰北部租来的茅草小屋里过着悠闲的生活,除了登山之外,还偷猎。

格雷格描写了高地夏季无尽白夜中人与人之间结下的信任和友情,延续了巴肯原著中的怀旧情怀,讲究礼节和氛围。小说追忆了逝去的地方和人们遗失的勇气,尤其青睐与人有过亲密接触的地方,爬过的欧石楠丛,攀登过的石英石。书中最让人难忘的段落淋漓尽致地展现了格雷格的写作技能,他将自己深爱的景象作为叙述的主角(借鉴了类型小说的情节,进一步深化,使之更真实)。

> 黄昏将尽,内尔向阿索尔走去。在暗淡天空的映衬下,山峦如一个个黑色肿块般,夜风呼啸,吹过高山,吹过欧石楠丛,吹向谷底。高处有一片引发争议的土地,地主和偷猎者注定相互对峙……经过警局旁的花园时,他采了一朵伸出墙头的玫瑰。花瓣已变得苍白,但手指感觉冰冰凉的,如丝般柔滑。他把玫瑰别在夹克扣眼上,继续走。他得找个不用任何妥协就

成熟起来的办法。[157]

随着故事的展开,书中人物对北方王国的感情也是逐渐加深的,失眠的主人公开始想象自己的身体覆盖整个苏格兰,"我所深爱的土地"——

> 为了尽快入睡,他放松下来,想象着自己每一次呼吸,身体都进一步伸展,越来越大,如摊开的棉絮,越来越松散,越来越虚幻……现在已经有整个小镇那么大了,飘在空中,就像薄雾,风吹过每一个毛孔,身体开始移动,越过街灯和山峰,现在大到能遮住整个斯佩谷,整座凯恩戈姆山,整片我所深爱的土地。身体伸展得那么大,那么轻,那么空,几乎感觉不到它的存在,但总是有个中心点,连接所有部分,所以只是几乎不存在,可并非如此。[158]

在苏格兰境内,阿伯丁郡和莫里郡东北部被认为是迷失的阴冷之地,任由天气摆布。尽管北海石油开采带来了不稳定的繁荣,但阿伯丁郡在低地人眼中仍然是极北之地,难以置信地遥远和偏僻。阿伯丁在苏格兰历史中展现出来的顽固也属另类,宗教改革在这里并没有受到一致的欢迎,整个近代早期,这个地方采取了不少更为务实的宗教容忍措施。宗教改革爆发后，相比其他苏格兰城市，阿伯丁受到的破坏要小很多。这座城市以及整个郡有相当一部分人仍然是圣公会教徒或（受到乡村地区天主教贵族的保护）天主教教徒。结果就是这座城市及这个地区的文化保留了原有的特色，斯基恩（S'Kene）的故居绘有壁画的小教堂依然立在古老的市中心。（教堂是彻底的斯堪的纳维亚风格，除了一条极具苏格兰民间风格的精美走廊，画家用苏格兰方格裙来表现罗马士兵所穿的短褶裙。）在阿伯丁和阿伯丁郡，传统乐曲和歌谣得以保留，但在低地地区，这些传统却迫于神权压力失传了。

因此，这一被南方人视为贫瘠且不幸的地区反而成了音乐、诗歌（尤其是拉丁诗歌）和绘画作品云集的文化中心。再一次，对北方及偏远地区的定义完全取决于其自我定位。沿公路前往苏格兰东北部（仍然）不容易，速度较慢，不过近代早期的海路交通系统中，到波罗的海和北海的港口与到爱丁堡或纽卡斯尔的时间差不多。

越往北的地方，在其鼎盛时期的文明越发达。对巴洛克风格颇有研究的托马斯·厄克特爵士（Sir Thomas Urquhart，1611—1660）在布莱克岛的克罗默蒂城堡发现了早期巴洛克元素，他亲手装饰了这座城堡，因此这里在一定程度上充满了他的回忆。[159] 如今，城堡早已不复存在，但克罗默蒂镇仍然位于克罗默蒂湾入海口处，隐于树林之下。它是北欧最令人难以忘怀的地方之一。漂亮的多彩石屋，大多建于18世纪，还有一些气派的宅院——领主府邸——表明克罗默蒂曾经是贵族们的冬季度假胜地，他们从更为偏远的庄园来到这里。克罗默蒂的街道两旁都是清爽宜人的房屋，在那个时代可算是很好了。出了小镇，海湾沿岸是更华丽的独栋建筑，前院和附带的小屋都呈现帕拉第奥风格，只是规模更小，且更为简朴，保留经典的设计比例，省去了装饰。小镇任何地方都能看到平静的海面，四周环绕的山脉，海湾另一侧有小型工厂，开阔的海域矗立着石油钻塔。这里有一座摄政时期的小灯塔，受埃及风格影响，遥远北方以这样的方式纪念亚历山大灯塔[1]。

我的朋友海伦·加德纳（Helen Gardiner）讲述了一次从南方回到克罗默蒂的经历。当时正值夏秋之交，峡湾如镜面般，新月悬在明亮的夜空，猎户星座夺目，极光织就一幅绿色和柠檬色组成的绚烂画卷。空中璀璨壮丽的景象在平静的峡湾投下完美倒影，水面唯一的涟漪便是那灵动的极光。静谧，蓝色的黄昏，天空与水面被染上缤纷色彩，晚风带来秋的气息。

克罗默蒂保存之完好让人觉得不可思议，再往南，几

---

[1] 世界七大奇观之一，位于埃及法洛斯岛上，建于公元前280年至前247年，但公元956年至1323年间的三次地震使得灯塔完全损毁。

乎没有哪座古代城镇能在 21 世纪依旧保持原有风貌，它们多向郊区进一步扩建，盖起新房屋。从因弗内斯出发，驱车前往克罗默蒂需要足足四十分钟，这也有利于古城保持原貌。空气中弥漫着泥炭烟，树影模糊。往北行驶，道路蜿蜒曲折，渐渐变窄，树木为沼泽和石径所取代。曾经的苏格兰田野想必应该是这个样子。

1936 年，詹姆斯·麦金托什·帕特里克（James McIntosh Patrick）完成了《金诺第之秋》(*Autumn, Kimordy*)，记录了低地最北部的景象。画作散发着怀旧气息，仿佛已经意识到这里的一切都将成为过去。至今，这幅画在苏格兰境内依然受到广泛喜爱和认可，被认为是北部低地风景画的代表作。在很多苏格兰人看来，《金诺第之秋》描绘了中间带[1]以北最真实的乡村风貌。虽然人们常常觉得帕特里克的画技偏保守，但这幅画注重细节刻画，从不同层面展现开阔的景色，突出惋惜以及时光一去不复返的伤感思绪。

在画中，收获季节已经结束，马开始犁地（可以看到田间有两批人正在干活），作物残茎下的红土壤露了出来。树叶都变黄了，摇摇欲坠，不过远处的山上还看不到积雪。

---

[1] Central Belt，指苏格兰人口最密集的区域，包括爱丁堡、格拉斯哥、洛锡安和法夫等地。

两个带长枪的男人沿着陡直的田地走上前来。下午时分了，天空中浮云朵朵，阳光渐暗。夜幕很快就会降临。

这幅画捕捉到了即将逝去的瞬间，充满质感。能够假装冬天还远的日子也就这么几天了，寒冷来袭前，最后的秋日下午，夜风凛冽之前最后的宁静。这是田地被彻底犁过之前，农忙时节最后的一刻。现在回过头看，这就是一幅关于逝去的画：距离战争爆发没几年了，用马犁地的无忧时光也所剩无几。黑暗来临前最后的光明，一切是那么风平浪静。等那两个持枪人回到漂亮的农舍时，可以想见天气将变得多么寒冷。

我的父亲在佩思郡长大，那里的风景和这幅画中描绘的一样。我只有一张父亲的照片，拍摄于1930年代后期，照片和《金诺第之秋》记录的是同一个世界。下午的阳光洒下来，父亲靠在门框上，手插进口袋里，二十岁的他英俊至极。我觉得他应该是面朝一个带围墙的花园，夹竹桃和日式银莲花盛放，笔直的小径相互交错，还能看到一个旧日晷。花园围墙外是小山丘和为尘土笼罩的大树。他的衣服似乎有点厚，不适合这个季节：泥炭色的粗花呢外套，起皱严重的裤子，不过非常合身。下午的阳光照进他身后镶嵌板的白色房间。这张照片也记录了最后的时刻——战前的最后一个暑假。他会去厄恩河钓鳟鱼，带着他的西班牙猎犬去小镇后散步，去佩斯的郊区打板球。尽管有过反抗，

詹姆斯·麦金托什·帕特里克,《金诺第之秋》局部,1936年,油画

有过疯狂的庆祝,可后来的苏格兰究竟有多悲痛,这张记录我父亲那个世界和逝去的1930年代苏格兰乡村的照片有多么哀伤,他永远没有提及,因为我从来没想过要问他。

经历过战争的那一代受过教育的苏格兰人几乎都不怀念过去。战前那个世界对他们而言,似乎没有值得留恋的,除了麦金托什·帕特里克的画。受战争的影响,他们觉得旧世界已经终结，不公平持续了太久。他们唯一怀念的是秋天的船桅、马队以及骑手的高超技能。

在北方，燕群刚开始南飞时，大麦就被收割了。阳光依旧洒向福斯河两岸，但云影逐渐从北方、凯思内斯和幽暗的北方诸岛上空南移。每年，燕子离开的时间都异乎寻常地早，花园石墙仍沐浴在阳光下。但每天早上，寒露停留的时间在变长。每天，圆形日晷上的镀金晷针感受到的光亮越来越少。过去，燕子离开时也是焚烧田地的时候。吞噬作物残茎的红色火苗与东部低地房屋的红瓦顶相映成趣，照亮大海。

詹姆斯党曾经占据的这片土地，有着重要意义，燃遍整个田野的火焰提醒着人们，冬天将至。照亮 9 月天空的大火让人回想到过去的清洗和驱逐，昔日的痛苦，农田被"清理"成荒原。

位于法夫的凯利古堡，楼梯处挂着约翰·洛里默（John Lorimer）的画《再见燕子》。画中，城堡里的孩子们倚在一层朝南的高窗前，看着外面的留茬田，再往南就是福斯河和巴斯岩。9 月捉摸不定的阳光给灰石染上黄色。那是 1890 年，这些孩子流露出淡淡的伤感，因为夏日将尽。一个多世纪之后，这幅画慢慢失去光泽，变暗了。对于观者而言，逝去的不仅仅是那个遥远的夏天，如同意大利诗人朱塞佩·翁加雷蒂（Giuseppe Ungaretti）所表达的哀伤：

燕飞离，夏日逝，

我知道，我，也会离去……[160]

深秋时节，大雁飞来。留茬田被犁过了，烟雾在空气中弥漫开来，下午越来越短，寒冷滤去了天空中的色彩。几乎每一年，当白昼变短，冬意渐浓时，成群结队的大雁开始长途跋涉，每天都能看到它们的身影。但有几年，大雁会同时聚集，这被认为是一种不祥的征兆。如果它们在某个夜晚齐齐落在房屋周围的山上，那是多么可怕的景象。

大雁遮蔽了整个天空，一个下午都能听到它们翅膀扑腾的声音，褐色的山头变成了灰色。当它们开始鸣叫时，人会觉得头昏脑涨，无暇他顾。迁徙的大雁曾被称为"加布里埃尔猎犬"，是天使的猎犬。它们在黑夜发出的叫声悲凉而绝望，就如同猎犬对着洪水泛滥的大地吠叫一样。它们路过这里，带来悲伤，真切宣告寒冷将伴随暮色而来。放下耙子和铁锹，离开花园中燃着的篝火。

……想起来

秋天已经来临，

拂过城市密集的欧洲，

那些穷苦的人很快就会望着冬日的天空哭泣……[161]

北方的环境会让你对自己更加苛刻，在冬天来临前对戒备工作（或无防备）进行各种检验。空中传来的吱嘎吱嘎的哀鸣声是信号。迁徙雁群呼唤人们采取行动：祈求老天保佑。雁群遮天蔽日，数不胜数，只有童话故事中的傻瓜或疯狂的第三个儿子才会拿枪射它们。

夜晚的山间，大雁叫声此起彼伏，随之而生的是恐惧和孤独。这个晚上，家里必须有所应对。拿出烟熏食物和深红色的葡萄酒、威士忌；整个夏天都没有遮盖的窗户此时拉上了厚厚的窗帘。没有人想离开用泥煤和浮木燃起的火堆，铜绿色和玫瑰色的火苗带着一丝咸味，就如同克罗默蒂上空的极光般绚烂。

花园里最后盛开的花朵被摘下来——菊花或尼润花在灯光映衬下很是艳丽。大雁来的时候，音乐也消失了。在这个季节之交的变化之夜，阅读再合适不过。炉火四周静谧无声。屋外所有的田地渐渐冰封，花园隐入黑暗中。山上，迁徙的雁群鸣叫不绝。似乎什么都无法抚慰我们。

后记 暮色将至

冬日午后,独自一人,突然发现天光渐暗。屋外,远处浮现第一团雾气,在田间弥漫开来。这注定是孤独的一刻。你问自己,为什么要抛下南方的朋友们。现在再想回去已经晚了。考虑到路途遥远,想在天黑前赶到那里是不可能的。山路蜿蜒,环路需慢行,滨海路一侧险峻,再沿着雾气迷蒙的直路深入空旷的默恩斯,那里的小镇就如同三十年前一样,被煤烟和浓雾包围。开过珀斯的桥,还要在暮色中开上一个小时。实在是太远了。

生起火,用一整份新报纸,把每一张纸页都揉成团。摆好引火柴,都是在大风中被折断的树枝,存放在石墙旁背风处。再拿来在后门的煤炭篮。先放碎炭,然后是干草。划一根火柴,点亮角落里的纸团。先冒出白色的烟,接着是蓝烟。雪线上秋天的味道。麦芽威士忌和冰霜的味道。凯恩戈姆山曲折峡谷的味道,位于科加夫的雪之圣母教堂周围结霜的树的味道。这些在蓝灰色天空映衬下的光秃秃的树也被印在了摩加陶质马克杯上，受到20世纪早期艺术家的热捧。拉斐留斯不幸遇难前几年，他就为妻子买了一个这样的杯子。

再次来到窗前。夜色从山谷蔓延，逼近这座房屋。转身。感觉不到任何东西。几乎所有的色彩都消失了：树木凋零，这片土地像极了科瑟姆大理石的切面，这种后天形成的岩石呈现树状纹路，灰色衬着灰褐色。找到火柴盒，划亮第一根火柴，黑暗从四面八方涌来。火光反射，在结霜的草地上燃烧。在古代的苏格兰，这种光影被称为"巫火"，人们会拉上窗帘，插上门闩。点亮蜡烛，烛光经烛台玻璃反射后更加明亮。打开沙发旁的电灯。开其他灯还为时尚早，可不能现在就承认夜已经来了。

重新来到翻开的书前，在继续往下读之前，想一下（尽管只是孤身一人）夜幕逐渐南移的过程。中午刚过，特隆姆瑟的天色就暗下来了，只要一个多小时，斯德哥尔摩以灰色为主色调的房间就变得昏暗不已。嵌板上刻的花环消失了：玫瑰不见了，只能依稀辨出莎草和柳草的样子。夜幕逐一盖住每一个岛屿：法罗群岛、设得兰群岛、奥克尼群岛。此刻，斯特罗姆内斯已经黑了，海峡两岸的灯光照亮海湾。瑟索和维克也被笼罩在黑暗中。在克罗默蒂，最后一道光将白色山形墙的影子投射到海湾中，发着微光。树林下方的房屋还没有拉上窗帘，海湾沿岸排开的房屋亮起了灯,可以看到屋内白色的嵌板,炉栅周围贴的代尔夫特瓷砖。天暗得越来越快,就连南部城市的下午也将要过去。爱丁堡海岸渐渐模糊,法夫海滨沿线的艺术家屋内,安格泡台灯、万向灯亮起。河面上升起的雾气让纽卡斯尔变得昏暗;奥尔斯顿和阿普尔比被打湿的鹅卵石路映出两旁商店的灯光;奔宁山脉西坡,红日在黑沼地短暂停留,然后隐入曼彻斯特上方的寒冷中。

凛冬来临,却不会在雪地上留下任何痕迹。鬼情人没有重量,不分性别,入夜后,当所有人都进入梦乡,只剩一盏亮着的灯将窗框影子投射到雪地上时,它们就会出现。想到了其他关于鬼魂和雪的诗文。奥登笔下在两次战争之间被害的运动员,在高地世仇中失去性命的亡魂,都在高沼地的宅院门前徘徊不前。能剧《锦木》中的鬼魂,被困在偏僻乡野,在哀伤的秋天,随着雪花在夜间飘落,它们跳起了订婚舞。埃玛·坦南特笔下的塞尔玛阿姨,在下雪时分来到地处偏僻的屋内,整个房间都充满了维多利亚式的绝望。

上楼。最后一道微弱的光从门廊处照进来,一切都被染成灰色。整个屋子如画一般。1890年代格拉斯哥风格的内饰:昏暗、天花板很高的房间以深灰色为主,有些像被踩过的雪,唯有灰色中夹杂的白色窗框还能辨清。银杯或玻璃杯边缘闪着微光,鹦鹉螺杯如满月,枝形吊灯似星辰。

詹姆斯·普莱德式的华丽，风吹动窗帘，仿佛那是被蛾子蛀破的壁毯，影子晃动，借着最后一丝天光，能看到这经历岁月磨砺的奢华。穿过暮色中的屋子，开灯，窗户变黑了，拉上窗帘。最后看一眼外面那沉浸在灰光中的钴蓝色树木，更准确地说，那已经不能算光了，更像是夜幕泛起的一阵涟漪。

走到电脑前。有风吹进来，拉上窗帘。打开电脑，看着显示屏上方、墙面上挂的那幅冬日风景画。那是几百年前白雪皑皑的佛兰德斯，耸立着的尖塔若隐若现，为寒意所包围，人们在结冰的海面上滑冰，黑色的鸟儿飞过空旷的天空。

显示屏是最亮的。拨号上网。连接。点击天气，然后是北部地区的天气，接着是实时画面，选择山区的最偏远地方。终于，显示出冬天特有的象形文字。屏幕被分成一个个小方格，高沼地上黄昏已降临。雪线上方阴云密布。

注 释

序言

1. Dalziel and Scullion, *Home*, exh. cat., Fruitmarket Gallery, Edinburgh (2001), pp. 89-91.
2. Alexander Pope, "Essay on Man", in *Pope: Poetical Works*, ed. Herbert Davies (Oxford, 1966), p. 256.
3. Quoted by Thomas J. Barfield, *The Perilous Frontier:. Nomadic Empires and China* (Oxford, 1989), p. 286.
4. Pauline Stainer, *The Ice-Pilot Speaks* (Newcastle upon Tyne, 1994), pp. 9-17.
5. C. S. Lewis, *Surprised by Joy* (London, 1955), p. 23.
6. Martinus Nijhoff. *Een Geur van Hoger Honig*. ed. W. J. van den Akker and G. J. Dorleijn (Amsterdam, 1990), p. 36.
7. Philip Larkin, *Collected Poems*, ed. Anthony Thwaite (London, 1990), pp. 302-5.
8. Emily Dickinson, #1696. In *Works*, ed. Thomas H. Johnson (London, 1975), p. 691.
9. Andy Goldsworthy, *Touching North* (London and Edinburgh, 1989), p. [1].
10. Théophile Gautier, *Emaux et Camées* (1852)(Lille and Geneva, 1947), pp. 21-3, 145.
11. Herman Pleij, *De sneeuwpoppen van 1511* (Amsterdam, 1998), p. 23.
12. Pleij, *Sneeuwpoppen*. pp. 24-5.
13. Pleij, *Sneeuwpoppen*, pp. 357-70.
14. Norman Hallendy, *Inuksuit: Silent Messengers of the Arctic* (London, 2000), p. 77.
15. Celso Pastor de la Torre and Luis Enrique Tord. *Perú: fe y arte en el Virrynato* (Córdoba, 1999), pp. 61, 272.
16. Neil Kent, *The Triumph of Light and Nature* (London, 1987), pp. 168-9.
17. Tony Harrison, 'Facing North', *Selected Poems* (Harmondsworth, 1984), p. 180.
18. Edward Mendelson, *The English Auden* (London, 1978), p. 26.
19. See Hallendy, *Inuksuit*.
20. Francis Spufford, *I May Be Some Time: Ice and the English Imagination* (London,

1996).
21 Frank Morley, *The Great North Road* (London, 1961), p. 312.
22 Vladimir Nabokov, *Pale Fire* (London, 1991), p. 248.

第一章　历史

1 Boethius, *De consolatione philosophiae*: 1. 3, in *More Latin Lyrics, from Virgil to Mzlton*, trans. Helen Waddell (London, 1976), pp. 106-7.
2 Albertus Magnus, *Quaestiones* [on Aristotle's *Physica*], VI, questions 19-22, in *Quaestiones*. ed. Wilhelm Kübel and Heinrich Anzulewicz(Münster in Westfalen, 1993), pp. 215—37.
3 Socrates, quoted by Peter Brown in *The World of Late Antiquity* (London, 1971), p. 11.
4 Aristotle, *Politics*, VII. vii, trans. T. A. Sinclair(Harmondsworth, 1962), p. 410.
5 Strabo, *Geography*, IV. 5. iv, trans. Horace Leonard Jones, 8 vols (Cambridge, MA, and London, 1917), vol. II; p. 259.
6 Hippocratēs, *Airs, Waters and Places*, trans. W. H. S. Jones (Cambridge, MA, and London,1923), vol. I, pp. 77-9.
7 Aristotle, *politics*, VII. vii, trans. Sinclair, p. 410.
8 The basic source is Herodotus, *Histories*, IV, trans. Aubrey de Sélincourt (Harmondsworth, 1954), pp. 271-339.
9 Diodorus Siculus. *Bibliotheca historica*. III. 47, trans. E. H. Oldfather, 12 vols (Cambridge, MA, and London, 1935-67), vol. II; p. 39.
10 Pindar, *Pythian Odes*, x.25-45, trans. John Sandys (Cambridge; MA; and London, 1915), pp. 291-3.
11 Olaus Magnus, *Htstoria de Gentibus Septentrionalibus*, III. 2. (1555), trans. as *Description of the Northern Peoples* by Peter Fisher and Humphrey Higgins, 3 vols (London, 1996), vol. I, p. 149.
12 索福克勒斯及其他人关于利派昂山脉的叙述，可参见：David Blamires, *Herzog Ernst and the Otherworld Voyage* (Manchester, 1979), pp. 93-95.
13 Yves Abrioux. with Stephen Bann, *Ian Hamilton Finlay: A Visual Primer* (London,1 992), pp. 299-300, 302. 20世纪80年代，苏格兰地区开始试行"人头税"政策，反对声一片，盛传——但我认为并没有事实依据——芬利在填写表格时将"希柏里尔的阿波罗"作为花园的"责任人"，地址一栏则填写了"北风之后"。
14 E. R. Dodds, *The Greeks and the Irrational* (Berkeley, CA, 1951), pp. 161-2.
15 Mary Shelley, *Frankenstein* (1818)(Harmondsworth, 1994), p. 13.
16 Information on Admiral Byrd from Slainte. "The Hyperboreans'." at http://www. zombienation. force9.co.uk (posted 29 March 2001).
17 可以通过 tunalu@jbum. com 与德鲁伊教科技研究所的图纳鲁博士联系。
18 Inigo Jones, *The most notable antiquity of Great Britain vulgarly called Stonehenge on Salisbury Plain* (London,1655).
19 Herodotus, *Histories*, III. 116, trans. de Sélincourt, p. 250.
20 关于古地中海人对金发情有独钟的信息，参见：Terence MacLaughlin, *The Gilded Lily* (London,1972), pp. 33-34。
21 在 Geoffrey of Monmouth. *Vita Merlini*. ed. Basil Clarke (Cardiff, 1973) 中

(99-101 页), 可以找到有关图勒、极北之地及黑暗的讨论, 非常具代表性。
22 Homer, *Odyssey*, x. 507, trans. A. T. Murray, rev. George E. Dimock, 2 vols (Cambridge, MA, and London, 1995), vol. I, p. 395.
23 *Odyssey*, XI. 12ff., vol. I, p. 401.
24 Timothy Severin, *The Oriental Adventure* (London, 1976), pp. 43, 54. 此处引用了一个所谓的古老神话, 但我并未找到任何可信的出处。传说中, 亚历山大大帝还远征至北极, 发现了生命之泉。
25 Procopius, *History of the Wars*, VIII. 20. xlii-xlviii, trans. H. B. Dewing, 7 vols (Cambridge; MA; and London; 1928); vol. v. p. 323.
26 Theo Brown, *The Fate of the Dead* (Cambridge and Ipswich, 1979), p. 65.
27 Jeremiah 1: 14.
28 Gildas; De excidio Britanniae, 1. 19, trans. Michael Winterbottom (Chichester, 1978), p. 23.
29 Marijke Spies, *Arctic Routes to Fabled Lands* (Amsterdam, 1997), p. 100.
30 Wulfstan, *Sermo Lupi ad Anglos*, in Wulfstan, *Homilies*, ed. Dorothy Bethurum (Oxford, 1957), p. 267.
31 Saxo Grammaticus, *The History of the Danes*. ed. Hilda Ellis Davidson, trans. Peter Fisher (Cambridge, 1979, reprinted 1996), pp. 7-8.
32 *The Kalevala*, trans. Keith Bosley (Oxford, 1989), p. 546.
33 Saxo, *History*, VIII, trans. Fisher, pp. 262-5.
34 John Buchan, *Sick Heart River* (1940)(Oxford, 1994), p. 208.
35 Peter Høeg, *Miss Smilla's Feeling for Snow* (London,1993), pp. 363-409.
36 *The Voyage of St Brendan*. trans. J. J. O'Meara (Dublin, 1978). chapter 23. p. 54.
37 Snorri Sturluson, *Gylfaginning*, chapter 49, in *Edda*, trans. Anthony Faulkes (London, 1987), p. 50.
38 Spies, *Arctic Routes*, pp. 80-82.
39 'To Sanctae Michaheles [*sic*] Messan', *Blickling Homilies*, trans. R. Morris (London, 1879), pp. 208-10.
40 Chaucer, *Friar's Tale*, *The Works of Geoffrey Chaucer*, ed. E N. Robinson, (London, 1957), p. 90, lines 1410-14.
41 Saxo, *History*, trans. Fisher, II. 2. ii, p. 43.
42 Olaus Magnus, *Historia*, trans. Fisher and Higgins, III. 22, vol. I, p. 182.
43 William Blake, *Complete Writings*, ed. Geoffrey Keynes (London, 1966), p. 222.
44 J. J. M. de Groot, *The Religious System of China* (Leiden, 1892), p. 803.
45 John Brand. *Observations on Popular Antiquities*. 2 vols (London, 1813). vol. II., p. 292.
46 Iona Opie and Moira Tatem, *Dictionary of Superstitions* (Oxford, 1989).
47 R. S. Hawker of Morwenstow, *Footprints of Men in Far Cornwall* (London, 1870), p. 24.
48 参见《坦林》的一个经过整理的版本, 见 *Scott's Minstrelsy of the Scottish Border*. ed. T. F. Henderson, 4 vols (Edinburgh, 1902), vol. II, p. 295。
49 Francis James Child, *The English and Scottish Popular Ballads*, 5 vols(New York. , 1965), vol. IV, pp. 212-13.
50 Dante Alighieri, *La divina commedia: Inferno*, ed. Natalino Sapegno (Florence, 1985). Canto XXXIV, lines 49-52, p. 381.
51 *Inferno*, Canto XXXII, line 60, p. 358.

52 *Inferno*, Canto XXXII, lines 25-7, p. 356.
53 *Inferno*, Canto XXXIII. lines 127-8, pp. 373-4.
54 *Inferno*, Canto XXXIV, lines 4-7, p. 378.
55 *Inferno*, Canto XXXIV, lines 53-4, p. 381.
56 Curzio Malaparte, *Kaputt* (London, 1989), pp. 52-63.
57 Cesare Ripa, *Iconologia*, ed. Piero Buscaroli (Milan, 1992), p. xiv.
58 John Florio, *Queene Anna's New World of Words* (London, 1611), p. 494r.
59 Francesco Petrarca, *Canzoniere*, ed. Ugo Dotti (Milan, 1992), p. 76.
60 Ernest J. Moyne, *Raising the Wind: The Legend of the Lapland and Finland Wizards in Literature* (Newark, NJ, 1981), pp. 29-30.
61 Sor Juana. in 'Testimonia', subjoined to Sophia Elisabeth Brenner, *Poetiska Dikter* (Stockholm, 1713), sigs A2V-A3V.
62 François Rabelais, *Oeuvres complètes*, 2 vols, ed. Pierre Jourda (Paris, 1962), vol. II, p. 205.
63 Rabelais, *Oeuvres*, vol. II, p. 207.
64 Lucy Atkinson, *Recollections of Tartar Steppes and their Inhabitants* (London, 1863), p. 5.
65 Robert Conquest, quoted from Martin Amis, *Koba the Dread* (New York, 2002), p. 69.
66 Kate Marsden, *On Sledge and Horseback to Outcast Siberian Lepers* (London, 2001), pp. 136-7.
67 Mariusz Wilk, *The Journals of a White Sea Wolf*, trans. Danusia Stok (London, 2003), p. 145.
68 Wilk, *Journals*, p. 19.
69 Vladimir Nabokov, *Speak, Memory: An Autobiography Revisited* (London,1999), p. 58.
70 Wilk, *Journals*, p. 19.
71 Wilk, *Journals*, p. 286.
72 Francis Spufford, *I May Be Some Time: Ice and the English Imagination* (London, 1996).
73 S. Small (composer, Henry A. Russotto), *Churken Titanic* [The Titanic disaster](New York, 1912), p. [2].
74 G. P. Krapp and E. V. Dobbie, eds, *The Exeter Book* (New York, 1936), p. 197; translation in R. K. Gordon, *Anglo-Saxon Poetry* (London, 1926), p. 300.
75 Richard Fortey, *Trilobite! Eyewitness to Evolution* (London, 2001), p. 187.
76 Marijke Spies, *Arctic Routes to Fabled Lands* (Amsterdam, 1997), pp. 24-5.
77 George Frederick Kunz, *The Curious Lore of Precious Stones* (New York, 1989), p. 57.
78 Homer, *Odyssey*, XVIII. 11. 295-8, trans. A. T. Murray, rev. George E. Dimock, 2 vols (Cambridge. MA, and London, 1995). vol. II, p. 223.
79 Andrew Marvell, 'The nymph Complaining for the death of her faun', in *Poetry and Revolution*, ed. Peter Davidson (Oxford, 1999), pp. 438-41.
80 Patrick Mauries, *Cabinets of Curiosities* (London, 2002), p. 52.
81 Eric R. Wolf, *Europe and the Peoples without History* (Berkeley, CA, and London, 1982), p. 159.
82 Wolf, *Europe*, pp. 158-94; Philip D. Curtin, *Cross-Cultural Trade in World History* (Cambridge, 1984), pp. 207-29.
83 James E. Montgomery, 'Ibn Fadlān and the Rūsiyyah', *Journal of Arabic and*

Islantic Studies, III (2000), pp. 1-25.
84 Odell Shepherd, *The Lore of the Unicorn* (Boston, MA, London and Sydney, 1930), p. 255.
85 Barry Lopez, *Arctic Dreams* (London, 1986), p. 128.
86 Shepherd, *Lore of the Unicorn*, p. 262.
87 John Locke, *Essay Concerning Human Understanding*, book IV. 15. V., discussed in Steven Shapin, *A Social History of Truth* (Chicago, 1994), p. 229.
88 *Voyage of St Brendan*, trans. O'Meara, chapter 22, pp. 50-51.
89 Edna Kenton, ed., *Black Gown and Redskins* (London, 1956), p. 17.
90 Samuel Purchas, *Hakluytus Posthumus; or, Purchas his Pilgrimes*, 20 vols (Glasgow,1905-7), vol. XIII, p. 63.
91 Olaus Magnus, *Historia*, trans. Fisher and Higgins, pp. 50-51, 47-8.
92 *Carte of the World*, in *The Asloan Manuscript*, ed. W. A. Craigie, 2 vols (Edinburgh, 1923-5), vol. I, pp. 163-4.
93 Olaus Magnus, *Historia*, trans. Fisher and Higgins, vol. I, pp. 61-2, 47-8.
94 Pierre Louis Moreau de Maupertuis, *The Figure of the Earth, Determined from Observations Made by Order of the French King* (London, 1738), pp. 55-7.
95 Groot, *The Religious System of China*, p. 1167.
96 E. L. Keithahn,' There's Magic in the Arctic', *Alaska Sportsman*, July 1942; reprinted in S.-I. Akasofu, *Aurora Borealis: The Amazing Northern Lights* (Anchorage, AK, 1979), p. 20.
97 William Scoresby, *An Account of the Arctic Regions*, 2 vols (London, 1820), vol. I, pp. 384-5.
98 Akasofu, *Aurora Borealis*, p. 53.
99 Seneca. from Akasofu, *Aurora Borealis*. p. 9.
100 Akasofu, *Aurora Borealis*, p. 13.
101 Ernest W. Hawkes, *The Labrador Eskimo* (Ottawa, 1916), p. 153.
102 *The King's Mirror (Speculum Regale, Konungs Skuggsja)*, trans. Laurence Marcellus Larson (New York, 1917), pp. 146-51.
103 Finnish auroras: my thanks to Anna Maija Rist and Hildi Hawkins for this information.
104 John Gregorson Campbell, *Superstitions of the Highlands and Islands of Scotland* (Glasgow, 1908), p. 200.
105 Olaus Magnus, *Historia*, trans. Fisher and Higgins, III. 14, vol. I, p. 169.
106 Ernest J. Moyne, *Raising the Wind: The Legend of Lapland and Finland Wizards in Literature* (Newark, NJ, 1981), p. 35.
107 *Cases of Conscience Concerning Witchcraft and Evil Spirits Personating Men* (1693), in Moyne, *Raising the Wind*, p. 45.
108 Olaus Magnus, *Description of the Northern Peoples*, III, in Moyne, *Raising the Wind*, pp. 22-3.
109 Cyrus Lawrence Day, *Quipus and Witches' Knots* (Lawrence, KA, 1967), p. 41.
110 ' Witches of Lapland', in *Poems and Fancies* (1653), in Moyne, *Raising the Wind*, p. 64.
111 Olaus Magnus, *Historia*, trans. Fisher and Higgins, III. 16, vol. I, p. 173.
112 Olaus Magnus, *Historia*, trans. Fisher and Higgins, III. 18, vol. I, p. 176.
113 Snorri Sturluson, *Gylfaginning*, chapter 50, in *Edda*, trans. Anthony Faulkes (London, 1987), p.52; *Voyage of St Brendan*, trans. O'Meara, chapter 25, pp. 55-8.

114 Anna-Leena Siikala, 'The Rite Technique of the Siberian Shaman', dissertation, University of Helsinki, 1978, p. 77.
115 Johannes Scheffer, *Lapponia* (1674), quoted in Moyne, *Raising the Wind*, p. 36.
116 Arthur MacGregor, ed., *The Late King's Goods* (Oxford, 1989), p. 417.
117 John Bell, *A Journey from St Petersburg to Pekin*, ed. J. L. Stevenson (Edinburgh 1965), p. 3.
118 Bente Dam-Mikkelsen and Torben Lundbæk, *Ethnographic Objects in the Royal Danish Kunstkammer, 1650-1800* (Copenhagen, 1980), pp. 12-13.

第二章　关于北方的想象

1 Hans Andersen, *Fairy Tales and Legends* (London, 1935), p. 122.
2 Andersen, *Fairy Tales*, p. 147.
3 Andersen, *Fairy Tales*, p. 150.
4 Selma Lagerlöf, *The Further Adventures of Nils* (New York, 1911), pp. 230-35.
5 Edith Sitwell, *The Song of the Cold* (London, 1945); Emma Tennant, *Wild Nights* (London, 1981), p. 97; Tove Jansson, *Moominland Midwinter* (London, 1958); and C. S. Lewis, *The Lion, the Witch and the Wardrobe* (London, 1950), *The Magician's Nephew* (London, 1955).
6 Robert W. Service, 'The Spell of the Yukon', in *The Complete Poems of Robert Service* (New York, 1945), p. 12.
7 Richard Leighton Greene, ed., *The Early English Carols* (Oxford, 1977), p. 82.
8 Margaret Atwood, *Strange Things* (Oxford, 1993), pp. 62-86.
9 Paulette Jiles, *Celestial Navigation Poems* (Toronto, 1984), p. 104.
10 W. H. Blake, in *Brown Waters and Other Sketches* (Toronto, 1915), p. 100.
11 Knut Liestol Guthmund. 'Draumkvæde', *Studia Norvegica* I/3 (1946), p. 11; and see Bengt R. Jonsson, *The Ballad and Oral Literature* (Cambridge, MA, 1991), p. 167.
12 Osip Mandelstam, *Stone* [*Kamen*, 1913], trans. Robert Tracy (London, 1991), p. 69.
13 David Morley, *Mandelstam Variations* (Todmorden, 1991), pp. 42-3.
14 Niki de Saint-Phalle, *The Tarot Garden*, ed. Anna Mazzanti (Milan, 1998), p. 56.
15 这方面的信息，可以访问 www.ice-hotel.com 查询。
16 Alan Riding, 'In the Arctic, Artwork Rises from the Ice', *New York Times*, 7 and 8 March 2004. Also see www.thesnowshow.net.
17 Situla in Los Angeles, Getty Center, 84. DR. 654.
18 Erik Kruskopf, 'Design and the Applied Arts, 1945-1990', in Bengt von Bonsdorff and others, *Art in Finland from the Middle Ages to the Present Day* (Helsinki, 2000), p. 351.
19 Ice glass, Los Angeles, Getty Center, 84. DR. 564.
20 www.iittala.com 网站有关于塔皮奥·维尔卡拉的天涯图勒系列玻璃制品的详尽展示。你也可以登录 www.lib.helsinki.fi/bff/101/wirkkala.html 参与讨论。
21 Andy Goldsworthy, *Stone* (London, 1994), pp. 12-13.
22 Andy Goldworthy, *Wood* (London, 1996), p. 87.
23 Christopher Jackson, *Lawren Harris: North by West: The Arctic and Rocky Mountains* (Calgary, 1991), pp. 34-7.

24 Adalgisa Lugli, *Wunderkammer* (Turin, 1997), plates 124-7.
25 这个问题很复杂，至今仍有各种猜测和争议。参见：A. C. Leighton, *Transport and Communication in Early Mediaeval Europe, AD 500-1100* (Newton Abbot, 1972), p. 151; P. G. Foote and D. M. Wilson, *The Viking Achievement* (London, 1973), p. 255。
26 Francis Spufford, *I May Be Some Time: Ice and the English Imagination* (London, 1996), pp. 237-8.
27 Quoted by George Frederick Kunz, *The Curious Lore of Precious Stones* (New York, 1989), pp. 100-01.
28 *The Works of Sir Thomas Browne*, ed. Charles Sayle, 3 vols (London, 1904), vol. I, pp. 202-16.
29 Judikje Keers and Fieke Tissink, *The Glory of the Golden Age*, exh. cat., Rijksmuseum, Amsterdam (2000), pp. 56-7.
30 Peter Davidson and Adriaan van der Weel, eds and trans., *A Selection of the Poems of Sir Constantijn Huygens* (Amsterdam, 1996), pp. 176-7.
31 Laurence Whistler, *Point Engraving on Glass* (London, 1992), pp. 31-4.
32 M. E. A. Gibson, Esq., 私人交流，引自其 1982 年的未刊笔记。
33 Lugli, *Wunderkammer*, no. 127.
34 Ursula Sjöberg and Lars Sjöberg, *The Swedish Room* (New York, 1994), pp. 12, 21.
35 Evelyn Waugh, 'The First Time I Went to the North, Fiasco in the Arctic', in *The Essays, Articles and Reviews of Evelyn Waugh*, ed. Donat Gallagher (Harmondsworth, 1986), pp. 144-9.
36 Edward Mendelson, ed., *The English Auden* (London and Boston. MA, 1978), pp. 48-9. 奥登当时正在达勒姆郡的布兰奇兰写作，他和一位他钟情的男士一同在北奔宁山徒步游，后者曾担任赛德伯公立学校的板球队队长。奥登以此人为原型，重新编织了一系列富有创意的北方神话。
37 汉弗莱·斯彭德为这一自然项目提供了一个非常好的点子。Humphrey Spender, ed., Jeremy Mulford, *Worktown People: Photographs from Northern England, 1937-38* (Bristol, 1982).
38 Mendelson, *The English Auden*, 175.
39 科林伍德和奥登的父亲乔治·奥古斯都·奥登一样，都是维京俱乐部的成员。关于他的更多情况，可参见 Andrew Wawn 的杰作 *The Vikings and the Victorians* (Woodbridge, 2000)，尤其是 308–309 和 335-341 页；关于乔治·奥古斯都·奥登对北方历史的兴趣及学术研究，Sveinn Haraldsson 在 "The North Begins Inside": Auden, Ancestry and Iceland, 中进行了概述。在 *Northern Antiquity: The Post-Mediaeval Reception of Saga and Edda* (ed. Andrew Wawn, Enfield Lock, 1994, pp. 255-84) 中，他曾提及奥登半开玩笑地表示，根据其姓氏可推测出 "Auɔau Skökull" 是其祖先，这个举动旨在展现其男子汉气概，因为其字面意思是 "车杆" 或 "马场"。关于乔治·奥古斯都·奥登对古老北方的认真钻研，以及他作为学者的出众能力，可以参考他担任约克地区文官时做出的贡献，见 *Saga-Book of the Viking Club, or Society for Northern Research*, Wawn 在 *The Vikings and the Victorians* 第 364 页中记录了乔治·奥古斯都·奥登在古代冰岛的一些问题上的看法，它们与伊利库·马格努森相似；Wawn 还分析了奥登这一姓氏的冰岛起源。由此可见，奥登对古老北方的兴趣和热情，深受其父影响。
40 W. H. Auden, *Juvenilia*, ed. Katherine Bucknell (London, 1994), pp. 226-35.

41 Christopher Isherwood. 'Some Notes on the Early Poetry', in *W. H. Auden: A Tribute*, p. 77.
42 Davenport-Hynes. Auden. p. 18.
43 Bucknell, *Juvenilia*, p. 75.
44 Mendelson, *The English Auden*: pp. 22, 25, 28, 46.
45 Bucknell, *Juvenilia*. p. 176.
46 All this information in Bucknell, *Juvenilia*, p. 226, a *tour de force* of detection and reconstruction.
47 Bucknell, *Juventlia*, p. 227.
48 Bucknell, *Juventlia*, p. 235.
49 Bucknell, *Juvenilia*, p. 240; Mendelson, *The English Auden*, p. 26.
50 Christopher Isherwood, 'Some Notes on the Early Poetry', in *W. H. Auden: A Tribute*, ed. Stephen Spender (London, 1975), p. 75.
51 《两败俱伤》对古英语的借鉴，在 Chris Jones, 'W. H. Auden and the "Barbaric" Poetry of the North: Unchaining one's Daimon', *Review of English Studies*, LIII/210 (2002), pp. 167-85 中有简单的记录。
52 George Macdonald, *The Princess and the Goblin*, 1872 年首印；其现代版本包括 Penguin (Harmondsworth, 1975)。
53 Mendelson, *The English Auden*, pp. 191-2.
54 卡莱尔公共图书馆，当代史馆藏。John Postlethwaite, *Mines and Mining in the (English) Lake District*, 3rd edition (Whitehaven, 1913). 奥登注释本。
55 Mendelson, *The English Auden*, p. 25.
56 Mendelson, *The English Auden*, p. 14.
57 Mendelson, *The English Auden*, p. 26.
58 W. H. Auden and Chester Kallman, *Libretti and other Dramatic Writings*, ed. Edward Mendelson (Princeton, NJ, 1993), pp. 189-244.
59 Postlethwaite, *Mines and Mining*, p. 49.
60 Edward Mendelson, *Early Auden* (Boston, MA, and London, 1981), p. 62.
61 Bruce Dickins, ed., *Runic and Heroic Poems of the Old Teutonic Peoples* (Cambridge, 1915), pp. 30-31.
62 Mendelson, *The English Auden*, pp. 79-80.
63 Mendelson, *The English Auden*, p. 65.
64 Mendelson, *The English Auden*, p. 68.
65 Mendelson, *The English Auden*, p. 109.
66 Mendelson, *The English Auden*, p. 100.
67 Mendelson, *The English Auden*, p. 99.
68 Christopher Isherwood, *Lions and Shadows* (London, 1996), p. 128.
69 Spufford, *I May Be Some Time*, p. 54.
70 W. H. Auden and Christopher Isherwood, *Plays*, ed. Edward Mendelson (London, 1989), p. 343.
71 Auden and Isherwood, *Plays*, p. 296.
72 Auden and Isherwood, *Plays*, p. 296.
73 Geoffrey Winthrop Young, Speech, June 1924. June Parker and Tim Pickles, *The Lakeland Fells* (Keswick, 1996), pp. 212-13. Communicated by Nicholas Graham.
74 Auden and Isherwood, *Plays*, p. 334.
75 Auden and Isherwood, *Plays*, p. 354.
76 W. H. Auden, ' England, Six Unexpected Days' , American *Vogue*, 15 May

1954, reprinted in Alan Myers and Robert Forsythe, *W. H. Auden, Pennine Poet* (Nenthead, Alston, Cumbria, 1999), p. 55.
77 W. H. Auden, 'I Like it Cold', *House and Garden*, December 1947, p. 110; quoted in Richard Davenport-Hynes, *Auden* (London, 1995), p. 17.
78 Alan Powers, *Eric Ravilious: Imagined Realities*, exh. cat., Imperical War Museum, London (2003) 中有关拉斐留斯的丰富信息。
79 2003 年 10 月,我与安·(拉斐留斯·)乌尔曼曾有私下交流。安非常慷慨地出示了经她整理的资料,她父亲的书、剪贴簿和收藏,都被按照北极、极地和冬季素材几类有序地整理了。这些资料包括: *Polar Scenes Exhibited in the Voyages of Heemskirk and Barentz to the Northern Regions and in the Adventures of Four Russian Sailors at the Island of Spitzbergen* (London, 1822), Sir John Ross, *Narrative of a Second Voyage in Search of a North-West Passage and of a Residence in the Arctic Regions during the Years 1829-1833* (London, 1835), 以及 Andrew James Symington, *Pen and Pencil Sketches of Faröe and Iceland* (London, 1862)。珠穆朗玛峰的照片来自 *The Times* for 8 May 1933 的特刊插图版;'Flying to the Summit, Photographs taken on the second Everest flight'。
80 Timothy Wilcox, *Francis Towne* (London, 1997),特别是 88-105 和 133-5 页。
81 Wilcox, *Francis Towne*, pp. 101-5.
82 Helen Binyon. *Eric Ravilious: Memoir of an Artist* (Guildford and London, 1983), p. 136.
83 Anne Ullmann, ed., *Ravilious at War: The Complete work of Eric Ravilious, September 1939-September 1942* (Upper Denby, 2002), pp. 104-6. 有些来自与安·乌尔曼的私下交流。
84 Ullmann, *Ravilious at War*, p. 7.
85 Ullmann, *Ravilious at war*, p. 8.
86 Pauline Stainer, 'Modern Angels: Eight Poems after Eric Ravilious', in *sighting the Slave Ship* (Newcastle upon Tyne, 1992), p. 76.
87 Bucknell, *Juvenilia*, p. 176.
88 Ullmann, *Ravilious at War*, p. 52.
89 Ullmann, *Ravilious at War*, p. 11.
90 正因如此,他符合奥登的美学概念,在写给黛安娜·图利 (Diana Tuely) 的信中,拉斐留斯透露,他与奥登其实曾有一面之缘。"在伦敦举办的一次盛大晚会上……本杰明·布里顿在弹钢琴,奥登在帮他翻乐谱。"参见 Alan Powers. ESRO ACC 8494/1, ER TO DT, 17 January 1939。
91 Ravilious, letter to Helen Binyon, transcribed and communicated by Alan Powers. ESRO ACC 8494/6, ER TO HB, 7 May 1935.
92 Edward Lear, 'The Jumblies', in *The Complete Nonsense of Edward Lear*, ed. Holbrook Jackson (London, 1947), pp. 71-4.
93 Ullmann, *Ravilious at War*, p. 93.
94 Ullmann, *Ravilious at War*, p. 93.
95 Ullmann, *Ravilious at War*, p. 130.
96 Binyon, *Eric Ravilious*, pp. 29-30.
97 John Gay, *The Beggar's Opera*[1728]; ed. Bryan Laughren and T. O. Treadwell (Harmondsworth, 1986), p. 66.
98 Ullmann, *Ravilious at War*, p. 206.
99 Ullmann, *Ravilious at War*, pp. 257-8.
100 Binyon, *Eric Ravilious*, p. 137.

101 Ullmann, *Ravilious at War*, p. 259.
102 Ullmann, *Ravilious at War*, p. 259.
103 Ullmann, *Ravilious at War*, p. 261.
104 Ullmann, *Ravilious at War*, p. 260.
105 Pauline Stainer, *Sighting the Slave Ship*, p. 79.
106 Mendelson, *The English Auden*, p. 80.
107 Nabokov, *Pale Fire*, p. 248.
108 Reinhard Behrens, *Twenty-Five Years of Expeditions into Naboland* (Glasgow, 2000) 中有关于内博兰大陆的一些描述。
109 Nabokov, *Pale Fire*, p. 81, p. 236.
110 Nabokov, *Pale Fire*. p. 71.
111 Nabokov, *Pale Fire*. p. 117.
112 Nabokov, *Pale Fire*. p. 116.
113 Nabokov, *Pale Fire*. p. 232.
114 Nabokov, *Pale Fire*. p. 240.
115 Nabokov, *Pale Fire*. p. 243.
116 Philip Pullman, *Northern Lights* (London, 1996), p. 134.
117 Dino Buzzati, *La famosa invasione degli orsi in Sicilia* (Milan, 1945; reprinted Milan, 2002).
118 Dino Buzzati, *Il Deserto dei Tartari* (Milan, 1945), trans. by Stuart Hood as *The Tartar Steppe* (Manchester, 1985).
119 Claudio Magris, Microcosms, trans. Iain Halliday (London, 1999), p. 197.
120 M. John Harrison, *The Course of the Heart* (London, 1992), pp. 202-4.
121 Ursula Le Guin, *Dancing at the Edge of the World* (New York, 1990), p. 171.
122 Reinhard Behrens, *Travels to the Archaeologica Monuments of Naboland: The North, an Interim Report* (Edinburgh, 1980).
123 2003 年 8 月，我与 Reinhard Behrens 的对话。
124 参见我与 Alan Spence 的私下交流。
125 *Christabel*, part I, lines 15-22. *Samuel Taylor Coleridge*, ed. H. J. Jackson (Oxford and New York, 1985), p. 67.
126 Roderick Watson, ed., *The Poetry of Scotland* (Edinburgh, 1995), pp. 262-3, 264-5.
127 Joel Lehtonen, 'A Happy Day'., trans. by David Barrett in *Books from Finland*, XV/4, 1981, pp. 142-7.
128 Lehtonen, 'A Happy Day', p. 143.
129 Lehtonen, 'A Happy Day', p. 144.
130 Lehtonen, 'A Happy Day', p. 146.
131 Lehtonen, 'A Happy Day', p. 147.
132 Ingmar Bergman, *Four Screenplays*, trans. Lars Malstrom and David Kushner (London, 1960).
133 Henrik Ibsen, *Peer Gynt*, lines 1167-75, trans. John Northam (Oslo and Oxford, 1973), p. 110.
134 Sabine Rewald, *Caspar David Friedrich: Moonwatchers* (New York, 2001), p. 16.
135 Tove Jansson, *The Summer Book*, trans. Thomas Teal (Harmondsworth, 1977).
136 Jansson, *Summer Book*, p. 112.
137 Jansson, *Summer Book*, p. 113.
138 Jansson, *Summer Book*, p. 116.
139 Tove Jansson, *Moominsummer Madness*, trans. Thomas Warburton

140 Elizabeth Gaynor, *Scandinavia, Living Design* (London, 1987), pp. 64-72.
141 Tove Jansson, *Finn Family Moomintroll*, trans. Elizabeth Portch (Harmondsworth, 1961), p. 126.
142 Jansson, *Finn Family Moomintroll*, p. 127.
143 Jansson, *Finn Family Moomintroll*, p. 142.
144 Tove Jansson, *Moominpappa at Sea*, trans. Kingsley Hart (London,1974), pp. 14-15.
145 Emma Tennant, *Wild Nights* (London, 1981), pp. 5-6.
146 Tennant, *Wild Nights*, pp. 69-70, 97.
147 Douglas Dunn, *Northlight* (London, 1988), p. 18.
148 Dunn, *Northlight*, p. 19.
149 Dunn, *Northlight*, p. 21.
150 'Band of Shearers', in Norman Buchan and Peter Hall, *The Scottish Folksinger* (London and Glasgow, 1973), p. 79.
151 Buchan and Hall. *The Scottish Folksinger*, p. 111.
152 Francis James Child, *The English and Scottish Popular Ballads*, 5 vols (New York, 1965), vol. IV, p. 360.
153 《无畏的莱利》，参见下一条关于民谣中提到的"约翰·莱利"的注释。*Outside* (BAKE CD001) 第十首是较为特别的四分之四拍的版本。
154 *The Greig-Duncan Folk Song Collection*, ed. Patrick Shuldham-Shaw and Emily B. Lyle (Aberdeen and Edinburgh, 1981), vol. I, pp. 49-52.
155 *Tristiae*, V. 7, trans. David R. Slavitt, *Ovid's Poetry of Exile* (Baltimore, MD, and London, 1990), p. 104.
156 *Tristiae*, III. 4, Slavitt, *Ovid's Poetry of Exile*, p. 51.
157 *Tristiae*, III. 10, Slavitt, *Ovid's Poetry of Exile*, p. 61.
158 Arthur Waley, trans., *Chinese Poems* (London, 1946), p. 43.
159 Jack London,'In a Far Country', in *Tales of The North* (Secaucus, NJ, 1979), p. 139.
160 Edna Kenton, ed., *Black Gown and Redskins* (London, 1956), p. 75.
161 Osip Mandelstam, 'Tristia', in *Tristia*, trans. Bruce McClelland (Barrytown, NY, 1987), p. 40. See Ovid. *Tristiae*, I. 3, trans. Slavitt, *Ovid's Poetry of Exile*, pp. 10-13.
162 Mandelstam, *Tristia*, p. 56.
163 Morley, *Mandelstam Variations*, p. 40.
164 Morley, *Mandelstam Variations*, p. 69.
165 Morley, *Mandelstam Variations*, p. 70.
166 W. P. Ker, *Collected Essays*, 2 vols (London, 1925), vol. II, pp. 123-4.
167 R. L. Stevenson, *The Silverado Squatters*, part I, chapter IV (New York, 1902).
168 想了解英国的鬼故事，没有比 Glen Cavaliero, *The Supernatural and English Fiction* (Oxford and New York, 1995) 更好的参考书了。
169 John Aubrey, *Remaines of Gentilisme and Judaisme* in *Three Prose Works*, ed. John Buchanan-Brown (Fontwell, Sussex, 1972), pp. 176-8.
170 Knut Liestol Guthmund, 'Drau mkvaede', *Studia Norvegica*, 1/3 (1946), p. 11; Bengt R. Jonsson, *The Ballad and Oral Literature* (Cambridge, MA, 1991), p. 167.
171 Paul B. Taylor and W. H. Auden, *The Elder Edda: A Selection* (London, 1969). pp. 101-5.
172 Marijke Spies, *Arctic Routes to Fabled Lands* (Amsterdam, 1997), p. 94.
173 *Njal's Saga*, chapter 78, p. 173.
174 *Njal's Saga*, chapter 130, p. 271. 近来有一位译者尝试完整翻译这段诗文，尤

其是用了很多典故和比喻性复合词的第二段。这里要感谢安德鲁·沃恩教授,在他的帮助下我拿到了一份指出所有难点的报告。罗伯特·库克的翻译如下:
女人难以抑制
泪如泉涌
洒在持盾牌的勇士的矛尖上
军队发起一场屠杀
我斗胆唱起这首歌——
长矛进,伤口在呐喊。

175 *Grettir's Saga*, chapter 32, trans. G. H. Hight (London, 1965), p. 9,0.
176 *Grettir's Saga*, chapter 35, pp. 98-9.
177 在北欧英雄传说中有一个鬼故事,基督教驱邪圣物起到了作用:在《高特克传奇》中,巨人托斯蒂安("身形如房子那么大的托斯蒂安")是个信奉基督教的无赖,他的农场遇到了麻烦,岳父厄尔·阿格尼的鬼魂总是现身搞破坏。这个鬼魂非常厉害,能轻松摧毁农庄,即便是后来重建了房屋,它也是骚扰不断。和传统冰岛传说一样,故事对闹鬼一事的叙述非常平淡:"有一个晚上,托斯蒂安起床,看到阿格尼晃来晃去,但它不敢穿过门,因为每一扇门上都立着一个十字架。"托斯蒂安借此机会,前往阿格尼的坟冢,那里总是敞开的。托斯蒂安偷走了墓中所有异教相关的陪葬品。阿格尼的鬼魂回到坟墓,托斯蒂安悄悄地溜走,将十字架放在门上。那之后,坟墓就合上了,阿格尼的鬼魂再也没有出现过。
178 Eeva-Liisa Manner, 'Mistponies', trans. Herbert Lomas in *On the Border: New Writing from Finland*. ed. Hildi Hawkins and Soila Lehtonen (Manchester, 1995), pp. 83-5.
179 M. R. James. 'O Whistle and I'll Come to You, My Lad'. in *The Oxford Book of Ghost Stories*, ed. Michael Cox and R. A. Gilbert (Oxford and New York, 1986), pp. 214-15.
180 A. E. Housman, 'In midnights of November', in *Poems*, ed. Archie Burnett (Oxford, 1997), p. 88 and footnote, pp. 389-90.
181 Housman, *Poems*, note pp. 389-90.
182 这本做过记号的诗集现藏于康奈尔大学图书馆,藏书号为:Rare(珍本) PR4809 H15 A68 1922. C2.
183 Martinus Nijhoff, *Verzameld Werk*, 3 vols (Amsterdam, 1954-61), vol. I, p. 95.
184 Sylvia Townsend. Warner, *Letters*, ed. William Maxwell (New York, 1983), p.7.
185 Hugh Kenner, ed., *The Translations of Ezra Pound* (London, 1953), pp. 286-98.
186 Kenner, *Translations*, p. 291.
187 Kenner, *Translations*, P. 293.
188 Kenner, *Translations*, p. 297.
189 Kenner, *Translations*, p. 298.
190 W. B. Yeats, *The Collected Plays* (London, 1963), p. 445.
191 Bucknell, *Juvenilia*, p. 235.

第三章 地形

1 Peter Høeg, *Miss Smilla's Feeling for Snow* (London, 1993).
2 Marijke Spies, *Arctic Routes to Fabled Lands* (Amsterdam, 1997), pp.103-4.
3 J.T. Oleson, *Early Voyages and Northern Approaches* (Toronto, 1963), pp. 70-86.

4 Helge Ingstad, *Westward to Vinland* (London, 1969), pp. 92-3.
5 此处的原文是"Homines ibi a salo cerulei, unde et regio illa nomen accepit"。 Ingstad, *Westward to Vinland*, pp. 92-3.
6 Spies, *Arctic Routes*, p. 29; *The Vinland Sagas*, trans. Magnus Magnusson and Hermann Pálsson (Harmondsworth, 1973), pp. 101-2.
7 Jane Smiley, ed., *Sagas of the Icelanders* (London, 1997), pp. 717-22.
8 Ben Weinreb and Christopher Hibbert, eds, *The London Encyclopedia*, 2nd edn (London, 1993), p. 896.
9 Neil Kent, *The Soul of the North* (London, 2000), p. 305.
10 Julian Freeman, ed., *Landscapes from a High Latitude: Icelandic Art, 1909-1989* (London and Reykyavik, 1989), especially pp. 25-30.
11 *The Collected Works of William Morris*, VIII (London, 1911), pp. 10-11.
12 Morris, *Collected Works*, VIII, p. 11.
13 Morris, *Collected Works*, VIII, p. 15.
14 Letter, 16 July 1871; Morris, *Collected Works*, VIII, p. xvii.
15 Morris, *Collected Works*, VIII, p. 45.
16 Morris, *Collected Works*, VIII, p. 207.
17 Morris, *Collected Works*, VIII, p. 170.
18 Morris, *Collected Works*, VIII, p. 108.
19 Quoted in Andrew Wawn, *The Vikings and the Victorians* (Woodbridge, 2002), p. 254.
20 Wawn, *Vikings and Victorians*, p. 254.
21 Wawn, *Vikings and Victorians*, p. 254.
22 Wawn, *Vikings and Victorians*, p. 254.
23 Neil Kent, *The Triumph of Light and Nature* (London, 1987), pp. 125-6.
24 Kent, *Light and Nature*, p. 168.
25 与 Hildi Hawkins 的私下交流。
26 日本客套语。川口优子提供了这些信息，对此我深表感谢。
27 Bashō, *The Narrow Road to the Deep North and Other Travel Sketches*, trans. Nobuyuki Yuasa (Harmondsworth, 1966), introduction, pp. 36-7.
28 Mark J. Hudson, *Ruins of Identity: Ethnogenesis in the Japanese Islands* (Honolulu, 1999), p. 1.
29 Bashō, *The Narrow Road*, pp. 105-6.
30 Bashō, *The Narrow Road*, p. 116.
31 Carmen Blacker, *The Catalpa Bow: A Study of Shamanistic Practices in Japan* (London, 1975), pp. 83, 159.
32 Bashō, *The Narrow Road*, p. 118.
33 Bashō: poem, quoted from Hudson, *Ruins of Identity*, p. 1.
34 Seán Ó Tuama and Thomas Kinsella, *An Duanaire/Poems of the Dispossed* (Portlaoise, 1985), pp. 194-5.
35 Hudson, *Ruins of Identity*, p. 3.
36 1999 年与 Varavadi Vonsangah Monaghan 的私下交流。
37 Hudson, *Ruins of Identity*, pp. 4-6.
38 Hudson, *Ruins of Identity*, p. 30.
39 Fred C. C. Peng and Peter Geiser, *The Ainu: The Past in the Present* (Hiroshima, 1982), p. 19.
40 Hudson, *Ruins of Identity*, pp. 224-5.
41 Spies, *Arctic Routes to Fabled Lands*, p. 45.

42 Jonathan Spence, *The Emperor of China* (London, 1974), pp. 12-13.
43 Arthur Waley, trans., *Chinese Poems* (London, 1946), p. 37.
44 A. C. Graham, ed. and trans., *Poems of the Late T'ang* (Harmondsworth, 1965), p. 97.
45 Arthur Waley, *The Secret History of the Mongols* (London, 1963), p. 37.
46 'Snow Song made when parting with Assessor Wu on his return to the Capital', in *The White Pony*, ed. Robert Payne (New York, 1947), p. 180; this translation is by Yuan Chia-hua.
47 J. D. Frodsham and Ch'end Hsi, *An Anthology of Chinese Verse, Han Wei Chain and the Northern and Southern Dynasties* (Oxford, 1967), p. 90.
48 Frodsham and Ch'end, *An Anthology of Chinese Verse*, p. 184.
49 Arthur Waley, *Yuan Mei* (London, 1956), p. 125.
50 Waley, *Yuan Mei*, p. 125.
51 Waley, *Yuan Mei*, p. 125.
52 Waley, *Yuan Mei*, p. 126.
53 Mildred Cable and Francesca French, *Through Jade Gate and Central Asia* (London, 1929), pp. 134-5.
54 http://www.longmarchfoundation.org.
55 Wolfram Eberhard, *Chinese Festivals* (London and New York, 1958), p. 63.
56 http://www.chinaetravel.com/china/fice.html.
57 Natalie Zemon Davies, *Women on the Margins* (Cambridge. MA, 1995). p. 77.
58 Jacques Cartier, quoted by Robertson Davies, 'Literature in a Country without a Mythology', in *The Merry Heart* (London, 1996), p. 45.
59 John Buchan, *Sick Heart River* [1940] (Oxford, 1994), p. 54. *Sick Heart River*, 一部由担任过加拿大总督的苏格兰人所写的关于加拿大的小说，带有神秘色彩。
60 Frederick Housser, quoted in Christopher Jackson, *Lawren Harris. North by West: The Arctic and Rocky Mountains* (Calgary, 1991), p. 15.
61 Quoted from Margaret Atwood, *Strange Things: The Malevolent North in Canadian Literature* (Oxford, 1995), pp. 15-16.
62 Davies, 'Literature', p. 49.
63 Robertson Davies, *Murther & Walking Spirits* (London, 1991), pp. 169-70.
64 Mavis Gallant, 'Up North', in *Home Truths* (Toronto, 1981), pp. 49-55.
65 Lovat Dickson, *Wilderness Man: The Strange Story of Grey Owl* (Toronto and London, 1974), p. 5.
66 Atwood, *Strange Things*, pp. 44-51.
67 Anthology compiled by W. J. Alexander, *Shorter Poems* (Toronto, 1924), cited in Davies, *The Merry Heart*, p. 8.
68 Atwood, *Strange Things*, p. 62.
69 All quotations from Glenn Gould, *The Idea of North*, in *Glenn Gould's Solitude Trilogy*, CBC Records, PSCD 2002-3 (Toronto, 1992).
70 Anne Newlands, *The Group of Seven and Tom Thomson* (Willowdale, 1995), pp. 19, 55; see also Jackson, *Lawren Harris*, p. 23.
71 Roald Nasgaard, *The Mystic North: Symbolist Landscape Painting in Northern Europe and North America, 1890-1940*, exh. cat., Art Gallery of Ontario (Toronto, 1984).
72 Jackson, *Lawren Harris*, pp. 7-9, quotation on the Rockies, p. 13.
73 Jackson, *Lawren Harris*, p. 32.

74 *Toronto Star*, quoted in Jackson, *Lawren Harris*, p. 33.
75 David Barbour, *The Landscape: Eight Canadian Photographers*, exh. cat., 20, McMichael Canadian Art Collection (Toronto, 1990).
76 Paul Apak Angilirq, *Atanarjuat the Fast Runner* (Toronto, 2002).
77 Norman Hallendy, *Inuksuit: Silent Messengers of the Arctic* (London, 2000).
78 Ruth Finnegan, *Oral Poetry* (Cambridge, 1997), pp. 81-2.
79 Adrienne Clarkson, 'Russia and Canada: Polar Partners Shaped by our North', *Globe and Mail*, 1 October 2003.
80 Knut Erik Jensen, *Cool and Crazy*, 2001, Norsk film AS.
81 Humphrey Spender, *Worktown People: Photographs from Northern England, 1937-8*, ed. Jeremy Mulford (Bristol, 1982), p. 16.
82 Illustrated in Deborah Frizzel, *Humphrey Spender's Humanist Landscapes: Photo-Documents, 1932-1942* (New Haven, CT, 1997), p. 32.
83 Michael Leber and Judith Sandling, *L. S. Lowry* (London, 1987), pp. 21-2.
84 普通民众对劳里画作表现出来的热情与专业人士的鄙夷形成鲜明对比：有一位备受尊崇的当代画家认真表态，如果本书过多提及劳里，他就不会细读了。关于这个悖论的讨论，参见 Leber and Sandling, *Lowry*, p. 88。
85 Leber and Sandling, *Lowry*, p. 88.
86 Compare Leber and Sandling, *Lowry*, fig. 8, the drawing *The River Irwell at the Adelphi*, 1924 (at Salford) with pl. 16, the painting *River Scene or Industrial Landscape*, 1935 (Laing Art Gallery, Newcastle upon Tyne).
87 Frizzel, *Humphrey Spender*, pp. 42-3.
88 Frizzel, *Humphrey Spender*, p. 42.
89 *Newcastle United* image reproduced with special thanks to Humphrey Spender.
90 Sean O'Brien, 'Autumn Begins at St James's Park, Newcastle', *Ghost Train* (Oxford and New York, 1995), p. 9.
91 Simon Armitage, 'Lest We Forget', *CloudCuckoo Land* (London and Boston, MA, 1997), p. 15.
92 Simon Armitage, *The Dead Sea Poems* (London, 1995), pp. 16-17.
93 Geoffrey Hill, 'Damon's Lament for his Clorinda, Yorkshire, 1654', *Tenebrae* (London, 1978), p. 23.
94 Philip Larkin, 'Friday Night in the Royal Station Hotel', *Collected Poems*, ed. Anthony Thwaite (London, 1988), p. 163.
95 Angela Carter, 'Bradford: Industry as Artwork', *Nothing Sacred* (London, 1982), p. 62.
96 Carter, *Nothing Sacred*, p. 66.
97 'Bridge for the Living', Larkin, *Collected Poems*, p. 203.
98 Carter, *Nothing Sacred*. p. 6.
99 从 Hovis 面包的电视广告到西蒙·阿米蒂奇的 Lest we forget' (*CloudCuckoo Land*, pp. 15-16)，足见这一现象的真实程度。
100 Ian Duhig, *Nominies* (Newcastle upon Tyne, 1998), p. 63.
101 Larkin, 'Show Saturday', *Collected Poems*, p. 200.
102 Larkin, 'Show Saturday', *Collected Poems*, pp. 200-201.
103 Ted Hughes, 'Dawn's Rose', *Crow, from the Life and Songs of the Crow* (London, 1970), p. 48.
104 Simon Armitage in conversation, 1998.
105 Simon Armitage, 'Snow Joke', *Zoom!* (Newcastle upon Tyne, 1989), p. 9.

106 Simon Armitage, *All Points North* (London, 1998), pp. 16-17.
107 Simon Armitage, *Kid* (London,1992), p. 3.
108 Armitage, *CloudCuckoo Land*, p. 53.
109 Simon Armitage, *The Universal Home Doctor* (London, 2002), p. 6.
110 Simon Armitage and Glyn Maxwell, *Moon Country: Further Reports from Iceland* (London, 1996), p. 8.
111 Armitage and Maxwell, *Moon Country*, p. 37.
112 Armitage and Maxwell, *Moon Country*, p. 81; YORKSHIRE on the sand, pl. 14, facing p. 89.
113 Armitage, *All Points North*, p. 246.
114 Simon Armitage, *The Dead Sea Poems* (London, 1995), p. 56.
115 Armitage, *The Dead Sea Poems*, pp. 32-4, and see Samuel Laycock, *Warblin's fro' an Owd Songster* (Oldham, London and Manchester, 1893), pp. 9-10. 莱科克对贫富进行了一番思考，最后期待穷人和富人能够在天堂开心相聚；阿米蒂奇在《死海亡歌》的末尾写道："那样，在他们将我们挖出来的那天／他们会知道你他妈的有多好／而我一无所有。／记住／因为蠕虫不知道你出自我身上的骨头。"
116 Armitage, *CloudCuckoo Land*, p. 27.
117 Armitage, *CloudCuckoo Land*, p. 81.
118 Armitage, *Killing Time* (London, 1999), p. 52.
119 Glyn Maxwell, *The New Republic*, 2 June 2003, p. 36. My thanks to Liam McIlvanney for this reference.
120 *Sir Gawain and the Green Knight*, ed. W.R.J. Barron (Manchester, 2001), pp. 68-9.
121 *Sir Gawain*, pp. 142-3.
122 *Sir Gawain*, pp. 154-5.
123 David Morley, 'Clearing a Name', *Scientific Papers* (Manchester,2002), pp. 26-7.
124 阿尔克利夫庄园已经被拆除，这块石头如今被收藏于兰开斯特博物馆。Cf. Sharon Lambert, *Monks, Martyrs and Mayors* (Lancaster, n.d.).
125 Sir Nikolaus Pevsner, *The Buildings of England: Lancashire 2, The Rural North* (Harmondsworth, 1969), p. 94.
126 Pevsner, *Lancashire 2*, pp. 96-9.
127 John Murray, *Reiver Blues-A New Border Apocalypse* (Newcastle upon Tyne, 1996), p. 214.
128 Thomas Bewick, *A Memoir*, ed. Iain Bain (Oxford, 1979), p. 23.
129 Harold Wright, *The Etched Work of F. L. Griggs* (London, 1941), pl. x; commentary on the plate pp. 23-4.
130 F. A. Comstock, *A Gothic Vision: F. L. Griggs and his Work* (Boston, MA, and Oxford, 1976), pp. 155-6.
131 Sean O'Brien, 'Poem Written on a Hoarding', *Ghost Train* (Oxford and New York, 1995), p. 16.
132 W. N. Herbert and Matthew Hollis, eds, *Strong Words: Modern Poets on Mode Poetry* (Newcastle upon Tyne, 2000), p. 237.
133 Herbert and Hollis, *Strong Words*, pp. 239-40.
134 Sean O'Brien, 'The Park by the Railway', *The Indoor Park* (Newcastle upon Tyne, 1993), p. 16.
135 O'Brien, HMS *Glasshouse* (Oxford and New York, 1991), pp. 51-2.
136 O'Brien, *Indoor Park*, p. 16.

137 O'Brien, 'Paysage (a Long Way)after Baudelaire', *Ghost Train*, p. 33.
138 O'Brien, 'After Laforgue (in Memory of Martin Bell)', HMS *Glasshouse*, pp. 53-
139 O'Brien, 'Coming Home', HMS *Glasshouse*, p. 47.
140 O'Brien, 'Captain January, HMS *Glasshouse*, p. 24.
141 O'Brien, 'Terra Nova', *The Frighteners*, p. 25.
142 O'Brien, 'Coming Home', HMS *Glasshouse* p. 47.
143 Nikolaus Pevsner, *Cumberland and Westmoreland* (Harmondsworth, 1967), pp. 68-9.
144 Patrick Keiller, *Robinson in Space* (London, 1999), pp. 199-203. 这是表现其同名电影的最后五分钟的印刷版本。
145 Edwin Muir, 'Scotland's Winter', *The Penguin Book of Scottish Verse*, ed. Tom Scott (Harmondsworth, 1976), p. 430.
146 The Palace at Culross is fully discussed in Michael Bath, *Renaissance Decorative Painting in Scotland* (Edinburgh, 2003), pp. 57-78.
147 沃明斯顿：这座坚固的庄园坐落于茂密的滨海森林中，它之所以让人觉得离奇——除非是受诅咒，效果明显——是因为迄今为止没有文献做过相关记录。在本书撰写期间，以下书籍也都未见提及：*Survey* of Fife, from McGibbon and Ross's monumental *The Castellated and Domestic Architecture of Scotland* (Edinburgh, 1887-92), and from John Gifford's *Fife* volume in *The Buildings of Scotland*。
148 Robert Louis Stevenson, *The Master of Ballantrae: A Winter's Tale* (London, 1924), p. 92.
149 Douglas Dunn, *Northlight* (London, 1988), p. 8.
150 Dunn, *Northlight*, p. 9.
151 O'Brien, HMS *Glasshouse*, p. 24.
152 Dunn, *Northlight*, p. 42.
153 Vladimir Nabokov, *Pale Fire* (London, 1991), p. 29.
154 Dunn, *Northlight*, p. 42.
155 Kathleen Jamie, 'The Way We Live', in *The New Poetry*, ed. Michael Hulse, David Kennedy and David Morley (Newcastle upon Tyne, 1993), p. 318.
156 Andrew Greig *The Order of the Day* (Newcastle upon Tyne, 1990), p. 16.
157 Andrew Greig, *The Return of John Macnab* (London, 1996), p. 20.
158 Greig, *The Return*, p.99.
159 厄克特：关于这个富有魅力却又难以捉摸的人物，并没有详尽全面的研究。他自己独创了一套语言，喜欢做些莫名的承诺，还留下了一些未完成稿，不过，他在编制厄克特家谱时，开头是这样写的："来自永恒的圣文、圣子和圣家，在混沌之时创造了红土，并用红土捏造了亚当。" *The Works of Sir Thomas Urquhart* (Edinburgh, 1834), p. 155. 克罗默蒂的石头表明，城堡至少经历了四个年代。此处，阿伯丁郡的克雷格斯顿城堡保存了一些来自克罗默蒂的刻有纹章的嵌板。
160 Giuseppe Ungaretti, from 'Giorno per giorno', in *The Penguin Book of Italian Verse*, ed. George R. Kay (Harmondsworth, 1969) p. 380.
161 W. H. Auden and Louis MacNeice, *Letters from Iceland* (London, 1937), p. 236.

致 谢

本书得以出版，要感谢很多人，一时之间，我竟不知从何说起。首先要威妮弗雷德·史蒂文森，她对本书贡献良多，但凡与古代北方、古挪威及古英语（更不用说中世纪威尔士语和中文）相关的信息，我都会向她请教，她是这方面的权威。

非常感谢爱德华·门德尔松教授，他对奥登作品深有研究，并且编辑出版过这位诗人的作品集，同时也是奥登文学遗产受托人；感谢凯瑟琳·巴克纳尔无可挑剔的学术佳作，使得阅读奥登早期诗作成为美妙的体验；还要感谢艾伦·迈尔斯和罗伯特·福赛斯对奥登早期行踪的开创性研究。多亏了利兹大学的安德鲁·沃恩教授的著作以及友善耐心的回复，使得我深入了解19世纪人们对古代北方的看法，在他的启发下，关于奥登父亲对冰岛的兴趣，我做了更多的研究。

安妮·厄尔曼给我提供了大量关于其父埃里克·拉斐

留斯的信息，并且允许我引用拉斐留斯两封未公开信中的内容。艾伦·鲍尔斯一如既往给予我极大的帮助，尤其是关于拉斐留斯及其文字方面，鲍尔斯掌握的学识无人能及。

我要特别感谢那些慷慨允许我在本书中使用其作品的健在的艺术家们：莱因哈德·贝伦斯、达尔齐尔和斯卡利恩。他们友善至极，给予我极大的鼓励。

在我刚开始动手写这本书时，斯蒂芬·班恩、乔纳斯·基和安德鲁·戈登就给予积极支持。而 Reaktion 出版社的哈里·吉尔奥尼斯和罗伯特·威廉姆斯也都一直鼓励我，直到最终完稿。

我要感谢拉斐留斯遗产管理委员会、特莱恩－莱斯·斯塔文内斯和詹姆斯·麦金托什·帕特里克后期作品管理委员会允许我在书中使用画作，感谢剑桥大学斯科特极地研究所的雪莉·索泰尔，她为我提供了一张她自己拍摄的照片。我还要感谢以下这些机构：阿伯丁美术馆及博物馆；荷兰斯海尔托亨博斯的北布拉班特博物馆，特别感谢奥斯陆国立美术博物馆的海尔米·凡·林普特；雷克雅未克艺术博物馆，特别感谢托尔比约恩·居纳尔－多蒂尔；冰岛国家美术馆，特别感谢司凡弗里德尔·弗兰克林斯－多蒂尔；邓迪的麦克马纳斯画廊；纽卡斯尔的莱恩美术馆；汉堡美术馆；剑桥的菲茨威廉博物馆；卡莱尔公共图书馆；冰岛视觉艺术版权协会、设计及艺术家版权协会。

《下雪秀》作者杰弗里·德巴尼对本书主题有浓厚兴趣，在支持之余还提供了他拍摄的精美照片。

位于奥斯陆的挪威电影协会效率极高，对本书帮助很大。

撰写本书期间，我的健康状况不佳，也因此欠下人情：首先要感谢特里夫医疗诊所，还有一路陪伴我、帮我做笔记、寻找相关书籍和图片的朋友们。尼克·格拉汉姆替我登上柱岩山（告诉我奥登笔下的登山者所看到的景象与现实完全符合）；希尔迪·霍金斯在芬兰以及关于北方的整体看法方面有很大贡献；索伊拉·莱赫托宁从赫尔辛基为我寄来不少重要的书籍。德国的德克·西尼威与我分享了大量想法和观念。和家人一同生活在意大利北部的劳拉·托西和雷纳托·堪培利毫不吝啬给予我帮助，还有弗拉维奥·格雷戈里。洛雷达纳·波尔兹和琼·豪斯与我分享大量书籍、文章和观点。而帕特·布鲁克曼和霍华德·霍斯顿积极替我找寻加拿大与北方相关的资料。川口洋子和西蒙·里斯与我分享日本北方相关的书籍和看法。坦恩·万宁和艾伦·麦金尼斯在丹麦及苏格兰北部相关知识方面给予我鼓励和资料。安娜·麦亚和汤姆·里斯特积极与我共享芬兰相关资料。科尔姆·奥鲍伊与我讨论盖尔语相关资料，大卫·杜夫则与我分享哥特式观念。威尔·奥克瑟是个不知疲惫的司机，穿梭在北方大地上，经历各种恶劣天气的考验。

我要感谢芬利·洛基、安妮和休·布坎南、安妮和艾迪·考尔森、海伦·加迪纳、艾利森·谢尔、佩特拉和阿诺德·亨特、吉尔赫斯蒂芬·沃尔夫，他们开诚布公，热情无私。几年前，西蒙·阿米蒂奇回答了一连串与地形相关的问题，幽默感极强。阅读过初稿的人也率真分享了他们的看法，我要特别感谢马库斯·吉布森、帕特·汉利、卡罗尔·莫雷、多米尼克·蒙特塞拉特和迈克尔·怀亚特。艾伦·斯彭斯阅读了草稿，还给了我一首他自己写的未出版的诗。

正是在 Reaktion 出版社的迈克尔·里曼的劝说下，才有了这本书，若最终成稿抓住了我们那次对话的几个要点，我会非常开心的。这么多年来，还有很多对我而言极其重要的对话，正是和他们的交谈促成了这本书的诞生——和帕特·布鲁克曼、安德鲁·比斯维尔、希尔迪·霍金斯、乔纳森·基、多米尼克·蒙特塞拉特、大卫·莫雷、艾伦·鲍尔斯、阿德里安·凡·德·威尔的交谈。

没有珍妮·史蒂文森，就没有这本书，我很难用言语来形容她对这本书的贡献，这本书属于她，也属于我。

图片致谢

在此，作者和出版社想对提供以下图像资料，或允许本书复制图片的个人和机构表达诚挚感谢。简洁起见，图片页码也列在下方。

Photos William Bain：第 2 页，54 页，129 页，187 页，312 页，352 页；©Reinhard, Behrens, 2016, with grateful thanks to the artist：第 187 页；British Museum, London (Department of Japanese Antiquities, 1948.7-10.08.1), photo© The Trustees of the British Museum：第 278 页；Carlisle Public Library (Local History Collection)：第 129 页；City of Aberdeen Art Galleries and Museums Collection (photo Aberdeen Art Galleries Photographic Service)：第 158 页；© Dalziel and Scullion, 2003：第 2 页；photo© Jeffrey Debany：第 111 页，Detroit Institute of Arts：第 268 页；Fitzwilliam Museum, University of Cambridge (photo Fitzwilliam Museum Photographic Service)：第 61 页；Kunsthalle, Hamburg/BPK, Berlin (photo Elke walford)：第 63 页；Laing Art Gallery, Newcastle upon Tyne (photo Tyne and Wear Museums Service/© Estate of Eric Ravilious, 2003；all rights reserved, DACS)：第 157 页；McManus Gallery, Dundee (photo Dundee Art Galleries and Museums, courtesy of Andrew McIntosh Patrick, © the Estate of James McIntosh Patrick)：第 386 页；by kind permission of Prof Edward Mendelson, for the estate of W. H. Auden：第 129 页；Nasjonalgalleriet, Oslo (photo J. Lathion/Nasjonal's galleriet, Oslo/© Estate of Harald Sohlberg)：第 196 页；Noordbrabants Museum, Hertogenbosch, Netherlands：第 15 页，74 页；Reykjavík Art Museum (Listasafn Reykjavíkur)：第 259 页；(Kjarvalsstaðir/© Myndstef)：第 262 页；Scott Polar Research Institute, University of Cambridge (photo Shirley Sawtell)：第 306 页；© Humphrey Spender, 2003：第 318 页；photo Ian Stephen-a project with An Lanntair (Stornoway, Isle of Lewis, Western Isles) funded by Creative Scotland：第 260 页。